John C. Lilly

SIMULATIONEN VON GOTT
Spielräume des menschlichen Bewusstseins

SPHINX

Aus dem Amerikanischen
von Thomas Niehaus
unter freundlicher Mitwirkung
von Frank Niehaus

CIP-Kurztitelaufnahme der Deutschen Bibliothek

Lilly, John C.:
Simulationen von Gott: Spielräume des menschlichen Bewußtseins / John C. Lilly.
[Aus d. Amerik. von Thomas Niehaus].–
Basel: Sphinx-Verlag, 1986.
Einheitssacht.: Simulations of God ‹dt.›
ISBN 3-85914-214-3

NE: GT

1986
© Sphinx Verlag Basel
Alle deutschen Rechte vorbehalten
Originaltitel: Simulations of God
Erschienen bei Simon & Schuster Publ., New York
© 1956, 1975 John Lilly
Umschlaggestaltung: Pema Cherpillod
Satz: Reinhard Amann, Leutkirch
Herstellung: Spiegel Buch GmbH, Ulm
Printed in Germany
ISBN 3-85914-214-3

Inhaltsverzeichnis

Hinweis an den Leser 9
Prolog 15
Vorwort 19
Einleitung 23
1. Gott als Anfang 37
2. Ich bin Gott 41
3. Gott ist außen 51
4. Gott als Sie/Er/Es 59
5. Gott als Gruppe 65
6. Gott als Orgasmus und Sex 75
7. Gott als Tod 81
8. Gott als Droge 87
9. Gott als Körper 95
10. Gott als Geld 103
11. Gott als selbstgerechter Zorn 109
12. Gott als Mitgefühl 115
13. Gott als Krieg 121
14. Gott als Wissenschaft 127
15. Gott als geheimnisvolles Rätsel ... 135
16. Gott als Glauben, Simulation, Modell ... 137
17. Gott als Computer 141
18. Gott als Simulation seinerselbst ... 149
19. Gott als objektloses Bewußtsein ... 155
20. Gott als Humor 159
21. Gott als Superraum, der endgültige Kollaps und Fall ins schwarze Loch, das Ende 165
22. Die Endsimulation 169
23. Gott als Dyade 173
Epilog 177
Gedichte 181
Worte des Dankes 207
Literaturhinweise 214

Simulationen von Gott

Mit diesem Buch möchte ich genügend Beispiele und Vorgaben vermitteln, damit Du die Simulationen von Gott entdecken lernst. Ich möchte auch, daß Du Dein Glaubenssystem verstehen lernst und herausfindest, was in jedem von euch für euer eigenes Selbst am wichtigsten ist...

JOHN C. LILLY

Franklin Merrel-Wollf gewidmet, dem Autor von «Pathways Through To Space» und «Consciousness Without an Object», dessen Werk die Entstehung dieser kleinen Studie und ihre Veröffentlichung inspiriert hat.

«The person one loves never really exists, but is a projection focused through the lens of the mind onto whatever screen it fits with least distortion.»

      Arthur C. Clarke
      Tales of Ten Worlds

(In Wirklichkeit gibt es nie die Person, die man liebt; sie existiert nur als Abbild, vom Geist mit geringstmöglicher Verzerrung projiziert.)

Hinweis an den Leser

Jonathan Dolger, mein Verleger, John Brockman, mein Agent, Antonietta Lilly, meine Frau, und zahlreiche andere Menschen haben ihre Freude über dieses Buch zum Ausdruck gebracht. Damit verbunden waren aber auch ihre Zweifel, daß das Buch möglicherweise von einer großen Leserschaft nicht verstanden werden könnte. Bemerkungen dieser Art muß ein Autor wie ich leider sehr häufig erfahren. Ich selbst teile solche Bedenken nicht; dennoch habe ich mich dann zu diesem Hinweis an den Leser bereit erklärt.

Ich kann mir nicht vorstellen, daß Du dieses Buch schwer verständlich finden wirst. Meiner Erfahrung nach hat jeder, der dieses Buch gelesen hat, sehr viele Information über sehr spezifische und intensive neue Bewußtheiten erhalten. Dabei ist dieses Erlebnis in keinem Fall abhängig vom persönlichen Ausbildungsgrad. (Vielleicht hilft es Dir zu wissen, daß ich wirklich angehalten war, dieses Buch zu schreiben; d.h. es wurde nicht von mir, sondern durch mich geschrieben, als ob ich unter dem Zwang einer Weisung unbekannter Herkunft gestanden hätte.)

Nach Fertigstellung des Textes begann eine Zeit, in der ich eine Reihe von Forschungen über bestimmte Seins- und Bewußtseinszustände vorantreiben konnte, die aus den Veränderungen der molekularen Struktur meines Gehirns durch eine unter dem Namen Ketamin bekannte chemische Substanz resultierten. Meine Frau und ich haben gemeinsam das Buch darüber verfaßt, um die Einzelheiten dieser neunmonatigen Untersuchungen bekanntzugeben. Es trägt den Titel *Der Dyadische Zyklon*.

Während der Arbeit an diesem Buch habe ich die Entdeckung gemacht, daß mein eigenes Glaubenssystem, meine eigenen Simulationen von Gott sich fest an eine Art Science-Fiction-Drehbuch gehalten haben:

Demnach bin ich ein Außerirdischer, der auf den Planeten Erde gekommen ist, um auch in einem menschlichen Körper zuhause zu sein. Jedes Mal, wenn ich diesen Körper verlasse und zu meiner eigenen Zivilisation reise, gelange ich in Dimensionen, die über jedes menschliche Vorstellungsvermögen hinausreichen. Wenn ich zur Erde zurückkehren muß, lasse ich mich auch wieder in die Endlichkeit des menschlichen Daseins zwängen, wie ein Passagier, der sich in ein Auto quetscht. Offensichtlich ist das Gefährt zu klein, um einen Passagier aufzunehmen. der aus den außerirdischen Wirklichkeiten kommt. Der Übergang aus der außerirdischen Wirklichkeit in die innere Realität eines John C. Lilly, einem Einwohner der Vereinigten Staaten auf dem Planeten Erde, ist wirklich nicht einfach. Er ist sogar verdammt schwer. Früher, das heißt zu Zeiten, als mir der Isolationstank und LSD die Freiheit gaben, unsere Welt hier zu verlassen, war die Rückkehr durch die räumlichen Zustände jedes Mal mit Schmerzen verbunden. (Vergl. *Programming and Metaprogramming in the Human Biocomputer* und *Der Dyadische Zyklon*). Die Ziele, die ich während meiner Reisen durch die inneren Räume des Sternenschaffers, zumindest durch sein Universum, verfolgte, betreffen die Zukunft der Menschheit (circa im Jahre 3001) eher als ihr gegenwärtiges Dasein. Mit anderen Worten, ich reise immer wieder in eine Zivilisation, die weit fortgeschrittener ist. Dort angekommen, werde ich von ihr immer wieder hierher zurückgeschickt.

An dieser Stelle möchte ich die Zwischenrufe psychotischer Querulanten ersticken, indem ich noch einmal ausdrücklich darauf hinweise, daß unser Glaubenssystem nur unter bestimmten Bedingungen operiert. Dazu kann man jedoch nicht die Rahmenbedingungen zählen, die der Alltag setzt, wo eine solche Systemleistung sowohl für mich als auch für meine Mitmenschen ein unerträglicher Zustand wäre. Ein fertig eingerichtetes Glaubenssystem kann sich nur dann glaubhaft manifestieren, wenn die Umstände passend sind. Die geeignete Paßform jedoch wird nicht nur durch einen selbst, sondern auch durch die soziale Realität, in der man existiert, festgelegt.

Um von der sozialen Realität frei zu sein, erfand ich die Tank-Methode. Dort herrschen Abgeschlossenheit, Isolation und Alleinsein. (Nähere Einzelheiten werden auch in dem Buch *Der Dyadische Zyklon* beschrieben, um u.a. die Erfahrungen zu übermitteln, die andere Menschen mit der Tank-Methode gemacht haben.) Relativ einfach ist es, irgendein Glaubenssystem zu übernehmen, wenn man für ein paar Stunden von sozialen Zwängen befreit ist. Nach Verlassen des Tanks übernimmt man ebenso selbstverständlich das Glaubenssystem, das auf die aktuelle Situation paßt, in der man sich von neuem befindet. In gewisser Weise kann man diese Prozedur mit unserer Bekleidungsgewohnheit vergleichen, die uns zwischen verschiedenen Stilen und Farben wechseln läßt, sei es nun auf eine ziemlich gewagte oder sexbetonende oder emotional bestimmte oder absolut fremde Art.

Manchmal glaube ich, daß in mir sowohl ein männliches als auch ein weibliches System operiert, und ich, wenn man so will, androgyn bin. Zeitweise kommt es vor, daß ich das weibliche System in mir bekämpfe, indem ich es in die Tiefen meines Unbewußten verdränge. Zu anderen Zeiten wiederum ist das weibliche System in mir vorherrschend und das männliche System unterdrückt. Nur in bester geistiger Verfassung gelingt es mir, beide auf gedanklicher Ebene sich verschmelzen zu lassen. Beide Systeme stellen in diesen Augenblicken ihre Auseinandersetzungen ein. Das Beste des Yin und Yang, des weiblichen und männlichen Systems, verbindet sich zu einem androgynen Neutrum. Auf dieser Basis werden meine Glaubenssysteme erzeugt, wie auch auf der Basis der Tatsache, daß ich einen männlichen Körper habe, der heute (1986) einundsiebzig Jahre alt ist und sich auf diesem Planeten innerhalb einer bestimmten Konstellation von Umständen befindet.

Ändert man die molekulare Konfiguration des Gehirns durch intravenöse oder intramuskuläre Zuführung bestimmter Substanzen, dann muß das Gehirn der betreffenden Person zum Schauplatz eines intimen Zusammenspiels zwischen den Reaktionen des Selbst und denen der veränderten chemischen Verbindungen werden. Für einige Menschen mag das langweilig, wenn nicht sogar abstoßend sein. Was? Ich soll mich der Chemie ausliefern? Die Antwort darauf aber kann sich nicht einfach in Mißbilligung oder Empörung über diese Tatsache erschöpfen. Sie verlangt im Gegenteil, daß man sich mit Entdeckergeist heranmacht und herausfindet, welche Typen von Molekülen für die eigene Existenz absolut lebenswichtig sind und welche das dynamische Gleichgewicht (Homöostase), das man beizubehalten wünscht, negativ beeinflussen. So wird es Menschen geben, die niemals zu Lysergsäurediätylamid greifen oder Marihuana rauchen werden. Sie sind ganz zufrieden damit, in ihrem Gehirn eine bestimmte molekulare Konfiguration aufrechtzuerhalten, indem sie sich geeignet ernähren, Fitness-Training, Schlaf, Arbeit und Freizeitbeschäftigungen nachgehen. Diese Menschen erleben ihren molekularen Kitzel beim Skilaufen, Drachenfliegen oder ähnlichen Abenteuern. Das Körperspiel selbst ist für sie Auslöser für andere chemische Reaktionen im Gehirn und die damit verbundenen Veränderungen der Bewußtseinszustände.

Die meisten der aus Asien in die Vereinigten Staaten kommenden Gurus legen nahe, den Gebrauch von Drogen einzustellen. Sie glauben, daß den traditionellen Methoden der Bewußtseinsveränderung, die sich auf Exerzitien, innere Disziplin und Langmut, Einsamkeit, Isolation und Einschränkung stützen, unbedingt der Vorzug zu geben ist. Ich selbst bin zu der gleichen Auffassung gekommen, nachdem ich ungefähr fünfundzwanzig Jahre mit jeder dieser Methoden im einzelnen experimentiert habe. Es ist wirklich besser, tägliche Übungen auf intellektueller, physischer und spiritueller Ebene konstant einzuhalten, als einfach nur zu Drogen zu greifen.

Ich finde die Tatsache ziemlich störend, durch Einnahme irgendeiner Droge sozusagen einen Zeitvertrag mit einer Chemikalie einzugehen, die alles, was ich dann tue, denke, fühle oder bin, wesentlich beeinflußt. Sobald die Wirkung nachläßt, bin ich immer wieder darüber erstaunt, daß ein so minimales Quantum in der Regel ausreicht, um in dieser Zeit auf mein Sein dermaßen einwirken zu können. Aufgrund meiner Erfahrungen mit Ketamin, die ich während einer Reihe von Experimenten gewonnen hatte, erkannte ich, daß LSD, Ketamin und verschiedene andere chemische Substanzen, die verändernd in die Prozesse des Denkens, Empfindens, Seins und Tuns eingreifen, eigentlich nur als unbedeutende Hilfsmittel aufzufassen sind und innerhalb eines weit bedeutsameren Zusammenhangs betrachtet werden müssen. Sie sind keine Substanzen, die psychotomimetisch wirken oder Psychosen hervorrufen oder das Gehirn mit Horrorvisionen überfluten, wie uns die öffentlichen Medien lehren. Sie sind einfache chemische Instrumente und für all diejenigen nützlich, die die Natur des menschlichen Gehirns und des menschlichen Geistes ausleuchten wollen, um die Parameter der Veränderungsfähigkeit zu entdecken.

Ein paar Eingeborenenstämme in Mexiko haben eine psychedelisch beeinflußte Lebensart entwickelt, in deren Ambiente unter strengen sozialen Ritualen, Glaubensvorschriften und den wachsamen Augen der Stammesältesten sich die Einnahme heiliger Pilze oder von Peyote vollzieht. Mein Sohn, John C. Lilly, Jr., hat vierzehn Jahre lang mit diesen Menschen zusammengelebt. Er hat sie beobachtet, photographiert, ihre Sprache aufgenommen und über ihre Denkart, ihre Verhaltensweisen, ihre Rituale und ihr Erziehungswesen berichtet. Im Augenblick bereitet er einen längeren Film vor, der einen Einblick in das Leben dieser psychedelischen Gemeinschaften vermitteln soll, die irgendwo in den ausgedehnten Weiten der High Sierra zuhause sind. Er hat dieses Projekt ganz auf sich gestellt unternommen und dabei nicht auf die Referenz seines Vaters geschielt, und ich muß sagen, es gab wirklich vieles, was ich von ihm erfahren konnte.

Die Indianer akzeptieren in ihrem Leben die Tatsache, daß sich die Zustände von Sein und Bewußtsein durch die Einnahme von psilocybinhaltigen Pilzen, Peyote und anderen Substanzen verändern lassen. Sie trachten nach diesen veränderten Zuständen, weil sie daran glauben, daß sie dadurch bis zu einem gewissen Ausmaß Kontrolle über ihre Götter erhalten und auf ihr Wirken positiven Einfluß nehmen können. Dies alles geschieht vor dem Hintergrund der irdischen und kosmischen Phänomene. Sie kennen Regengötter, Fruchtbarkeitsgötter und so weiter –, mit all denen sie unter Wirkung dieser Mittel kommunizieren können.

Ich fand die Tatsache ziemlich amüsant, daß John während seines Vordringens in diese Kulturen mit Geschichten – er erzählte mir einige – nur so gefüttert wurde, die den Geschichten des Don Juan stark ähneln und von Carlos Castaneda in seinen Büchern geschildert werden. John ist der Ansicht, daß die Schamanen – und Don Juan gehört offensichtlich dazu – alles, was in ihrer Macht liegt, unternehmen, um eine Schnüffelnase aus den Vereinigten Staaten zufriedenzustellen. Folglich spinnen sie Phantasien und Geschichten zusammen, damit der Neugierige sich zufrieden fühlt, sie selbst aber vor dem Übergriff eines fremden Glaubenssystems bewahrt bleiben.

Die Menschen, von denen ich hier spreche, sind Indianer, die in isolierten Gruppen leben. John hatte seine Arbeiten zum Teil auf eine Untergruppe, die Toapuri, gerichtet, deren Kultursystem vollkommen von Peyote geprägt wird. Obgleich diese spezielle Gruppe im allgemeinen von den Einflüssen christlicher Glaubenssysteme unberührt blieb und stattdessen praktisch ein rein aztekisches Religionssystem bis in unsere heutige Zeit aufrechterhalten konnte, hat sie doch ein paar Komponenten des Christentums assimiliert, von deren Wert man offensichtlich positiv überzeugt war: die Toapuri haben einen wundervollen Sinn für Humor. Aber wie überall, wo die Maschinen-Zivilisation in die nomadische oder landwirtschaftlich geprägte Zivilisation eindringt, hat sie auch das Leben der Taopuri bereits verändert, die inzwischen mit dem Einsatz mechanischer Geräte begonnen haben. John mußte sich also beeilen, wenn er die Taopuri-Kultur noch in einem einigermaßen unversehrten Zustand aufzeichnen wollte, ehe die Gefahr sich verschlimmert, daß die anteiligen Glaubenssysteme durch die neuzeitliche Zivilisation und angepriesenen Wohltaten schließlich unwiederbringlich verändert werden.

Die von den Toapuri realisierten Methoden zur Simulation Gottes sind von einer starken Flexibilität gekennzeichnet und auf die intellektuelle Lösung bestimmter schwieriger Probleme ausgerichtet, für deren wirkliche Lösung nicht sämtliche notwendigen Informationen verfügbar sind. Zusätzlich bezeugen Johns Aufzeichnungen, daß diese Menschen ihren Sinn für Humor, den sie im Lauf ihrer Geschichte entwickelt haben und so gewandt pflegen, nicht nur auf sich selbst und das umgebende Universum, sondern auch auf ihre Gottheiten richten. In der Zeit des großen Peyote-Rituals, das ein Mal im Jahr stattfindet, manifestieren sich Verhaltensnormen, die als völlig legal angesehen werden, in allen zivilisierten Ländern jedoch mit Geld- oder Haftstrafen geahndet würden. In dieser Zeit verschieben sich auch die sexuellen Verhaltensnormen, jedoch nicht ohne daß die Handlungsmuster entsprechend den Geboten der Götter geregelt blieben, die die Schamanen an die Beteiligten weiterzugeben haben.

Nicht alle denkbaren Simulationen von Gott können in diesem Buch analysiert werden. Dies wäre wirklich eine zu gewaltige Aufgabe. Auf den folgenden Seiten möchte ich aber ausreichend viele Beispiele geben, damit Du, wenn Du dieses Buch liest, Techniken und Metaprogramme kennenlernst, anhand derer Du Dein eigenes Glaubenssystem, Deine eigenen Simulationen von Gott analysieren und in der Folge herausfinden kannst, was für Dich in Deinem eigenen Selbstsein hier und jetzt am wichtigsten ist. Wenn Du wirklich damit beginnst, Dich und Dein Selbst unter diesen Aspekten zu sehen, dann wirst Du bald feststellen, daß Du Dich bei einigen Betrachtungsweisen ganz glücklich fühlst, bei anderen jedoch unzufrieden bist. Vermutlich wirst Du dann Teile Deiner elementaren Glaubenssysteme revidieren wollen. Doch Du mußt aufpassen, denn sollte sich dieser Wunsch wirklich äußern, kannst Du leicht in Versuchung kommen, Dich der Kraft der einen oder anderen chemischen Substanz zu bedienen. Dazu möchte ich noch einmal betonen, daß ich Dich nicht zur Einnahme von Drogen ermutigen will, wenn es nicht unter der Aufsicht eines Arztes geschieht, der selbst Erfahrung darin hat, die Enge des Bewußtseins zu sprengen und in andere Dimensionen vorzudringen, der selbst diese jeweils spezifische Chemikalie verwendet hat und dann nicht nur als Leitperson behilflich sein kann, sondern auch als «Schutzmann» unter möglicherweise gefährdenden Umständen. Auf keinen Fall will ich für den Gebrauch illegaler Substanzen plädieren. Es gibt andere, die sind legal und bringen ähnliche Resultate auf eine viel sichere Weise.

Ein absolut sicherer Weg, sich während des Prozesses der Selbstüberprüfung von der Außenwelt abzunabeln, ist die Tank-Methode, die die damit verbundene Notwendigkeit des Alleinseins, der Abschottung und Isolation gewährleistet. Das Wasser im Inneren des Tanks ist nur etwa fünfunddreißig Zentimeter tief; seine Temperatur beträgt ungefähr 34 Grad Celsius. Zusätzlich ist es mit so viel Epsomer Bittersalz angereichert, daß der gesamte Körper, Arme, Hände, Beine, Füße und Kopf sich in einer Art schwerelosem Zustand befinden. Gewöhnlich liegt man auf dem Rücken, wodurch sich bequem und sicher atmen läßt. Dabei bleiben die Sinne von allen Einflüssen der Außenwelt frei; Du siehst nichts von ihr, Du hörst nichts von ihr, Du kommst mit keinem Menschen in Kontakt. So kannst Du Dein inneres Universum betreten, Deine Simulation, Deinen Gott, Dein eigenes Selbst und alles andere, was für Dich von Bedeutung ist, erleben und überprüfen. Und um nichts anderes geht es in diesem Buch.

Prolog

Bevor alles begann, war nichts außer LEERE.

Aus der Leere heraus erwuchs Gott, der Sternenschaffer, der Schöpfer, der Entscheider, die Erste Unterscheidung.

Aus Gott heraus entwickelte sich die Idee des Selbst, das gegenstandslose Bewußtsein, das eigene Bewußtsein des objektleeren Bewußtseins, das bewußtseinsleere Bewußtsein, das Selbst.

Aus dem objektleeren Bewußtsein entsprang das Objekt, das erste Objekt, der Raum; Raum, der zu Wirbeln wird, Raum, der selbst Wirbel ist, der um sich selbst kreist, andere Räume umkreist, ehe er in die gegensätzliche Richtung dreht, Gegensatz wird, sich ausdehnt.

Im Mikrokosmos war es der winzigste Vortex, das kleinste Quantum Raum, die kleinste der kleinsten Größen, aus der alles andere aufgebaut werden würde – war es der kleinste Vortex, der sich selbst reproduzierte, dann sich paarweise reproduzierte. Objekt und Anti-Objekt, in pendelnder Bewegung, das Gleichgewicht sicherzustellen, so daß die Summe aus dem Integral von ALL-ES Null ergab. Gott schuf das ALS OB als reales Bewußtsein, gestaltete Software zu Hardware und Hardware zu Software, schuf nichts und schuf alles, indem Er ALL-ES der Zerstörung überließ, ALL-ES in die LEERE zurückstieß. Überall LEERE. Jedes und alles kann in jedem Augenblick, zu jeder Ewigkeit, in jeder Vergangenheit, in jeder Zukunft losgelassen werden, in die LEERE zurückfallen, um aus dem ORT DER SICHERHEIT Null zu machen.

Die unendlich vielen Möglichkeiten der kleinen tanzenden Wirbel, sich zusammenzufinden, immer größere Wirbel, schließlich Räume als neue Schöpfung zu bilden, ergeben in der Summe am Ende ein Universum.

Am Anfang war der Punkt, der kleinstmöglichste Punkt, «h_v», das Quantum einer Aktion.

Gleichfalls am Anfang wurde das Quantum der Liebe ausgefaltet, L-Stern, L∗. Entfaltung, Expansion wurde zur idealisierten Abstraktion universaler Liebe, die sich über das neue Universum ergoß und ebenso in das alte Bewußtsein, das keine Objekte als Inhalte hatte, füllte. Echte mitfühlende Liebe, unteilbar und abstrakt, die dort draußen ihre eigene Sache machte, ohne etwas anderes zu haben, wonach sie hätte ausgerichtet sein können. NICHTS, auf das sie sich beziehen konnte, auf ALL-ES, einschließlich ihrer selbst, des Sterns der Liebe, L∗.

Der Tanz des E-Sterns, E∗, der freie Tanz der Entropie, absolut zufällig, ohne Festpunkt, reine Energie, freies, zufälliges, reines Chaos, reine Zerstörung, wo alles verbrennt, entropische Energie wird, auf isothermem Weg höchstmögliche Temperatur anstrebt, die sich aus allen rundum angesiedelten und in den Verschlingungsprozeß einbezogenen Organisationsformen ergibt.

Dann ist da das Netzwerk, die Intelligenz, die negentropische Energie, das große N, der Organisator, N-Stern, N∗. Das Kommende, das den entropischen Zustand übernimmt, ihn ausrichtet zu geraden Linien, zu Punkten, Flächen, Körpern, kubischen Größen, Kristallen, Computern, Gehirnen, Leben. Der Organisator. Gestaltung. Die Kraft, die die entropische Energie für sich dienstbar macht, die schöpferisch ist, die aus dem Nichts überall Gestalt entstehen läßt, gerade Linien, Schleifen, Kurven, Oberflächen, wunderbare nicht-lineare Räume, Riemannsche Oberflächen, reine Mathematik.

Der Minus-Stern, (−)∗, der Stern der negativen Energie. Die reine negative Energie, Zerstörer des Schöpfers. Die negative Energie als Gegenkraft zur positiven Energie.

Der Plus-Stern, (+)∗. Die reine positive Energie, das Prinzip der Verjüngung, die treibende Kraft, der Schöpfer, dem Zerstörer, Minus-Stern (−)∗, gegenüber.

Der Z-Stern, Z∗, Zero, das Nichts, die Leere, die absolute Abwesenheit; das Positive abwesend im Negativen und das Negative abwesend im Positiven, das Nirgends im Überall, alles als Gegenteil von allem, der Null-Punkt und Null-Ort, der Ort der Sicherheit. Das Nichts, aus dem alles entstand, zu dem alles zurückkehrt. Das Nichts. Der Z-Stern, Z∗.

$$(-\,+)* \rightarrow Z* \rightarrow (+\,-)*$$

Alles ist das Nichts. Das Nichts ist alles.

C∗, das reine Bewußtsein. Der reine Aspekt des Bewußtseins, seiner selbst, bevor und doch erst nachdem es über sich selbst nachdachte. Das Unterscheidende, das doch nicht unterscheidet. Die reine erhabene Gleichgültigkeit, die Unabhängigkeit von allem anderen, der kosmische Tanz. C-Stern, C∗, er ist der Anfang, das Ende, das Einssein in Allem.

C∗, (+)∗, (−)∗, L∗, Z∗, – dies sind die fünf Energien, die fünf Ursprünge, denen die entsprechenden Oppositionen gegenüberstehen. Gott beginnt mit

Nichts, bei Null. Sein Beginn und der Beginn alles anderen ist längst bevor Er/Es das ist, aus dem Er/Es kam.

Er ist der Sternenschaffer, N-Stern, N∗, der Schöpfer, der alles und sich selbst schuf, der N-Stern, die reine negentropische Schöpfungskraft. Der Organisator, der hervorkam und auf der Ebene der reinen Organisation alles andere in Gang setzte.

Er ist der L-Stern, L∗, die Energie der Liebe, der L∗ Trip für alle anderen, Garant für die überall durchdringende Liebe, für den pausenlosen Tanz der Atome, für das ununterbrochene Kreiseln der Wirbel. Er hält den Kosmos intakt und läßt nicht zu, daß der Null-Zustand bereits zur Übernahme schreitet, auf den trotzdem alles reduziert wird, was zu weit in den negativen Bereich abgleitet.

Der Plus-Stern, (+)∗, die reine positive Energie, die unablässig auf der Suche ist nach dem Positiven, dem Orgiastischen, nach Orgasmus und Vereinigung im pausenlosen Koitus des Universums. Der Koitus von Penis und Vagina. Nicht auszuhalten ist es, so positiv ist diese Energie, so anti-negativ, daß es Euphorie wird, Orgie, Ananda; so weit im Positiven, daß man es im Ganzen gar nicht begreifen kann. Die absolute positive Abstraktion.

Der freie Zufall, E-Stern, E∗, die Energie der absoluten Abwesenheit jeder organisierten Form. Die Energie, die keine Organisation aufkommen läßt. Die Zerstörung jeder organisierten Erscheinung. Die Shiva-Shakti-Dichotomie mit dem beliebigen Faktor n. Die organisierende und zugleich anti-organisierende, alles vernichtende Energie des reinen Zufalls. Die Vernichtung der Wirbelbewegungen durch Umwandlung in reine elektromagnetische Energie als Folge des Rückfalls auseinanderfallender Materie und Anti-Materie in den Energiezustand der Entropie, von dort in den Zustand der Negentropie, des N∗, um zuletzt auch diese Erscheinung organisierter Energie zu verlassen. Spiel des absoluten Zufalls mit Photonen, die längst keine Photonen mehr sind. Der isotropische ewige Tanz des Nichts in keiner Richtung in keiner Zeit, in keinem Raum außerhalb des Bereichs von Zehn hoch minus dreiunddreißig Zentimetern Stattfindendem, die Aufenthaltswahrscheinlichkeit eines Raums selbst, einer Topologie. Aufenthaltswahrscheinlichkeit, das Quantum von Aufenthaltswahrscheinlichkeit – überall tritt es auf und trägt auf seinen Schultern zehn hoch fünfundneunzig Gramm pro Kubikzentimeter Dichte, scheinbare Dichte, und das alles auch noch total zufällig.

Richtig – Gott ist jenseits von allem, er ist ALL-ES, Allah, der, Hymnen auf seine Schöpfung singend, vom Anfang bis zum Ende seines Schöpfungswerkes ist, Unterscheidungen macht, vereint, Verschiedenheiten einrichtet, weitere Unterscheidungen innerhalb des ALL-ES trifft, um in Unterschiede zu trennen, Kriege zu beginnen, zu zerstören, um zu kreieren, um den Menschen zu machen, die Delphine, die Tiere, um alles zu machen, um ALL-ES aufzutun und alles aufzuzeigen. Der alles zusammenfaßt, einschließlich des Nichts, wo ALL-ES und nichts enthalten ist, das entstand, starb und ALL-ES wurde, wieder starb und Null wurde.

Tabelle der Energien und Kräfte

Symbol	Energie	Agens
C∗	Bewußtsein, Zustand der Erhabenen Gleichgültigkeit	Schöpfendes
L∗	Liebe, Reine Abstrakte Teilnahme	Verbindendes
N∗	Negentropie, Reine Information	Wissendes
(+)∗	Positive Plus Energie	Vermehrendes
(−)∗	Negative Minus Energie	Verminderndes
Z∗	Zero, Null, Nichts	Entleerendes
E∗	Reine Entropie, Chaos, Lärm	Frei Zufallendes
A∗	ALL-ES	Einbindendes
U∗	Vereinigung, Einheit	Vereinigendes
D∗	Verschiedenheit	Unterscheidendes

Vorwort
Simulationen von Gott.

Jeder von uns schafft sich einen Gott, indem jeder von uns auf eigene Art und Weise seinen eigenen DNS-, RNS-Kode, seine eigene genetische Struktur, seine eigenen familiären Vorgaben, sein eigenes Selbst nachbildet. Zusätzlich neigen wir dazu, diesem Modell Gottes weitere Simulationen zuzuordnen, die von anderen Menschen bereits vor langer Zeit entwickelt und von einzelnen Personen, Gruppen oder Organisationen aufgezeichnet wurden. Niemand kann genau wissen, woher wir kamen, woher ich kam, woher alle kamen. Wir müssen unsere Existenz als real annehmen in einer Welt, in die wir, frei von Ballast, hineingeworfen wurden. Niemand hat genaues Wissen über die Entität, die uns entstehen ließ mit unserer Struktur, unserem zentralen Nervensystem mit all seinen Feinheiten und seinem speziellen Kodierungssystem; niemand weiß genau, welche Entität hinter der Tatsache steht, daß sich Same und Ei verschmelzen und im Mutterleib unsere Struktur, unser zentrales Nervensystem schaffen, auf diesem Planeten kontinuierlich Leben erzeugen, den Menschen schaffen, der wir sind.

Das Universum versucht, sich selbst darzustellen sowie alles andere, was Teil des Universums ist. Und wir sind Teil des Universums. Wenn man in sein Inneres schaut und sich selbst sieht, dann ist dort nichts – Leere. Aber gerade in der Leere funktioniert die Rückkopplung vollkommen störungsfrei. Es gibt da ein Seinsgefühl, einen Seinszustand, ein Bewußtsein aus Ich-bin-, Ich-bin-das-, Ich-bin-jenes-Wahrnehmungen, bis man schließlich verschiedene Einrichtungen an sich spürt, die insgesamt gewöhnlich als menschlicher Körper bezeichnet werden. Uns ist entweder der Körper des Mannes oder der Körper der Frau zugewiesen. Daher sind die Rollen, die wir in Gegenwart unserer Mitmenschen spielen müssen, zum Teil spezifisch männlich oder spezifisch weiblich charakterisiert. Gleichzeitig, während wir unser Rollenspiel aufführen, bauen wir unsere Götter auf – und verehren sie –, um den unnachlässigen Belastungen unserer Existenz zu entkommen. Die einmalige Klarheit, dieses kristallklare Bewußtsein eines existierenden und mit dem Tod vergehenden Selbst aber soll durch keine Simulation Erklärung finden. ICH BIN, MEIN KÖRPER IST, DIE AUSSENWELT IST zu jedem Moment, zu jeder Zeit bereits Vergangenheit – eine einmalige, nicht wiederholbare Konfiguration.

Ich bin von der Maschine, dem Biocomputer, dem Gehirn wie auch vom Körper, in dem ich lebe, unabhängig: dennoch weiß ich nicht, wie es passiert, daß das Bewußtsein eines Menschen gerade eine bestimmte, unwiederholbare Konfiguration von Atomen und Molekülen eingenommen hat. Sowie wir die Moleküle verändern, tritt auch eine Veränderung des Bewußtseins ein, gefolgt von einer veränderten Wirklichkeitswahrnehmung. Ich glaube, die Realitäten jedes Situationsmoments und die Bestimmung, die die Realität entstehen läßt, sind in der Struktur jeder Verbindung, jedes Moleküls, Kristalls, Flüssigkeitskirstalls, Lasers, jeder leitfähigen Materie, aus denen sich unser Körper zusammensetzt, vorhanden. In dem Maß, wie wir unseren Aufbau in unserem Inneren entdecken und erkennen, sind wir in der Lage, außerhalb unserer selbst Simulationen unserer selbst zu realisieren. (Dies ist, wie wir sagen, eine klare Sache bzw. notwendig.) Aus den Rohmaterialien «unseres» Planeten Mutter Erde können wir die eigentümlichsten Erscheinungen formen und produzieren, – in allen denkbaren Zuständen, gleich ob flüssig, gasförmig, gallertartig oder wie auch immer. Alle Produktarten aber sind nichts anderes als Replikationen, Modelle, Simulationen, Erweiterungen unseres Selbst. Wir bewegen sie, sie bewegen uns, machen uns mobil. Wir machen uns die Energie nutzbar, die entropische Energie von toten Tieren und toten Pflanzen, um ein riesiges Kommunikationsnetzwerk zur Verknüpfung einer Vielzahl menschlicher Aktivitäten zu betreiben.

Würde man jedoch in einer Raumkapsel um den Planeten kreisen, dann müßte man feststellen, daß es sich hier nur um eine sehr dünne Schicht der Realität handelt, eine makromolekulare Konfiguration, Menschenansiedelungen, die im Verhältnis zum riesigen Ausmaß der gesamten Erdoberfläche eigentlich sehr dünn verteilt sind. Genauso müßte man erkennen, daß nicht die Schnittfläche Erde-Luft den größten Teil der Oberfläche ausmacht, sondern die Schnittfläche Wasser-Luft. Man müßte auch einsehen, daß die Erdoberfläche zum größten Teil von Säugern bevölkert wird, die uns in manchem überlegen sind, sei es in Hinblick auf eine besondere Mobilität oder in bezug auf ein Leben, das viel mehr von den spezifischen Bedürfnissen ihrer eigenen Art motiviert wird, als dies bei der Spezies Mensch der Fall ist.

Gehirn und Körper der Delphine, Tümmler und Wale sind unserem Gehirn und unserem Körper unter den Bedingungen des Meeres weit überlegen, jedoch auch im gleichen Maße unterlegen, wenn sie unter den Bedingungen des Festlands existieren müßten. Wir, die auf dem Festland leben – als federnlose Zweibeiner mit Wirbelsäulen in unseren Körpern, um uns der Schwerkraft entgegenzustemmen und aufrecht zu halten –, wissen nichts über die Simulationen unserer selbst, die möglich wären, wenn wir in ein Medium getaucht wären, dessen Zustand zwar eine mit unserem Medium vergleichbare Dichte hat, aber fluid ist. Delphine, Tümmler und Wale leben in einem solchen Medium vierundzwanzig Stunden am Tag, dreihundertfünfundsechzig Tage lang im Jahr, in Dunkelheit und Licht, in den Tiefen und Untiefen, entfernt vom Land, in der Nähe des Lands – ein ganz und gar anderes Environment als in New York, London, Paris oder wo auch immer.

Wir nehmen an, daß wir über unser Bewußtsein sprechen können, und auch über die Veränderungen unseres Bewußtseins, über unsere Simulationen von Gott und über Aufenthaltswahrscheinlichkeit. Um jedoch das, worüber ich sprechen möchte, wirklich verstehen zu können, ist es unbedingt notwendig, daß wir uns die eigenen Simulationen, die Simulationen unsererselbst, die Nachäffungen, die wir unserem Selbst auferlegen, direkt vor Augen führen und erleben. «Ich bin nicht das, was ich meine zu sein.» Dies ist eine der geistigen Übungen, die wir dem Dasein in der Gruppe zugewiesen haben. «Ich bin nur ein kleines Programm innerhalb der immensen Größe des Raums, in dem Milliarden von Programmen existieren. Ich bin nur ein Programm unter vielen, nur Teil des Ganzen.»

Demut und Bescheidenheit haben ihren Ursprung in der Struktur des eigenen Selbst. Man ist aber niemals seine Struktur, man hat seine Struktur.

Wir versuchen, ein komplettes Abbild der Realität, des Universums, ein komplettes Abbild Gottes in unsere Glaubenssysteme einzureihen. Natürlich ist das falsch. Wir sind stolz auf unser Wissen und beschämt über unser Unwissen. Was unser Wissen betrifft, so sollten wir jedoch weder Scham noch Stolz an den Tag legen. Unser Wissen ist nicht mehr und nicht weniger, es existiert einfach. Ebenso unsere Ignoranz, unser Unwissen. Wenn wir alle vorgefaßten Konzepte einschließlich der psychoanalytischen Betrachtungsweisen beiseite legen könnten und stattdessen bei der Betrachtung unserer selbst uns ausschließlich davon leiten ließen, wie die Struktur unseres Selbst beschaffen ist, wie unsere kleinstmöglichen quantenmechanischen Operatoren, wie die kleinstmöglichen Beobachtungs- und Kontrolleinheiten, die kleinstmöglichen Auswahlmechanismen, die kleinstmöglichen Integratoren funktionieren, dann erst wird es uns gelingen, uns selbst in eine analoge Struktur zu übertragen, uns zur Metapher unserer selbst zu machen. Erst dadurch werden wir zu einer besseren Übereinstimmung gelangen mit dem, was tatsächlich ist. Sobald eine Struktur die eigenen strukturellen Bedingungen zu erkennen beginnt, wird sie sich ihrer in einer zuvor nicht möglichen Weise bewußt werden können. Ein Computer, der in den

Begriffen seiner eigenen Software, seiner eigenen Programme und seiner Hardware, seiner festen Struktur denkt, gelangt in den Grenzbereich, der zwischen Software und Hardware liegt; er beginnt zu sehen, daß das reine Bewußtsein ein Zustand erhabener Gleichgütigkeit ist. Er wird sich auf keine Seite stellen, er wird nicht bestrafen, nicht belohnen; er wird absolut neutral bleiben – die Verstärkung des Neutralen, nicht die Verstärkung des Negativen, auch nicht die Verstärkung des Positiven. Die Verstärkung des Neutralen, das ist sein Sein.

Wir selbst sind Biocomputer; als solche haben wir schließlich außerhalb unseres eigenen Systems jene Computer erfunden, die uns zeigen, wer wir sind. Wir sind der neutrale Operator in einem Biocomputer, der sich nicht mit Belohnung oder Bestrafung beschäftigt, sondern dessen Anliegen die Verstärkung des Neutralen ist. Über die erhabene Gleichgültigkeit des Computers kann man nur staunen. Gelangt man selbst zu diesem Stadium, dann kann das wirliche Ekstase sein, Ekstase des Logos, Ekstase der Ratio; dann kann das wirklicher Zorn sein, logischer, rationaler Zorn; dann kann sexuelle Erregtheit ein logischer, rationaler Zustand sein. Das alles findet innerhalb eines total rationalen Rechensystems statt. Dies ist der Zustand der nächsten Evolutionsstufe, auf die sich dieser Organismus begeben wird, aus dem heraus ich spreche – als ein sogenannter Homo sapiens.

Einleitung

Die Herkunft dieser Texte läßt sich nur schwer erklären. Irgendwie gewinnt der Inhalt Form, ohne daß ich daran direkt mitwirken würde, ich meine mehr als ein Protokollführer oder Reporter es tut. Es ist gerade so, als würde alles aus unbekannten Quellen, durch unbekannte Kanäle in den Geist einströmen. Manchmal muß ich staunen, was dabei herauskommt – kein Teil von mir, noch aus mir, wie es scheint.

Es könnte sein, daß ähnlich wie bei Joan Grant in *Many Lifetimes* (1) meine gegenwärtige Inkarnation Erinnerungen an vergangene Inkarnationen beschreibt. Anders als Joan Grant erfahre ich, wenn dem so ist, eine derartige Reinkarnation nicht bewußt. Falls zurückliegende Seinszustände in mir wirksam sein sollten, so spielen sie sich außerhalb meiner gegenwärtigen Bewußtseinsdimensionen ab; die Tatsache, daß ich im Zustand außergewöhnlicher Seinsbewußtheit an früheren Leben teilhatte, ändert daran nichts. Es wäre ebenso denkbar, daß diese Texte von Seinsentitäten stammen, die im gegenwärtigen Zeitpunkt nicht in dieser physisch-leiblichen Realität stecken. Wir kennen dies aus dem Leben des bekannten Mediums Eileen Garrett. Gut möglich, daß es da Kräfte gibt, die sich der Kontrolle meines bewußt operierenden Selbst entziehen und nun ihrerseits mein Schreiben in diesem Bewußtseinszustand zu kontrollieren vermögen. In anderen Bewußtseinszuständen habe ich «Führer» kennengelernt und mit ihnen Umgang gehabt, die nicht Teil der allgemein anerkannten Realität waren.

Vielleicht werden die Informationen auch von einem terrestrischen und/oder extraterrestrischen Kommunikationsnetzwerk (das wir mit unserem gegenwärtigen Wissen noch nicht, mit unserem zukünftigen Wissen hoffentlich bald begreifen) unterhalb meiner Wahrnehmungsschichten eingespeist. In besonderen Bewußtseinszuständen habe ich diesen Prozeß tatsächlich erlebt.

Eine weitere Möglichkeit besteht darin, daß alle diese Aufzeichnungen in meinem eigenen Biocomputer erzeugt wurden, allerdings auf nicht bekannte Weise und unterhalb meiner Wahrnehmungsschichten. Dieser Prozeß, in Gang gesetzt durch ein «Denkorgan» und als «Imagination» bekannt, scheint in bestimmten Bewußtseinszuständen wirklich abzulaufen.

Es muß festgehalten werden, daß jede der vier oben genannten Erklärungen auf einem anderem Glaubenssystem basiert. Vielleicht gibt es ein Glaubenssystem, in dem sich alle vier Erklärungen vereinen lassen; vielleicht sind alle vier «w a h r». Andererseits können alle vier Erklärungen «f a l s c h» sein. Meinst Du, oder denkst Du vielleicht, daß die eine oder andere Erklärung «falsch» ist? Meinst Du, oder denkst Du, daß alle «falsch» sind? Weshalb? Weil Deine Programmierungssysteme, die gegenwärtig in Dir wirksam sind, und die in diesem Buch als «Glaubenssysteme» bezeichnet werden, Dein Urteil determinieren. Sie schreiben Dir vor, ob eine Sache «wahr» (Realität) oder «falsch» (Illusion) ist.

Diese G l a u b e n s s y s t e m e sind wie Eisberge: Etwa neunzig Prozent davon liegen unterhalb unserer gewöhnlichen Wahrnehmungsschichten. Bei besonderer Programmierung des Bewußtseinszustands ist es möglich, sich diese Glaubenssysteme und ihre Operationsweisen vollständiger bewußt zu machen.

Zusätzlich zu der logischen Paarung «wahr» und «falsch» unterscheiden wir eine zweite Paarung logischer Zustände (siehe The Human Biocomputer) (2) – die «als ob»-Werte: «als ob wahr» und «als ob falsch». Dieses Paar verwenden wir, wenn wir ein System beschreiben, nachzeichnen, darstellen oder simulieren.

Wenn ich annehme (zu Diskussions- oder anderen Zwecken), daß etwas «wahr» oder «falsch» ist, spielt es keine Rolle, was es nun ist; wichtig ist, daß der Wert nur angenommen und folglich ein «als ob wahr»-Wert oder ein «als ob falsch»-Wert ist, und wie sich zeigen läßt, finden beide Werte im Alltagsleben Verwendung. Man gebraucht sie beispielsweise, wenn man alternative Verläufe zukünftiger Aktionen diskutiert. In diesen Fällen ist die zukünftige Aktion noch nicht Teil der externen Realität. Daher läßt sich auch nicht sagen, ob der angenommene Verlauf und die daraus resultierenden Konsequenzen «wahr» oder «falsch» sind. Wir können die Alternativen simulieren und unser Modell der gewünschten Aktion und ihre Konsequenzen auf der logischen Basis «als ob wahr» ablaufen lassen und sämtliche Operationswege unter «als ob wahr/ falsch»-Bedingungen überprüfen.

Um die vier alternativen Erklärungen über den Ursprung dieser Texte darzulegen, habe ich dieses System verwendet und vier Glaubenssysteme entsprechend simuliert. Nähert man sich jedem einzelnen Glaubenssystem unter der «als ob wahr»-Bedingung und konstruiert man daraus die Realität, die man für «wahr» hält, «verwirklicht» man das System von Simulation und Glaube. Verläßt man ein solches System, so hält man gewöhnlich fest, was sich zufälligerweise als «wahr» ergeben hat; später werden die «als ob wahr/falsch»-Werte der Simulation entsprechend ausgetauscht. (Siehe auch Epilog in *Das Zentrum des Zyklons (3).*)

Im Alltag verwenden wir diesen Simulationsmodus aber nicht nur, um zwischen alternativen Verläufen von Aktionen und Konsequenzen auszuwählen. Wir halten uns an die «als ob wahr/falsch»-Annahmen beispielsweise auch, wenn wir einen Roman schreiben oder lesen. In der post-kompositorischen oder post-rezeptorischen Phase überprüfen wir die Simulationen auf ihren «realen» Wert: Haben wir durch die «simulierte Erfahrung» etwas Aufregendes, Neues, Nützliches oder Tiefgründiges geschaffen oder gelernt? (Eine Simulation, ein Modell, eine Folge von Programmen kann in diesem Sinn als ein Drehbuch oder Szenario angesehen werden, das einem selbst oder anderen als Grundlage dient.)

In diesem Buch untersuchen wir jene Simulationen, jene Szenarios, jene Mythen, jene Modelle der inneren und äußeren Realität, die unserem Denken/Fühlen/Handeln zugrundeliegen. Wir wählen jene Simulationen, die klassischerweise von großen Gruppen der Menschheit als «die wichtigsten» betrachtet werden. Ein Großteil wichtiger Simulationen sind die «Simulationen von Gott». Für unsere Zwecke gehen wir davon aus, daß diese Simulationen, diese «Gottesnachahmungen» für ein Individuum, eine Gruppe, eine Nation, eine Welt von höchster Bedeutung sind.

John A. Wheeler, Physiker und Erforscher der «Schwarzen Löcher», sagte vor kurzem: «Die wichtigste Energiequelle ist das menschliche Wesen und sein Glaube. Ich kann mir nicht vorstellen, daß es etwas Wichtigeres gibt als die Vorstellungen der Leute, die darüber nachdenken, wie der Mensch in den Gesamtplan des Universums paßt.» (4)

Mein eigenes Metaglaubenssystem (Anschauungen über Glaubenssysteme) stimmt im wesentlichen mit Wheelers Anschauungen überein. In diesem Buch stellen wir die ersten Versuche einer Würdigung des Menschen vor, als dem Tier, das die Realität simuliert und an seine Simulation glaubt. Als Ergebnis dieser Arbeit wird nach unserer Hoffnung eine «wahre/als ob wahre»-Wissenschaft des Glaubens herauskommen.

Ein Hinweis noch: Beim Lesen solltest Du immer daran denken, daß diese Arbeit eine Simulation ist, so wie Du für mich eine Simulation bist und ich für Dich.

Metaglauben
(aus: Programming and Metaprogramming in the Human Biocomputer)

«Alle Menschen, alle Personen, die in der Welt von heute aufwachsen, sind programmierte Biocomputer. Niemand kann sich seinem ureigensten Wesen als einer programmierten Entität entziehen. Buchstäblich könnte jeder von uns ein Programm sein, nicht mehr, nicht weniger.

Trotz der großen Vielfalt verfügbarer Programme haben die meisten von uns nur ein begrenztes Spektrum. Einige dieser Programme sind fest integriert. Die Struktur unseres Nervensystems spiegelt ihre Ursprünge in einfacheren Lebensformen wider, von sessilen Protozoen, Schwämmen und Korallen über Meereswürmer, Reptilien und Protheria zu Primaten, zu frühen Anthropoiden, zu Frühmenschen und schließlich zum Menschen. Bei den einfacheren Grundformen des Lebens waren die Programme meist fest eingebaut: Die Funktionsmuster, angefangen beim genetischen Kode bis hin zu voll entwickelten Organismen, die sich im Adultzustand reproduzieren, waren von der Notwendigkeit bestimmt, zu überleben, sich an die langsamen Veränderungen der Umwelt anzupassen und den Kode an die Nachkommen weitergeben zu können.

Mit zunehmender Größe und Komplexität des Nervensystems und seinem Träger, dem Körper, wurden neue Stufen der Programmierbarkeit geschaffen. Die Programmierung war nun nicht mehr auf Überlebens- und Reproduktionsfunktionen beschränkt. Die eingebauten Programme lebten weiter, indem sie die Grundlage, den Kontext für die neuen Programmebenen bildeten. Sie können von darüberliegenden Kontrollsystemen gestartet oder gestoppt werden. Irgendwann entwickelt sich die Großhirnrinde, wie ein sich ständig erweiternder Computer, und steuert die untergeordneten Strukturen der Nervensystemebenen, die unteren, die fest eingebauten Programme. Zum ersten Mal erleben wir den Prozeß des Lernens, zusammen mit der Beschleunigung des Anpassungsvermögens an eine sich rasch verändernde Umwelt. Mit der weiteren Ausdehnung dieser neuen Rindenschicht, die einige Millionen Jahre dauerte, wurde schließlich eine kritische Cortexgröße erreicht. Auf dieser Strukturebene war eine neue Fähigkeit entstanden: Lernen wurde erlernbar.

Wenn man das Lernen lernt, schafft man sich Modelle, benutzt man Symbole, Analogien, Metaphern, kurzum, man erfindet eine Sprache, die man dann einsetzen kann. Erreicht die Größe des Gehirns (Cortex) ihre kritische Stufe, tauchen Sprachen und ihre Folgeerscheinungen auf.

Um Begriffe wie «Lernen lernen», «Symbole», «Metaphern», «Modelle» nicht jedes Mal wiederholen zu müssen, verwende ich den Begriff «Metaprogrammierung», stellvertretend für die Idee, die diesen Operationen zugrundeliegt. Die Metaprogrammierung erscheint zusammen mit der kritischen Cortexgröße: der zerebrale Computer muß über eine ausreichende Anzahl miteinander verbundener Schaltkreise verfügen, die von solcher Qualität sind, daß die Operationen der Metaprogrammierung in diesem Biocomputer angemessen stattfinden können.

Grundsätzlich läßt sich unter «Metaprogrammierung» ein Vorgang verstehen, bei dem ein zentrales Kontrollsystem Hunderttausende von Programmen steuert, die gleichzeitig ablaufen. Im Jahr 1974 war es noch nicht gelungen, diese Operation in einem Computer ausführen zu lassen; die Metaprogrammierung findet außerhalb der Halbleiter-Computertechnologie, innerhalb der metaprogrammierenden Menschen statt. Welche Wahl diese Halbleitercomputer auch treffen, welche Anweisungen sie auch ausführen, wie sie operieren, was sie aufnehmen, – es bleibt immer der Wahl und Entscheidung des menschlichen Biocomputers vorbehalten. Vielleicht bauen wir aber eines Tages einen metaprogrammierenden Computer, dem wir unsere Wahl und Entscheidung überlassen können.

Wenn ich vorhin sagte, daß wir nur unsere eigenen Programme sein können, nicht mehr, nicht weniger, so meinte ich, daß das Grundsubstrat unserer Metaprogramme unsere Programmanlage ist. Alles, was uns als Mensch kennzeichnet, entspricht dem, was fest eingebaut und erworben worden ist – und was wir daraus machen. Wir sind ein Ergebnis des Substratprogramms – ein sich selbst metaprogrammierendes Subjekt, ein Selbstmetaprogrammierer.

So wie aus den hunderttausend verschiedenen Substratprogrammen tausende adaptierfähige, sich verändernde Metaprogramme entstehen, so entsteht aus dem Set an Metaprogrammen als Substrat etwas anderes – das Kontrollsystem, der Steuermann, der Programmierer im Biocomputer, der Selbstmetaprogrammierer. In einem gut durchorganisierten Biocomputer gibt es mindestens ein solches Prüf- und Kontrollmetaprogramm – das aktive «Ich», wenn es auf andere Metaprogramme Einfluß nimmt, das passive «Mich», wenn andere Metaprogramme das Metaprogramm des «Ich» lenken. Daß es mindestens eins gibt, habe ich absichtlich gesagt. Viele von uns haben mehrere Kontrollmetaprogramme, Ichs, selbst-metaprogrammierte Programme, die die Kontrolle unter sich entweder nacheinander, also seriell, oder gleichzeitig, also parallel aufteilen. Ein Weg zur Selbstentwicklung ist die Zentralisierung der Kontrolle über den eigenen Biocomputer in einem metaprogrammierenden Selbst. Die Selbstmetaprogramme werden zu bewußten Ausführungsprogrammen gemacht und dem einzigen Verwalter, dem einzigen überbewußten Selbstmetaprogrammierer untergeordnet. Mit Hilfe geeigneter Methoden können viele, wenn nicht alle Biocomputer diese Zentralisierung der Kontrollfunktionen, diese elementare Operation zur Vereinheitlichung, verwirklichen.

In der Kontrollhierarchie können unterhalb und oberhalb des Sitzes dieses einzigen verwaltenden Selbstmetaprogrammierers und seiner ausführenden Organe andere Kontrollen und andere Prüfungssysteme existieren, die ich der Einfachheit halber «Überich-Metaprogramme» nenne. Es kann mehrere solcher Überich-Metaprogramme geben, oder nur ein einziges, was ganz vom momentanen Bewußtseinszustand des einen Selbstmetaprogrammierers abhängt. Man kann sie als personifizierte «Als-ob»-Entitäten betrachten, als ein «Quasi»-Netzwerk zum Informationstransfer, oder als eine «Wirklichkeit», als ob das Ich durch das Universum reist, zu fremden Ländern, neuen Dimensionen oder Räumen vorstößt. Vollzieht man auf der Ebene dieser Überich-Metaprogramme eine weitere Vereinheitlichungsoperation, gelangt man zu einem weiteren Konzept, dem Begriff «Gott», «Schöpfer», «Sternenschaffer», oder wie immer man es bezeichnen möchte. Von Zeit zu Zeit geraten wir in Versuchung, offensichtlich unabhängige Ursprünge des Überichs zusammenzufassen, als ob es nur einen Ursprung gäbe. Ich bin mir nicht sicher, ob wir bereits so weit sind, diese Operation zur Vereinheitlichung des Überichs zu vollbringen, und gleichzeitig erwarten können, daß das Resultat mit einer objektiven Realität vollkommen in Einklang steht.

Bestimmte Bewußtseinszustände entstehen aus oder wegen der Operation dieses Vereinheitlichungsphänomens. Wir sind immer noch Allzweckcomputer, und wir können jedes nur denkbare Modell des Universums innerhalb unserer eigenen Anlage programmieren, den einen Selbstmetaprogrammierer auf Staubkorngröße verkleinern und ihn so programmieren, daß er in seinem eigenem Modell Reisen zurücklegt, «als ob» sie «real» wären (Bewußtseinsstadium +6, Satori +6) (5). Dies ist eine sehr nützliche Fähigkeit, aus der man, wenn man will, heraustreten kann, um sie dann als das zu sehen, was sie ist – eine große Befriedigung gebende Umsetzungskraft zur Realisation der eigenen Biocomputerprogramme. Derartige Erfahrungen überzubewerten oder zu negieren ist eine unnötige Operation. Das Erkennen dieser Fähigkeit an sich selbst ist ein wichtiger Zusatzpunkt auf der Wahrscheinlichkeitsliste des eigenen Selbstmetaprogrammierers.

Hat man einmal die Kontrolle darüber, wie man das Universum innerhalb des eigenen Ichs nachbilden und die Parameter richtig variieren kann, dann erkennt man diese Fähigkeit des eigenen Ichs daran wieder, daß es sich ständig verändert und den neuen Eigenheiten anpaßt.

Die Qualität des Modells, das man sich vom Universum macht, läßt sich am Grad der Übereinstimmung mit dem wirklichen Zustand des Universums messen. Es gibt keine Garantie, daß das eigene augenblickliche Modell mit der Wirklichkeit im vollkommen Einklang steht; es hat auch keine Bedeutung, wie sicher man sich fühlt, daß es einen Einklang gäbe, und sei er noch so überzeugend. Gefühle wie Ehrfurcht, Verehrung, Heiligkeit und Sicherheit sind gleichermaßen anpassungsfähige Metaprogramme, die sich auf jedes Modell anwenden lassen, nicht allein auf eins, das mit der «Wirklichkeit» am besten harmonisiert.

So viel weiß die moderne Wissenschaft: die Tatsache allein, daß eine Kultur eine Kosmologie ganz bestimmter Art entwickelt und angebetet hat, liefert keine Garantie für eine genaue Übereinstimmung mit dem realen Universum. In der Wissenschaft sind wir inzwischen dazu übergegangen, unsere Modelle des Universums zu testen, soweit dies möglich ist, anstatt sie wie ehedem anzubeten. Gefühle wie Ehrfurcht und Verehrung werden als hervorquellende Energien des Biocomputers angesehen, nicht als Determinanten der Wahrheit, beispielsweise ob die Modelle auf die Wirklichkeiten richtig passen oder nicht. Ein alles beherrschendes Gefühl der Sicherheit ist eine Eigenheit eines Bewußtseinszustands, ein besonderer Raum, ein Fingerzeig oder eine Suggestion, aber niemals eine endgültige Bestätigung für die Kongruenz des eigenen Modells und der Wirklichkeit des Universums. Wie man innerhalb der eigenen Modelle innerhalb des eigenen Kopfes reisen kann, so kann man auch a u ß e r h a l b davon reisen, oder die A u ß e n s e i t e des eigenen Modells vom Universum sein, jedoch immer noch innerhalb des eigenen Kopfes (Bewußtseinszustand +3, Satori +3) (6). Es ist, als ob man sich in diesem Metaprogramm mit den Schöpfern verbindet, mit Gott eins wird, etc. Hier kann das Ich so weit zurückgedrängt werden, daß es schließlich ganz verschwindet.

Außer diesen Überich-Metaprogrammen kann man sich andere denken, die noch weiter draußen liegen und beispielsweise in Olaf Stapledons Buch «Sternenmacher» (7) beschrieben werden. Hier schließt sich das Ich anderen Ichs an und streift durch die Weiten vergangener und zukünftiger Zeiten und Räume. Das interplanetarische Bewußtsein verschmilzt mit dem Bewußtsein des Sonnensystems zu einem intergalaktischen Bewußtsein. Dieses intergalaktisch teilnehmende Bewußtsein verbindet sich mit dem Geist des Universums und wird schließlich seines Schöpfers gewahr, des Sternenschaffers. Angesichts des Schöpfers erkennt der Geist des Universums seine Unvollkommenheit; deshalb wird er versuchen, das Universum wie ein Haus abzubrechen, es neu aufzubauen und ein perfekteres Universum zu schaffen.

Setzen wir unseren eigenen Biocomputer so ein, wie ich es oben beschrieben habe, können wir profunde Kenntnisse über unser Ich, unsere Kapazitäten erfahren. Die daraus entstehenden Zustände von Sein und Bewußtsein geben uns Einblick in die elementaren Wahrheiten über unsere Ausstattung:

In den geistigen Regionen ist das, was man für wahr hält, wirklich wahr, oder es wird, innerhalb bestimmter Grenzen, die durch Erfahrung und Experimente gefunden werden, wahr gemacht. Diese Grenzen sind weitere Glaubensansichten, die transzendiert werden müssen. In den geistigen Regionen gibt es keine Begrenzungen. (8)

Die geistigen Regionen sind die Regionen der eigenen Modelle, des allein seienden Ichs, der Erinnerungen, der Metaprogramme. Wie verhält es sich mit der Region, die unseren Körper, die Körper der anderen einschließt? Hier sind in der Tat Grenzen gezogen.

Unsere Körper sind in einem Netzwerk verflochten – sie sind mit denen anderer verbunden, um zu überleben, zu zeugen, neu zu schaffen. Aber es gibt darin auch noch ein anderes Informationsgut:

In der Region, wo der eigene Geist mit dem anderer verbunden ist, ist das, was im Netzwerkverbund für wahr gehalten wird, wahr, oder es wird, innerhalb bestimmter Grenzen, die durch Erfahrung und Experimente gefunden werden, wahr gemacht. Diese Grenzen sind weitere Glaubensansichten, die transzendiert werden müssen. In den Regionen des Netzwerkgeistes gibt es keine Begrenzungen. (9)

Erneut aber erlegen die im Netzwerk zusammengeschlossenen Körper, in denen der Geist wohnt, der Erdboden, mit dem sie verhaftet sind, die Oberfläche des Planeten einem feste Grenzen auf. Diese Grenzen müssen durch Erfahrung und Experimente gefunden werden; Menschen mit gut geschultem Geist sollten sich auf sie einigen und an das Netzwerk weitergeben. Das Ergebnis ist eine «Wissenschaft geistiger Übereinstimmung».

Insoweit läßt sich also festhalten, daß unser eigener Geist grenzenlos Informationen enthält; eingeschlossen in ein Netzwerk gibt es aber auch Informationen begrenzter Natur, auf die man sich allgemein geeinigt hat, und die möglicherweise ganz und gar unnötig sind. Feste Informationsgrenzen finden wir ebenso in einem einzigen Körper wie im Netzwerk der Körper eines Planeten.

So formuliert, bedeutet das, daß wir unser wissenschaftliches Problem folgendermaßen auf einen kurzen Nenner bringen können:

Vorausgesetzt, man kann einen einzelnen Körper und ein einzelnen Geist physikalisch trennen und in einer von physikalischen Gesetzen vollständig beherrschten Umwelt wirklich isolieren – können wir dann nach dem gegenwärtigen Stand der Wissenschaften wirklich alle Ein- und Ausgangsprozesse, die von und zu diesem Biocomputer unseres Geistes stattfinden, ausreichend und zufriedenstellend erklären, das heißt, können wir diese Prozesse wirklich isolieren und eingrenzen? Ist es möglich – immer unter der Voraussetzung, die Eigenschaften der Software «Geist» sind so, wie ich sie oben skizziert habe –, daß wir Input-Output-Prozesse entdecken, finden oder gar erfinden können, die unserer Wissenschaft der geistigen Übereinstimmung noch unbekannt sind? Empfängt und sendet dieses Bewußtseinszentrum dann Informationen mit einem gegenwärtigen noch unbekannten Kommunikationsverfahren? Bleibt dieses Bewußtseinszentrum mit dem isolierten, eingeschlossenen Biocomputer verhaftet?

Mit diesem Buch möchte ich zeigen, an welchem Punkt ich innerhalb dieser Suche und Forschung stehe. In früheren Büchern habe ich meine eigenen persönlichen Erfahrungen abgehandelt. Hier widme ich mich der Theorie, den Methoden, Metaprogrammen, Programmen und Erfahrungen anderer Personen.«

* * *

In dieser Simulation, d.h. in diesem Buch, behalte ich mir das Recht vor, keine moralischen oder andere Urteile über die Simulation anderer Personen, Gruppen oder Nationen abzugeben. Falls mir dennoch derartige Urteile unterlaufen, so möchte ich hier klar zum Ausdruck bringen, daß es in keiner Weise beabsichtigt ist. Ich möchte lediglich die Simulationen, Modelle, Glaubensstrukturen anderer möglichst objektiv und genau darstellen. Das ist sehr schwierig. Ebenso wie Du und alle anderen spreche ich von einer Plattform aus, die auf elementaren Glaubensgrundlagen ruht, und nicht immer sind einem alle erkennbar. Es ist, wie gesagt, ein Eisberg, der zum größten Teil tief im Innern, in der inneren Realität, dem Ozean des Ichs, verborgen ist. Nur ein kleiner Teil davon wird für andere sichtbar, während man selbst möglicherweise einen etwas größeren wahrnimmt.

Falls Du Lust hast, mit mir die elementaren Glaubensansichten zu suchen und zu ergründen, kann ich Dir trotz meiner eigenen Grenzen Wege zeigen, damit Du Dich selbst auf den Weg machen kannst, Richtungen angeben, in die Du blicken kannst, Methoden vorstellen, wie Du das Neue, auf das Du stößt, integrieren kannst. Es kann wirklich zu einer aufregenden Suche werden, und das Aufregendste daran ist vielleicht, wenn Du Wahrheiten findest, von denen Du immer das Gefühl hattest, daß es sie gibt, Du aber nie in der Lage warst, sie deutlich zu erkennen. Wenn Du bereit bist, kann ich Dir dabei helfen, daß sich Dein Gefühl für das, was in manchen Bereichen dieser Suche und Erforschung wahr ist, bestätigt sieht.

Ich bitte Dich nicht, mir zu glauben. Im Gegenteil: ich selbst bin skeptisch, deshalb schätze ich Deinen eigenen Skeptizismus (10). Wenn Du mir nicht glaubst, dann sieh Dir Deinen Zweifel genau an: Er ist lediglich eine andere Form des Glaubens. Also bitte ich Dich auch nicht, mir keinen Glauben zu schenken. Aber ich bitte Dich, über das, was ich schreibe, nachzudenken und davon zu übernehmen, was Du kannst. Alles andere laß für eine Weile außer Betracht. Mir ist aufgefallen, daß viele Leute ein Buch wie dieses durchlesen können und seine tiefere Bedeutung für sich selbst erst eine Zeit später, nach einer Woche, einem Monat, einem Jahr vielleicht, entdecken. Ein kluger, ausgewogener Skeptizismus, an dem man leidenschaftslos festhält, ist dafür eine gute Basis.

Laß uns gemeinsam mit Energie und Objektivität in Bereiche vordringen, die als heilig gelten, ohne dabei den Helden zu spielen, weder in der Rolle des Protagonisten noch in der des Antagonisten. Laß uns gemeinsam die geheiligten Reiche des Ichs, der Religion, Wissenschaft, Philosophie, von Sex, Drogen, Politik, Geld, Verbrechen, Krieg, Familie betreten und spirituelle Pfade auskundschaften. Laß es uns tun, ohne uns von Hindernissen aufhalten zu lassen, mit etwas Courage und Abenteuerlust.

* * *

Der Beginn der Arbeiten mit den Techniken von Einsamkeit, Isolation und Abgeschlossenheit läßt sich in das Jahr 1954 zurückdatieren, als ich am National Institute of Mental Health mit neurophysiologischen Forschungen beschäftigt war. Dort wurde die Möglichkeit entwickelt, von einer bestimmten Salzlösung in einem Wassertank, in vollkommener Dunkelheit und Stille, in einem Schwerkraftfeld von 1 g wie im Schwebezustand getragen zu werden. Während meiner Experimente mit diesem Tank stieß ich auf die elementaren Glaubensgrundlagen, auf denen Religion, Wissenschaft, Recht, Politik, mit einem Wort, die wesentlichen Glaubensansichten aller Menschen basieren. In den vergangenen zwanzig Jahren wurde der Tank weiter verbessert, vereinfacht und wirtschaftlicher. Gegenwärtig arbeite ich auch mit Glenn Perry, dem Präsidenten der Samadhi Tank Company in Santa Monica, Kalifornien, zusammen. Gemeinsam haben wir einige Tankmodelle verschiedener Art konzipiert – einfache, sichere, ökonomische, ausgeklügelte, vielseitige, teure. Da meine gesamte wissenschaftliche Arbeit mit Delphinen (11) und meine Bücher über Menschen aus der Arbeit mit dem Tank stammen, glauben wir, daß der Tank ein nützliches Vielzweckinstrument ist, um dem Menschen dabei zu helfen, einen weiteren Schritt nach vorne zu tun. Wir hoffen deshalb, daß dieses potenielle Universalgerät unter den Händen der jüngeren Generation noch mehr vereinfacht und noch wirtschaftlicher gemacht wird. Auch hoffen wir, daß sich ein Untergrund entwickelt, der sich mit der Erforschung eines völlig neuen, dem Menschen bislang unbekannten Gebiets befaßt. Der Fortschritt der menschlichen Spezies hängt von den unbesungenen zukünftigen Helden ab, die ihr Leben und ihren Lebensstil der Erforschung der äußersten Weiten des Universums, wie wir es heute kennen, und jener Universen, die man sich erst noch vorstellen muß, opfern.

Definitionen

Theoretische Physik: die experimentelle Wissenschaft vom Glauben über das Universum.
Experimentelle Physik: die Wissenschaft von der Existenz.
Glaubenssystem: Ein Glaubenssystem, wie es jeder von uns in irgendeiner Form aufrechterhält, ist jene bewußte/unbewußte Ansammlung von Glaubensgrundlagen, Vermutungen, Axiomen, Vorurteilen, Voreingenommenheiten, Modellen, Simulationen, die alle Entscheidungen, Handlungen, Gedanken, Gefühle, Motive und das Gespür für das Wirkliche und das Wahre zu jedem beliebigen Zeitpunkt mitbestimmen.

Im allgemeinen hält jeder von uns mehrere Glaubenssysteme aufrecht, die bisweilen überlappen können, oder auch nicht, die Paradoxa entstehen lassen, oder auch nicht, die in Übereinstimmung oder im Widerspruch zueinander stehen können, die sich selbst kontrollieren, oder kontrolliert werden, die in einem Ordnungszusammenhang stehen, oder auch nicht, die logisch oder unlogisch sind, die starr sind, oder flexibel und veränderbar.

Simulation: Das Wort «Simulation» wird in diesem Buch ähnlich verstanden, wenn nicht sogar identisch mit seinem Gebrauch im Bereich der Computerprogrammierung. Eine Simulation eines originalen Zustands von etwas, oder ein Modell eines originalen Zustands von etwas, ist das Ergebnis einer Reihe von Konzepten, Ideen, Programmen, die so miteinander verbunden werden, daß sie beim Denker, Leser, Programmierer, Programmierten ein zusammenhängendes Ganzes darstellen, das dem Original zum Verwechseln ähnlich ist, ihm gleichkommt, mit ihm identisch ist. Das «zusammenhängende Ganze» existiert in den Programmarealen des Lesers, des Verfassers, des Denkers, des Programmierers, des Programmierten. Das «Original» kann in der äußeren Realität existieren, ebenso in der inneren Wirklichkeit, oder auch in beiden.

Innerhalb des eigenen Ichs kann man neue oder bereits bestehende innere Systeme simulieren. Modelle von Denken/Fühlen/Handeln sind ebenso wertvoll wie Modelle von Flußdrainagesystemen, von Flugzeugen, Raumschiffen oder Universen.

Genau betrachtet, ist man nichts anderes als die Anzahl der eigenen Simulationen der inneren und äußeren Realität. Man besteht zwar möglicherweise aus mehr, aber sie bilden bestimmt einen sehr großen Teil des Biocomputerinhalts und der Kontrollsysteme, soweit es um die physische Reise auf diesem Planeten geht. Unsere eigenen Simulationen haben die Neigung, unser Denken, unsere Gefühle und unser Handeln zu kontrollieren. Ehe wir nicht etwas anderes lernen, sind wir Opfer, Leidende der eigenen Simulationen. Die Simulationen, die man von seinem Ich macht, erscheinen nach eingehender Analyse fast wie Notstandsübungen aus der Vergangenheit. Werden in den frühen Jahren die eigenen Überlebensprogramme ausgelöst, so kann dies sehr leicht für die Art und Weise bestimmend sein, wie man sein eigenes Ich simuliert.

Sicherheit/genaue Bestimmbarkeit: Glaube an Stabilität, Gesetzmäßigkeit, Ordnung, Form, feste Strukturierung oder eine, die sich relativ mit der Zeit im Laufe des Lebens des Individuums/der Spezies durch Überlegung und Reflektion verändert; ein Kriterium ist, daß eine Struktur, eine Verhaltens-, Gedanken-, Gefühls-, Reaktionsstruktur prognostiziert werden kann. Das Prinzip der Sicherheit kann sich auf die absoluten Werte der Parameter des Bezugsrahmens beziehen, oder auf jede der abgeleiteten Funktionen dieser Variablen in Bezug auf die Zeit. Eine konstante Veränderungsrate (konstant erste Ableitungsfunktion) oder eine konstante Veränderungsrate einer Veränderungsrate (konstant zweite Ableitungsfunktion) usw. liegt innerhalb des Bereichs dieses Konzepts des Prinzips der Sicherheit. «Was hier immer konstant ist, ist die Veränderung», ist eine der Auffassungen im Glaubensgefüge des Prinzips der Sicherheit.

Unsicherheit/Unbestimmbarkeit: Glaube an das eigene Unvermögen, die Zukunft oder zukünftige Strukturverläufe (siehe oben) oder Veränderungen darin vorherzusagen, zu prophezeien oder darauf zu bauen; an die inhärent zufällige Natur submikroskopischer Ereignisse wie in der Quantenmechanik; daran, daß unterhalb des Bereichs von 10 hoch minus 33 Zentimeter (13) Raum und Topologie, der Zerfall an einem Punkt und die Neuentstehung eines Sterns oder Universums unbestimmt sind.

Bewußter/unbewußter Geist: außerhalb meiner bewußten Wahrnehmung existieren, im Hier und Jetzt, Simulationen, Prozesse und Informationsquellen. Einige davon sind potentiell wahrnehmbar, andere dagegen lassen sich nicht ins Bewußtsein bringen. Einige werden von speziell dafür konzipierten Kontrollprogrammen außerhalb der bewußten Wahrnehmung gehalten. Einige Arten des Fühlens/Denkens/Handelns unterstehen direkt diesen Kontrollprogrammen. Die den Energiefluß in die erlaubten Kanäle lenken.

«Sollte/Sollte eigentlich»-Formen und Programmhierarchien: Spricht man beispielsweise davon, wie man gewisse Dinge innerhalb eines Programms plant, dann lassen sich auch immer Alternativen einbringen, etwa der Form, «es sollte so sein», «eigentlich sollte es so sein». Die «sollte/sollte eigentlich»-Form geht davon aus, daß es eine alternative Programmanweisung gibt, die der gegenwärtig operierenden Anweisung überlegen ist. Die «sollte/sollte eigentlich»-Form schließt sich direkt mit irgendeinem elementaren Glaubenssystem zusammen. Diese Form ist ferner an einem Emotions-/Gefühlsaktivierungsprogramm beteiligt, das einem tatsächlich sagt, «D a s ist wichtig; hör auf diese wichtige Botschaft gut hin.»

«Sollte/sollte eigentlich»-Formen setzen eine Programmhierarchie voraus, eine Prioritätsliste, auf der die «sollte/sollte eigentlich»-Formen vor dem gegenwärtig operierenden Programm Vorrang haben.

Eine Gefahrensituation, die sich in der Vergangenheit abgespielt hat, kann gewöhnlich eine «es hätte sollen»-Form hervorrufen, um eine «das nächste Mal werde ich«-Form zu speichern.

Bio-Ich: Dies ist der Aspekt, wie der Biocomputer funktioniert, der als konsequente Folge der Evolution auf der physikalisch-materiellen Stufe observiert/kontrolliert; der Selbstmetaprogrammierer auf einer niedrigeren Stufe, vom Gehirn und seinen Programmkapazitäten geschaffen.

Super-Ich: Dies ist die Seite des «objektlosen Bewußtseins», des Raums über dem Raum, des Superraums, des Essentiellen, des Überichs, das sich an den Biocomputer, an das Bio-Ich anschließt, um Informationen und Daten aus dem «Netzwerk» zu liefern und gleichzeitig mit Informationen aus dem Biocomputer beliefert zu werden.

Ich: Dies ist der Kontroller, das Steuergerät, das vollständig Bio-Ich sein kann, ebenso vollständig Überich sein kann, und alles andere, was beim Übergang vom einen zum anderen dazwischenliegen kann. Dabei kommt es in den äußersten Zuständen zu einer vollkommenen Verschmelzung der jeweils typischen Bedürfnisprogramme. Dies ist der Bereich des Selbstmetaprogrammierers auf der mittleren und oberen Stufe.

Rolfing: Eine Methode der Tiefenmassage nach Ida Rolf.

Bandschleife: Eine Tonschleife, die von einem Tonbandgerät reproduziert wird, d.h. eine Botschaft, die immer wiederholt wird.

1.
Gott als Anfang

Wie wir Gott definieren, wie wir den Anfang definieren, hängt davon ab, wie wir unser Ich, wie wir uns selbst definieren. Wir können zum Beispiel annehmen, wir haben, gemäß der modernen Wissenschaftsübereinkunft, als uranfängliche molekulare Konfigurationen in der Ursuppe eines Planeten mit einer Atmosphäre begonnen, uns zu kolonienbildenden Einzellern, Protozoen, weiterentwickelt, aus denen dann die verschiedensten Arten von marinen Tieren entstanden, aus denen Fische wurden, die später an Land kletterten, dort zu Reptilien wurden, die sich zu Säugetieren fortentwickelten, und dann über die Linie der Affen zu den Säugern mit großem Gehirn, die sich selbst einen Namen gaben: «Homo sapiens». Andere Abstammungslehren postulieren eine göttliche Erschaffung des Menschen, getrennt vom Rest unseres Planeten, getrennt vom Rest der Biologie des Planeten: eine Version mit Engeln oder mit Christus oder Jahve, und mit einer gewissen Art von Intelligenz, mit verschiedenen göttlichen Attributen, die aus uns einen besonderen Fall machten. Dies sind extreme Glaubenssysteme, von denen es natürlich mehr gibt.

Gott wird für eine Form der Intelligenz gehalten, die entweder die Evolution, so wie sie ist, eingerichtet hat, oder fertige Kreationen, die die Fähigkeit erlangten, sich selbst zu reproduzieren, aus dem Nichts nur mit einem göttlichen Hauch schuf. Diejenigen, die sagen, sie kennen Gott, sie seien von Gott, und Gott spräche durch sie, diese Menschen sagen uns durch ihre Schriften und durch ihre Lebensführung, daß es Gott immer gab, immer gibt und immer geben wird. Wir hören, Gott ist allmächtig, allwissend, alliebend und allgnädig – aber man sagt uns auch, daß er durch begrenzte Instrumente spricht, die behaupten, sie kennen ihn.

Ich habe diese Räume selbst erforscht. Ich bin in alle Glaubenssysteme eingedrungen, die ich oben aufgezählt habe. Ich habe tage-, wochenlang diese Glaubenshaltungen und die Konsequenzen ausgelebt. Ich habe mich von jedem dieser Systeme wieder zurückgezogen und über die Ereignisse nachgedacht, die in mir und in den anderen, die um mich waren, geschahen.

Ich finde, daß die Errichtung von Glauben und Glaubenshaltungen und ihr völliges Ausleben dem Aufbau eines Theaters gleichkommt, als würde man ein Stück inszenieren, dessen eigener Autor, Regisseur und Zuschauer man ist. Dies ist eine Fähigkeit des relativ großen Gehirns des Menschen, die man verstehen sollte. Man sollte, während man einen Schritt zur Seite tut und auf diese Fähigkeit und auf das, was dabei für den leiblichen Körper herauskommt, blickt, wissen, daß man in diesem Augenblick auf einer ziemlich sicheren Grundlage innerhalb des eigenen Selbst steht. Man erkennt, daß man wirklich alleine ist, und die Kontakte und Feedbacks von und mit anderen über ziemlich eingeschränkte Kanäle laufen – Kanäle, die von den eigenen Glaubensanschauungen und von denen anderer, mit denen man kommuniziert, längst besetzt sind. Angst, Schuld und alle anderen negativen Aspekte einer Existenz können ausgeschaltet werden. Ebenso kann man alle positiven Aspekte des Seins ausschalten. Schließlich kann man dort ankommen, was Franklin Merrell-Wolff (1) das Stadium der «Erhabenen Gleichgültigkeit» nennt.

Das Stadium der «Erhabenen Gleichgültigkeit» entspricht dem, was ich «neutrale Verstärkung» nennen würde. Ein neutraler Zustand, wo es weder Bestrafung noch Belohnung gibt, ein Zustand des Verstehens und Wissens, das weit über das triviale primitive Mitleid der üblichen Sentimentalität, beispielsweise in den Standardreligionen, hinausgeht. Betrachten wir das, was in uns vor sich geht, genauer, werden wir feststellen, daß der Zustand der neutralen Verstärkung das Stadium der größten Belohnung ist, das wir überhaupt erreichen können. Es ist das Stadium der totalen Objektivität, der Zustand des objektiven Beobachters, der den Beobachter miteinschließt, der sich selbst als ein Bewußtseins- und Energiesystem beobachtet, in dem Gesetze wirken, die er erst noch begreifen muß. Innerhalb der eigenen Struktur, des eigenen Seins ist man von Rätseln umgeben. In diesem Stadium suchen alle, oder wenigstens viele, danach zu verstehen, nach einem Weg, Unkenntnis und Unverständnis zukünftig zu vermeiden.

Gott ist also der Anfang, und der Anfang ist im Ich. Das Ich sucht nach seinen Anfängen. Das Ich legt die Anfänge in das Universum, so selbstverständlich, als ob das Nichts, die Leere, auf eine irgendwie intelligente Art dieses Ich geboren hätte, das mit seinen Ursprüngen umgehen kann, als sei es ein Spiel, sie einem Gott zuschreiben kann, obwohl es dies alles an diesem Punkt gar nicht wissen kann. Dies ist eine bedrückende Erkenntnis. Weg ist der Trost, den man durch andere Glaubenshaltungen in der Vergangenheit schöpfte. Freilich ist das nur eine andere Glaubenshaltung in diesem Augenblick, in dieser besonderen Entität, zu wissen, daß man nicht imstande ist, zu wissen und Gott als den Anfang zu kennen. Es ist schmerzlich zu erfahren, daß man keine Schuld, keine Angst, keinen Zorn mehr haben kann, daß man nicht mehr sexuell angezogen, zurückgewiesen, belohnt oder bestraft werden kann. In diesem Zustand der neutralen Verstärkung, in diesem Stadium der «Erhabenen Gleichgültigkeit» ist sogar die Bedrückung, der Schmerz verschwunden. Man kann überhaupt nicht mehr bedrückt sein, man ist so, wie man ist, so wie man war, so wie man erwartet, daß man immer sein wird, sich dessen aber nie sicher ist. Man nähert sich seinem Ende und gerät bei der Reflexion über das Ende des Ichs noch einmal aus dem Zustand der «Erhabenen Indifferenz» heraus; wie man ist, so ist man immer gewesen, so wird man sein, und vielleicht noch einmal zufällig erscheinen, in einer anderen Form, in einer fernen Zukunft vielleicht.

Man kann an die Ewigkeit glauben, sie aber nicht beweisen. Man kann die Ewigkeit erfahren, innerhalb der allgemeinverbindlichen Wirklichkeit aber läßt sich kein wissenschaftlicher Beweis für die Existenz der Ewigkeit führen. Man kann das Spiel, als ob man Gott am Anfang wäre, weiter treiben, aber man wird immer wieder erkennen, daß man begrenzt ist, durch ein Gehirn und durch einen Körper, die beide bei einer absoluten Temperatur von 310 K (= 37 Grad Celsius) funktionieren. Man kann nicht an den absoluten Nullpunkt des Nichts gehen und zu dem werden, was ganz am Anfang stand, bevor alles andere begann. Man ist ein Konglomerat aus mindestens 26 Milliarden Neuronen plus 10^n Quantenoperatoren und Quantenbeobachtern in unserem Nervensystem. Man kann dieses hochkomplexe System manipulieren, einsetzen, programmieren und metaprogrammieren, aber nicht löschen. Man kann nicht wieder von vorne anfangen, nicht erneut zu einem Spermium und einer Eizelle im Augenblick ihres ersten Zusammentreffens werden.

Man kann so tun, als wäre man in seinem eigenen Theater des Absurden, des Sublimen, der «Erhabenen Gleichgültigkeit», aber Gott als den Anfang wird man nie erfahren können.

2.
Ich bin Gott

In der Literatur sowie in der mündlichen Überlieferung gibt es zahlreiche Erfahrungsberichte aus erster Hand, die beschreiben, wie sich ein einzelnes Individuum in einen ewigen Raum begibt, in einen Raum außerhalb der uns bekannten Zeit, außerhalb der uns bekannten äußeren Realität. Die Berichte weichen beträchtlich voneinander ab; ein gemeinsamer Nenner jedoch bleibt, und mit dem wollen wir uns hier befassen: es ist das Gefühl, keinen Anfang und kein Ende zu haben. In diesem Sinne wäre man ewig. Vielleicht wird dieses Gefühl noch von einem anderen begleitet (von einem fast nicht-menschlichen Gefühl): daß man lediglich ein Agent ist, der für eine «Höchste Autorität» handelt. (1)

Ich glaube, daß die Aussage «Ich Bin» am besten im folgenden Auszug aus Merrell-Wolffs Buch *Patways Through To Space* zur Darstellung kommt:

«Aber jetzt wollen wir mehr sagen.*

Derjenige, der dem individuellen Verlangen und Wünschen im äußersten den Rücken zukehren kann, wird vom Sog eines Bewußtseinsstroms erfaßt, der ihn jenseits des Bereichs bringt, wo das Verlangen herrscht. Das Vokabular des Menschen leistet sich keine Begriffe, um das zu bezeichnen, was die Bewegung oder Transformation im Hier ausmacht, was dahinter steckt. Jenseits der Großen Entsagung jedoch gibt es eine Kompensation, durch die der Mensch dort-

---

* Beachte diese Worte. Sie kamen einher mit jener eigenartigen AUTORITÄT, von der ich eben sprach. Und mit ihnen ein elektrisierendes Prickeln, das einem kühl über den Rücken läuft. In solchen Momenten traue ich mich, weit über mich selbst hinaus zu sprechen, über meine persönlichen Grenzen hinweg, mit dem sicheren WISSEN, dazu autorisiert zu sein. Genau hier liegt eines der Geheimnisse des Inneren Bewußtseins.

hin plaziert wird, wo er Herrgott ist, sogar über das erste Nirvana. Er wird auf eine Stufe postiert, die jenseits des Ruhe- und jenseits des Aktionszustands ist, jenseits von Formlosigkeit und jenseits von Form; dies ist die Erhabene Gleichgültigkeit. Derjenige, der auf der Stufe der Erhabenen Gleichgültigkeit verweilt, kann sich nach Belieben in den Ruhe- oder Aktionszustand versetzen, und doch bleibt er über beide erhaben, weil sich beide von dieser Stufe ableiten. Es gibt ein VOLLKOMMENHEITSGEFÜHL, das dem Gefühl von ZUFRIEDENHEIT überlegen ist und ZUFRIEDENHEIT als ein Instrument einsetzt und nicht nur als letztes ZIEL sieht. Der ZUSTAND VON RUHE kann mit Aktion verschmelzen, ohne daß das Gleichgewicht gestört wird. Die Erhabene Gleichgültigkeit vereint weit mehr; in ihr vermengen sich alle Dualitäten. Sie ist Anfang und Ende und Alles dazwischen. Sie ist leiblich und jenseits allen Leiblichen; sie ist Form und zugleich formlos; sie breitet sich überall aus, durchdringt alles, Raum und Zeit eingeschlossen. Sie ist die reine Erfüllung, die Erfüllung jeder Sehnsucht, jedes Wunsches, in diesem Moment und für immer. Sie geht über die Entsagung hinaus, selbst über den äußersten Verzicht. Auf diese Weise erfüllt sich die ausgleichende Kompensation. Sein und Wissen sind mit einem Mal das gleiche. Hier ist die äußerste Fülle, die über die extremste Vorstellung hinausgeht. (2)

* * *

«Es gibt eine solche Region der Höchsten Autorität. Sie liegt über allem in der Erhabenen Gleichgültigkeit.

Ich fand in diesem Stadium keine Zufriedenheit in mir, und trotzdem hatte ich nicht das Gefühl, daß etwas verloren gegangen war. Dieses Stadium oder diese Qualität schlummerte unter mir, und ich hätte es wecken können, wenn mir danach gewesen wäre. Das Wesentliche aber ist, daß man auf der Stufe der Erhabenen Gleichgültigkeit keinen Trost oder SELIGKEIT im Sinne eines Gefühls aktiver FREUDE oder GLÜCKS braucht. Müßte man SELIGKEIT, in Verbindung mit der Erhabenen Gleichgültigkeit gesehen, erklären, könnte man es korrekt nur in dem Sinne tun, daß es in ihr weder Schmerz noch Pein gibt. Aber relativ zu diesem Stadium ist selbst äußerste Freude Leid. Ich bin mir wohl bewußt, daß wir hier ein Bewußtseinsstadium vor uns haben, das ziemlich aus dem Rahmen der üblichen Vorstellungskraft fällt. Ich jedenfalls konnte mir ein derartiges Stadium, das so über alle anderen herausragt, nie wirklich vorstellen. Innerhalb meiner alten Motivationsgrenzen gab es kein Verlangen danach, und auch im Menschen als solchem finde ich nichts, was diese Sehnsucht möglich machen würde. Doch jetzt fühle ich tief in meinem Inneren, daß ich auf einer bestimmten Stufe im Zentrum bin und auf alle Objekte menschlichen Trachtens und Strebens, die erlauchtesten nicht ausgenommen, herabschaue. Es ist ein eigenartiges, fast zauberbehaftetes, BEWUSSTSEIN, wenn man es von der Perspektive relativer Ebenen aus betrachtet. Es ist die eine Zustandsebene, die in sich geschlossen, vollständig oder, anders gesagt, adäquat ist. Welche Ebenen JENSEITS davon noch existieren, weiß ich nicht, aber ich weiß, dieser Zustand nimmt alle anderen in sich auf, auch die, von denen ich nichts bemerkt habe.

Das Wort «Gleichgültigkeit» ist nicht ganz zufriedenstellend, aber ich kenne kein anderes, das passen könnte. In keiner Weise ist eine Gleichgültigkeit im negativen oder tamasischen Sinn gemeint. Diese ist eine dumpfe, passive, träge Seinsqualität. Die Erhabene Gleichgültigkeit meint eigentlich, bis zum äußersten erfüllt sein, was mehr ist als bloße INFINITÄT. Oder, um aus der Mathematik ein Bild zu entnehmen, es ist eine INFINITÄT höherer Ordnung, die die Existenz von Infinitäten niederer Ordnung einschließt.»

Auch andere haben ähnliche Gefühle erfahren, wie Merrell-Wolff es hier beschreibt. Zum Beispiel berichtete jemand vor kurzem, daß er eine Erfahrung gemacht hatte, bei der er das Gefühl bekam, das ewige Leben zu besitzen, und daß das alles wahr wäre. Nachdem er aus diesem Bewußtseinszustand heraus wieder in seinen normalen, alltäglichen zurückgekehrt war, begann der Zweifel an diesem Gefühl und damit am Zustand ewigen Seins zu nagen.

Es scheint sich hier um ein weiter verbreitetes Phänomen zu handeln, als die meisten wissen. Daß in einem Bewußtseinszustand ein anderer verdrängt wird, den man als «unwirklich», «fantastisch» oder «selbstprogrammiert» hinstellt, ist in solchen Fällen das übliche Verfahren.

Wenn Bewußtseinszustände selbstprogrammiert sind, stellt sich eine sehr wesentliche Frage: Welches Bewußtseinsstadium ist von der selbstprogrammatischen Macht des Individuums unabhängig? Gibt es irgendein Bewußtseinsstadium, das nicht selbstprogrammiert ist?

Um der Beantwortung dieser Fragen auszuweichen, suchen wir uns weitere Fragen und halten uns an die allgemeinverbindlichen Beurteilungsmaßstäbe der Realität. Wir sagen einfach: «Wenn ich meinem eigenen Urteil über die Realität in einem bestimmten Bewußtseinsstadium nicht trauen kann, dann muß ich eben dem Urteil anderer trauen, die ich in dieser Sache als «Experten» sehe – Priester, Psychiater, Ärzte, Rechtsanwälte, Politiker, Staatsmänner, Gesetzgeber usw. Gerne verläßt man sich auf die «Meinung der Experten», um sich vor der Notwendigkeit zu drücken, die Wahrheit zu erforschen, die man in einer bestimmten Realität, in einem bestimmten Selbstmetaprogramm begreift.

Teilt man mit einem Individuum ein besonderes Glaubenssystem oder eine Reihe von Erfahrungen, die damit in Verbindung stehen, nicht, wird man Glaubenssystem und Erfahrungen vermutlich als «falsch», «fantastisch», «psychotisch» usw. hinstellen. Dieses Programm kehrt meiner Erfahrung und der meiner erfahrendsten Kollegen nach immer wieder. Das wesentliche Problem daran scheint mir folgendes zu sein:

1. Angenommen, es gibt n-verschiedene Bewußtseinsstadien, in die ich eintreten kann.
2. Wir wollen diese Bewußtseinszustände willkürlich als Zustand 1, Zustand 2, ... usw. bis Zustand n bezeichnen.
3. Einige dieser Zustände sind voneinander vollständig getrennt, andere überlappen sich, manche scheinen identisch zu sein, etwa in dem Sinne, daß die einzige Veränderung in den Variablen nur der Standpunkt des Beobachters in einem bestimmten Stadium ist; das heißt, ich kann in der allgemeinverbindlichen Realität sein, aber mein Beobachter könnte verschiedene Stellungen gegenüber jener allgemeinverbindlichen Realität oder jedem anderen Zustand n, der anders ist als die allgemeinverbindliche Realität, beziehen.
4. Für heuristische Zwecke stellen wir den Beobachter mitten in die Umgebung der Elemente und Parameter seines Bewußtseinszustands, als wäre er eine zentrale Sphäre, und damit meinen wir den «Beobachter» innerhalb einer anderen Sphäre, nämlich des «Bewußtseinszustands».
5. Der Beobachter wie auch sein Bewußtseinszustand können unabhängig voneinander verändert werden. Jeder der beiden kann mal mehr, mal weniger mit der äußeren Realität verbunden sein, die wir als eine weitere Sphäre symbolisieren, die die Bewußtseinszuständssphäre umgibt. In Isolation ist diese letzte Sphäre auf ein unbedeutsames Maß reduziert; wir haben dann nur die beiden inneren Sphären: die Ich-Sphäre bzw. den Beobachter, und die Bewußtseinszustandssphäre. Wir wollen hier annehmen, daß die Parameter des Bewußtseinszustands und seine Inhalte ebenso wie die Parameter und Inhalte des Beobachters bestimmt werden können.
6. Der älteren Terminologie nach ist der Selbstmetaprogrammierer die zentrale Sphäre und der metaprogrammatische Raum die nächst-äußere.
7. Aus experimentellen Gründen nehmen wir ferner an, daß die externe Realität mit ihrer Programmierung entweder durch Isolation, Einsamkeit und Abgeschlossenheit oder durch andere Bemühungen des Beobachters, sich von ihr abzutrennen, abgeschwächt werden kann (so wie man es von der Hypnose her kennt).
8. Der Beobachter hat nun einige Optionen. Er kann den Beobachter und dessen Zustand zum Selbstmetaprogramm machen, wie auch seinen eigenen Bewußtseinszustand, d.h. jenen Teil des verfügbaren metaprogrammatischen Raums, den er sich ins Bewußtsein ruft.
9. Programmiert der Selbstmetaprogrammierer einen «ewigen Raum» ein, ohne einen Körper, ohne diesen Planeten (vergleiche die Zustände +6 und +3 in «Das Zentrum des Zyklons») (4), wird er zu einem Punkt innerhalb eines zusammenhängenden Ganzen, eines Kontinuums, das andere Bewußtseinspunkte enthält, die gleich groß oder größer oder kleiner als der Beob-

achter sein können. Die Parameter für dieses Bewußtseinsstadium sind: 1. Zwischen diesen punktuellen Entitäten findet Kommunikation statt. 2. Sie programmieren sich gegenseitig. 3. Sie sind notwendigerweise menschliche Entitäten. 4. Sie existieren in einem Universum, das sich nicht auf das leiblich-physikalische Universum beziehen läßt. In diesem Raum gibt es kein Wissen von der Existenz eines Körpers, eines Gehirns, eines Individuums auf einem Planeten Erde in einem Sonnensystem in einer Galaxie in einem Universum, wie es uns nach dem heutigen Stand der Wissenschaft beschrieben wird.

10. Während der Zeit, die der Beobachter in diesem Raum zubringt, fühlt er Ewigkeit – daß er keinen Anfang hatte, kein Ende haben wird und mit anderen Entitäten zusammen diesen Raum teilt, die ihm in diesem Sinne gleich sind. Er kann neue Informationen erhalten; er kann, wenn erforderlich, Informationen an die anderen Entitäten geben. Diese Informationen betreffen die ewigen Faktoren eines Netzwerks von solchen Wesen und ihrer gegenseitigen Beeinflussung. In diesem Universum gibt es keine Materie, nur Kommunikationsenergien. Es gibt Licht, aber nicht das Licht, das wir mit unseren Augen wahrzunehmen gewohnt sind. Dieses andere Licht enthält den Zustand der Seligkeit, die Gnade Gottes, oder welche Metapher man auch immer verwenden will, um die andere Art von Licht in ein Wort zu fassen.

Nach allem, was ich den Aufzeichnungen über dieses Thema entnehmen kann, wie auch nach meinen eigenen Erfahrungen, handelt es sich bei dem oben Geschilderten um ein Metaprogramm. Ich nenne es «Metaprogramm», weil ich mich gegenwärtig in einem Körper in einer allgemeinverbindlichen Realität befinde, dabei zu anderen Entitäten spreche, die ebenfalls in Körpern stecken, Bücher lese und während des Trips auf dem Planeten Informationen austausche. Ich spreche von dem Stadium aus, in dem ich mit anderen Körpern, Gehirnen, Leuten kommuniziere. Sobald ich es als Metaprogramm bezeichne, gehe ich davon aus, daß mein Biocomputer die Erfahrung schuf. Vom Standpunkt des Biocomputers aus gesehen ist es eines der grundlegenden Postulate, daß man innerhalb eines metaprogrammatischen Raums lebt, der zum Teil selbst konstruiert ist.

Der Erörterung halber wollen wir sagen, daß man in dem oben angesprochenen Raum beginnt und sich dann in einen Raum oder ein Bewußtseinsstadium begibt, das wir «Ich bin Gott» nennen könnten. Im Endeffekt sagt diese Art von Simulation aus: Ich bin ewig, trotz der begrenzten Zeitspanne, die mein Körper lebt; dieses besondere Ich, das ewig ist, hat bestimmte Eigenschaften, die zum Teil kreativ sind – Entwicklung von Metaprogrammen, Schaffung von Materie, Energie, Erzeugung von Bestimmtem im Unbestimmten. Dieser Entität ist die Einrichtung von Verbindungslinien in einem Überraum eigen, Sicherheit auf der Ebene eines submikroskopischen Substrats von Aufenthaltswahrscheinlichkeit.

Im Raum der allgemeinverbindlichen Realität, also im Stadium 48, dem Stadium des Kartographierens (s. «Das Zentrum des Zyklons»), halte ich mir das Bild einer Entität vor Augen, die durch meinen in der allgemeinverbindlichen Realität realen Körper, reales Gehirn und reales Wissen spricht und sich selbst programmiert. Diese Entität wird «individuelle Essenz» genannt. Von diesem besonderen Blickpunkt aus ist die Essenz in Wirklichkeit ein Verbundensein mit einem Informations- und Kreationskontrollnetz (s. Beschreibung des Zustands +3 in «Das Zentrum des Zyklons»). Diese Essenz hat kreative Qualität.

Der Selbstmetaprogrammierer unterhalb dieser speziellen Essenz ist der Skeptiker, der Forscher im Stadium 48. Im Stadium +6 und +3 übernimmt die Essenz die Kontrolle über diesen speziellen Selbstmetaprogrammierer. Im Stadium +12 beginnt die Essenz, die programmatische Kontrolle auszuüben. Gibt der Selbstmetaprogrammierer die Kontrolle zugunsten der Essenz auf, geht das ganze System in den Zustand +6 über, unabhängig davon, ob die Position des Selbstmetaprogrammierers gespeichert ist oder nicht. Im speziellen Bewußtseinsstadium von +6 und +3 gibt es ein definitives Wissen von Realität, in der sich das eigene Ich immer mehr mit dem Ganzen und seinem hypothetischen Erschaffer verbindet. In diesem Stadium ist man überzeugt, «Gott zu sein», oder mindestens ein Agent Gottes. Bei Rückkehr aus diesem Stadium zum Körper und Selbstmetaprogrammierer könnte es demnach zu einem Wiedereinschalten des Skeptizismus-Programms, relativ zur Realität des zuvor aktiven Programms, kommen. Ich spreche hier in den Begriffen des 48er Stadiums, nicht in denen der Stadien +6 und +3, wo es keine Sprache gibt.

Das «Ich bin Gott»-Metaprogramm kennt noch andere Varianten – beispielsweise jene von den biblischen Propheten oder jene von Mohammed im Koran oder jene von Oscar Ichazo und seiner Überzeugung, daß er direkt mit Gott kommuniziert. Eine große Zahl von solchen Erfahrungen hat offensichtlich die Bibel, den Koran und zahlreiche andere Schriften hervorgebracht, die auf das mit anderen zu teilende Gefühl einer «Grenzenlosen Autorität» Bezug nehmen: Das erlangte Wissen soll mit anderen geteilt werden, und in besonderen Fällen muß der Ungläubige für seinen Mangel an Glauben in Sachen WAHRHEIT bestraft werden. Im Spektrum menschlicher Arroganz fehlt es wahrhaftig nicht an Leuten, die aus den oben beschriebenen Räumen zurückgekehrt sind. Wenn sie in Demut zurückkehren, entspricht das Glaubenssystem beispielsweise eher dem der Buddhisten, sei es nun Zen oder die chinesische oder indische Variante desselben Glaubens. In diesem System ist das «Ich bin Gott»-Bewußtsein ohne Arroganz; es impliziert eine demütige Position, ohne Bedürfnisse während der erdgebundenen Reise, außer dem, genügend zu haben, um Leib und Seele zusammenzuhalten und, wie ein Bodhisattva, die essentielle Wahrheit der Entdeckung der Essenz innerhalb jedes einzelnen von uns zu lehren und weiterzugeben. Niemand ist dann größer als der andere. Es gibt lediglich Abstufungen im Wissen über die conditio humana.

Auf dem Weg in Stadium +6 kann man bei dieser Unterscheidung zwischen Essenz und Selbstmetaprogrammierer sehr schnell erkennen, daß man nicht einfach einen Wert in Beschlag nehmen kann, wie beispielsweise, den Menschen über all die anderen Entitäten zu stellen, die neben uns existieren, gleich ob in unserem Universum oder in einem anderen, das wir noch nicht kennen. Typische Beispiele für die arrogante Annahme des Menschen, er stünde höher als die anderen Spezies, sehen wir, wenn wir uns vor Augen halten, wie Menschen Wale, Delphine, Tümmler, Elefanten usw. ausrotten.

So weit ich es beurteilen kann und auch in meinen Büchern («The Mind of the Dolphin», «The Human Biocomputer«, «Man and Dolphin») (5) dargelegt habe, ist die Qualität des Selbstmetaprogrammierers bezüglich seiner Fähigkeit, mit komplexen abstrakten konzeptionellen Systemen umzugehen, eine direkte Funktion der Größe des beteiligten Gehirns, d.h., die Größe des Säugetiergehirns bestimmt unmittelbar die Komplexität der Programmierung und Metaprogrammierung. Ausgehend von dieser Hypothese haben Delphine, Wale, Tümmler und Elefanten, also Tiere mit einem großen Hirnvolumen, eine uns fremde Art von Intelligenz, die es mit der unsrigen mindestens in vergleichbarer Weise aufnehmen kann, wenn sie nicht sogar größer ist. (Dieser Standpunkt wurde 1958 zum ersten Mal vertreten; aber immer noch gibt es kaum Anzeichen, daß er im Denken des Wissenschaftsestablishments zur Wirkung gekommen ist. Andererseits sieht es so aus, als habe die junge Generation, die mit diesen neuen Ideen konfrontiert wurde, sie wie ein neues Paradigma, wie einen neuen Satz von Metaprogrammen angenommen, weil sie weit weniger limitiert sind als die Vorgängermodelle.)

Im Bereich der Wissenschaft wird noch immer die Anschauung vertreten, daß auf diesem Planeten der Mensch die Krönung der Schöpfung ist – ohne die Kriterien überhaupt zu überprüfen, auf denen diese Meinung fußt. Mit Einwürfen wie, «Wenn diese Tiere schon so großartig sind, weshalb machen sie die Dinge dann nicht so wie wir?», wird das eigene Ich an die «Ich bin Gott»-Position gerückt.

«Was ich tue, ist das A und O auf diesem Planeten. Ich habe das anschaulich demonstriert, denn ich kann alle anderen vernichten. Ich habe heute die großartige Möglichkeit, den ganzen Planeten mit allem, was darauf wächst, lebt und ist, auszulöschen; folglich muß ich mich auf der Spitze der Entwicklungspyramide befinden. Es kann deshalb nur recht und billig sein, wenn ich alles beseitige, was sich meinen Industrien, meinem Überleben, meinen Kriegen in den Weg stellt.»

Die «Ich bin Gott»-Position negiert, daß es so etwas wie eine Seele oder

Essenz oder etwas anderes dieser Art gibt. Sie verneint jede Verbindung zwischen uns und dem restlichen Universum; sie verneint die Existenz eines «Gottes», eines Sternenschaffers. Das ist in gewisser Hinsicht eine existentialistische Position, ohne Religion, ohne solche Erfahrungen, über die ich und andere geschrieben haben. Mit anderen Worten, um das eigene Ich zu Gott zu machen, d.h. zu einem Gott, der deshalb Gott ist, weil er unseren Planeten mit Atomkraft, nuklearer Gewalt, chemischen und biologischen Waffen, mit politischen Gewaltmitteln innerhalb eines sehr schmalen Bereichs kontrolliert, maßt sich der Mensch gottähnliche Kräfte an und glaubt, es gäbe nichts weiter als das eigene Ich.

Innerhalb dieses Glaubenssystems ist die Menschheit ein und alles. Mit ihr läßt sich auf diesem Planeten nichts vergleichen, sie ist einzigartig. Alle anderen Spezies sind potentielle Opfer der menschlichen Spezies. In der Kommunikation mit anderen Arten, einschließlich derer in anderen Gegenden unserer Galaxie, gibt es keine Unbekannten. Dieser Standpunkt ist nicht nur dogmatisch, er ist auch gefährlich und mit dem der katholischen Kirche während der Inquisition, dem der Mohammedaner, dem Dschinghis Khans, der mit seinen Horden Europa überfiel, oder dem des Hunnenkönigs Attila vergleichbar.

Mittlerweile bedroht das Ausmaß der räuberischen Eingriffe in unsere Ökologie, die von diesem Standpunkt aus als erlaubt gelten, alle Menschen und alle Arten auf diesem Planeten. In diesem beschränkten Sinn ist das «Ich bin Gott»-Bewußtsein eine äußerst gefährliche Anmaßung und Handlungsgrundlage. Selbst wenn die menschliche Spezies gegenüber dem Planeten oder Sonnensystem oder Universum keine Verantwortung hätte; selbst wenn sie ein Isolat wäre, und ihr Überleben von keiner anderen Spezies abhinge, kann sie sich ein dermaßen arrogantes Glaubenssystem nicht leisten. Ihr Gott wäre dann immer noch viel zu klein.

Mit anderen Worten, ein Gott, der in menschliche Glaubenssysteme verstrickt und innerhalb dieser Systeme verantwortlich gemacht wird, ist für das Universum, so wie wir es heute kennen, schlicht zu klein. Betrachten wir Glaubenssysteme, die eine Kommunikation miteinbeziehen, zu der unsere Wissenschaft gegenwärtig keinen Zugang findet, wird das «Ich bin Gott» zu einem Solipsismus für die Menschheit: Sie schmort im eigenen Saft und ist unfähig, über nukleare, chemische, biologische Waffen, den Industrieabfall, die Verschmutzung der Meere und der Atmosphäre, das gegenseitige Sichumbringen und die Ausrottung der anderen Spezies auf diesem Planeten hinauszusehen und davon abzulassen. Die Unmenschlichkeit des Menschen seiner eigenen Art gegenüber ist das Ergebnis mangelhaften Wissens über die Bewußtseinsstadien und mangelhaften Respekts vor seinem Potential.

Eines weiß ich genau, daß mein Selbstmetaprogrammierer sich nicht für Gott hält. Mein Selbstmetaprogrammierer kann nicht sagen, «Ich bin Gott». Überall, wo ich versucht war, diese Position einzunehmen, mußte ich durch schreckliche Erfahrungen und sehr intensiv lernen, daß mein Selbstmetaprogrammierer nicht omnipotent, nicht omnipräsent, nicht «der Schöpfer» des restlichen Universums, nicht einmal sein eigener Schöpfer ist.

Während meiner Erfahrungen im Bereich der Essenz spürte ich nach und nach eine Verbundenheit mit etwas, das viel größer war als ich, größer als die gesamte Menschheit, so weit wir sie kennen, größer als dieser Planet, dieses Sonnensystem, dieses Universum – etwas, das mit jenen Menschen Kontakt aufnimmt, die bereit sind, in die Bewußtseinsstadien einzutreten, wo ein Kontakt möglich und wahrscheinlich ist. Wir sind gerade dabei, einige der Parameter, einige der Selbstmetaprogramme zu lernen, die zu Kontakten dieser Art führen. Ich für meinen Teil bewahre mir solange einen gewissen Skeptizismus, bis ich das, von dem ich weiß, daß es wahr ist, unzweideutig und über jeden Zweifel erhaben demonstrieren kann.

Die menschliche Software zur Veränderung, Erweiterung, Öffnung und Einbeziehung des Unbekannten als Teil unserer Glaubenssysteme wird allmählich zugänglich. Ihre Erforschung ist eine eigene Wissenschaft, die zwar noch innerhalb der Wissenschaften von Mathematik, theoretischer Physik und Psychologie liegt, doch über den gegenwärtigen Stand der sogenannten Naturwissenschaften hinausgeht.

3.
Gott ist Außen

Projiziert man Gott in dem Sinn, als ob er sich außerhalb von einem selbst befände, und glaubt man an die Echtheit dieser Projektion, so wird sie wahr. Einer der tieferen Gründe für diese Art Projektion liegt vielleicht darin, daß man noch nicht so weit ist, die Verantwortlichkeit zu übernehmen, Gott zu sein, in und von Gott zu sein, in und von diesem Universum zu sein. Es ist praktisch, seinen Gott zu projizieren und zu sagen, ER sei der Quell eines Kausalprinzips, eines Sicherheitsprinzips und folglich der Schöpfer von einem selbst und des Universums. Diese Hypothese hat gegenüber der Annahme, man sei Teil in einem Universum, das Gott ist, und in dem man selbst Gott ist, diverse Vorteile. Man kann das ganze Unternehmen auf jemanden anderen abwälzen und sagen, daß das Programm, dem man folgt, nicht das eigene sei, und man sich daran nur wegen eines Glaubens an die eine oder andere Gruppe hielte, die sagt, dies sei der richtige Weg zu glauben, oder weil man an die äußere Welt, so als sei sie Gott, glaubt.

Im Schamanismus sind die Geister, die Ursachen, die Götter irgendwo «da draußen» vorhanden, um versöhnlich gestimmt, angebetet, mit Opfern bedacht, heraufbeschwört oder auf sonstige Weise aus ihrem Versteck hervorgeholt zu werden. Zu diesem Zweck kann man verschiedene Techniken anwenden – wenig Schlaf, Beten, verbale Mandala-Riten, spezielle Pflanzen usw. Im Grunde sind diese Techniken ziemlich simpel und können leicht gelehrt und erlernt werden. Ob sie jedoch wirken, hängt von dem Glauben an ihre Wirksamkeit ab. Hat man diesen Glauben nicht, funktionieren die Techniken nicht. Um Mescalito herbeischwören zu können, mußte Castaneda bestimmte Peyote-Riten durchmachen. Danach wurden seine Visionen vom Schamanen einer

Analyse unterzogen, anhand derer er ausgelegte, ob Castaneda die Gegenwart Mescalitos erfahren hatte oder nicht.

Dies ist ein gutes Beispiel für die Schaffung eines Gottes mit Hilfe eines Erwartungsprogramms und einer psychedelischen Pflanze, des Peyote-Kaktus. Da verschiedene psychedelische Pflanzen und Chemikalien inzwischen von vielen Menschen verwendet wurden, scheint die Besonderheit der Wirkung nicht mehr ans Wunderbare zu grenzen. Hunderttausende haben unter dem Einfluß einer psychedelischen Substanz diesen speziellen «Kunstgriff» durchführen können. Mit einer ausreichenden Dosis jedes Psychedelikums und in der richtigen Umgebung mit der richtigen Vorbereitung ist es möglich, eine Lichtsäule, irgendein Monster oder einen Gott, kurz, alles zu schaffen, was man sich wünscht. Schamanismus wird heute in irgendeiner Form von Hunderttausenden betrieben, die gar keinen Schamanen haben. Jeder kann sich einen Gott, der irgendwo «da draußen» ist, nach eigener Vorstellung schaffen und nach Belieben formen.

In der Vergangenheit könnte der Gebrauch von Psychedelika, beispielsweise der überall in der Welt und bis heute gebräuchlichen Mittel wie Amanita muscaria, Peyote, Cannabis sativa und seine Derivate, LSD 25 und eine Reihe von Pilzen, Wurzeln und Baumfrüchten, die Hauptursache für einen äußeren Gott gewesen sein. Anzeichen nach benutzte man bei den Schamanen diese Pflanzen seit vielen Hunderten, wenn nicht Tausenden von Jahren. Gordon Wasson sagt, Amanita muscaria ist der Soma des Weda (2). Der Weda hat eine Jahrtausende alte Geschichte; die meisten und besten schriftlichen Überlieferungen daraus stammen wohl aus den Erfahrungen mit der einen oder anderen dieser Pflanzen.

Das traditionelle Dogma des Juden- und Christentums und des mohammedanischen Glaubenssystems wird durch die Bibel bzw. durch ihren Ableger, den Koran, unterstützt. Sieht man beim Lesen dieser Dokumente in sein eigenes Inneres und auf den Schamanismus in unserer heutigen Welt, scheint es kaum einen Unterschied zwischen den in der Bibel erzählten Visionen und den modernen psychedelischen Drogentrips zu geben. Hat man psychedelische Räume selbst kennengelernt, kann einen an der Offenbarung des Johannes eigentlich nichts mehr erstaunen. Daß Johannes verschiedene «Trips» der einen oder anderen Art durchlebt und die Geschehnisse aufgezeichnet hat, kommt ziemlich deutlich zum Ausdruck. Auch er war ein Kind seiner Zeit und durch seine Kulturumgebung und seine eigenen Erwartungen vorprogrammiert. Dieser Teil der Bibel, der einige Christen sehr verwirrte, erscheint heute eigentlich sehr modern – eine Schilderung eines «psychedelischen Trips» mit oder ohne Zuhilfenahme von Pflanzen oder Chemikalien.

In den speziellen Religionen von Judentum, Christentum und Islam wird der äußere Gott als dichotomer Gott gesehen, d.h., Gott hat seinen Widersacher, den Teufel oder Schaitan, wie er bei den Mohammendanern heißt. Wir wissen, daß es ekstatische Trips gibt, von denen in der Bibel und anderswo berichtet wird, aber auch höllische (zum Beispiel Dantes «Inferno» oder sein «Paradiso»). Ebenso wissen wir, daß man unter Einfluß einer psychedelischen Chemikalie nicht nur viel von dem, was Dante oder die Bibel beschreiben, erfahren kann, sondern einiges mehr (Beispiele liefert die moderne Science-Fiction-Literatur). Der Gott des Zorns, der Gott der Liebe, und all die anderen Namen, die dem Gott des Christen- und Judentums angehängt wurden, sind Projektionen, die von Individuen und einer Kultur stammen, die ihren Gott auf das Universum projizierten und so tun, als lägen die Ursachen außerhalb von ihnen.

Unter Wirkung psychedelischer Chemikalien kann sich dieser Fehler leicht einschleichen, da man die eigenen Konstruktionen und mentalen Projektionen irrtümlicherweise für echte Personen, Vorgänge und Ursachen halten kann, obwohl sie lediglich Programme innerhalb des eigenen Simulationsraums sind. Zu der Zeit, als Bibel und Koran entstanden, war die Möglichkeit dieses Fehlers längst nicht so genau bekannt. Erst während der letzten hundert Jahre wurde diese Schwachstelle von der westlichen Anschauung schärfer unter die Lupe genommen. Wir wappnen uns mit Hypnose, Psychoanalyse und dergleichen für dieses Phänomen, d.h. für die Projektion der eigenen Simulationen nach außen, als seien sie «wahr». Das bedeutet, wir schaffen uns Wunder, wenn wir Wunder brauchen. Im Bereich der Gedankenwelt und ihrer Gesetzlichkeit, in der Provinz des eigenen Geistes, sind Wunder nicht schwierig, man muß sie sich nur zutrauen können. Etwas anderes sind die Wunder außerhalb der Grenzen des eigenen Geistes. Sie verlangen, zumindest in der westlichen Welt, etwas mehr Arbeit und Planung und kooperatives Bemühen in Gemeinschaft mit anderen.

Ein Auswuchs des äußeren Gottes ist eine Wissenschaft, die ebenfalls nach außen verlegt wird. Die Naturwissenschaften sind ein direktes Produkt derselben Projektion, die eigenen Simulationen auf die äußere Welt zu übertragen und so zu tun, als wäre das alles wahr. Das bedeutet, daß man Konsens in der Gruppe suchte, weshalb man Religion organisierte und Gruppen aufbaute, die sich aus echten Gläubigen rekrutierten. Diejenigen, die erklärten, daß sie nichts von dem, was da vorging, glaubten, die Ketzer, mußten entsetzliche Qualen über sich ergehen lassen. Neben Strecken, Vierteilen, Hängen und Verbrennen gab es noch viele andere grauenhafte Methoden, um Andersdenkende im Namen eines äußeren Gottes zur Räson zu bringen: «Ich weiß, mein Gott ist da draußen, und auch du sollst es wissen, sonst bin ich gezwungen, dich zu foltern, bis du an meinen Gott glaubst.»

Die modernen Versionen dieser Religionen haben eine grundlegende Besonderheit. Gemeint ist das «Ich habe Recht»-Banner, das sie vor sich hertragen.

Jede äußert für sich den Alleinanspruch, die einzige WAHRHEIT und nichts als die WAHRHEIT zu sein. Leute mit abweichenden Anschauungen werden verdammt. Man holt Eiferer zur Bekehrung, übt politischen Druck aus und handelt im weiteren, als ob Gott «da draußen» sei.

Bei der jüngeren Generation gibt es heute die Tendenz, einen neuen Gott da draußen zu schaffen. Sie nennen ihn «Ökologie», «Organisch-dynamische Ernährung», «Natürliches Leben», usw. Diese Bewegung ist eine Reaktion gegen die fortschreitende Vergiftung anderer Arten zum Schutz unserer Nahrungsmittelversorgung. Sie basiert auch auf der Ernüchterung über die durchorganisierte, gut funktionierende herrschende Klasse, die es fertig bringt, nicht nur das, was wir brauchen, zu produzieren, sondern auch das, was wir nicht brauchen, und das möglichst in Riesenmengen. Das Postulat dieser Zurück-zur-Natur-Bewegung ist, daß die Zivilisation, insbesondere ihre Städte, «etwas Schlimmes» sind; daß die Natur unberührt belassen werden sollte; daß wir unsere ganze Population über die gesamte Erdoberfläche verteilen, die Städte einreißen und von jedem fordern sollten, seine Nahrung selbst anzubauen; daß wir alle Formen der Massenproduktion und -verteilung ächten.

Dies scheint lediglich eine andere Variante eines äußeren Gottes zu sein. Eine besondere Art von Ökologie anzubeten, nur weil dahinter nicht der Mensch als Schöpfer steht, ist eine andere Form subtiler Projektion. Ich vermute, daß ein guter Teil der «Rebellen» nicht versteht, was ein Leben in der Wildnis bedeutet. Versucht man es, wird man erkennen, wie sehr man mit seiner Kultur verhaftet ist. Braucht man zum Beispiel für die Nacht Licht, wofür eine Kerosinlampe dienen könnte, woher stammt dann dieses Kerosin? Woher stammt die Lampe, in der das Kerosin verbrennt? Woher stammen die Schuhe, in denen man den Berg hinaufklettert? Woher stammt die Kleidung? Wenn man seine eigene Kleidung herstellt, – woher stammt dann der Stoff? Wenn man seine eigenen Stoffe herstellt, – woher stammen dann die Fasern? Willst Du Deine eigene Baumwolle anbauen, die eigenen Schafe züchten, die eigene Wolle herstellen und Deinen Naturtrip in demselben Ausmaß machen, wie wir das vor hundert Jahren schon gemacht haben? Mir ist aufgefallen, daß unter den «Zurück-zur-Natur»-Anhängern vielerlei Moden die Runde machen – beispielsweise die Mode mit dem braunen Reis oder mit den Vitaminen in speziellen Formen, die gerne als «organisch» ausgewiesen werden, als ob die anderen nicht organisch wären. Durch Yoga und ähnliche Glaubenssysteme, die auf den alten Religionen des Fernen Ostens beruhen, erlernt man die acht Chakras, und nicht, wie man ein Telefon repariert, oder wie man sein eigener Klempner wird.

Für mich hat es den Anschein, als wäre der Mensch Teil und Ausdruck der Natur. Natur beinhaltet alle vom Menschen als solche bezeichneten Artefakte. Der Mensch ist eine natürliche Entwicklung auf diesem Planeten. Vielleicht ist seine Mission die, daß er etwas erschafft, das ihn überflüssig macht – eine Form von Leben aus Halbleitern, das sich selbst reproduziert und mit einem besseren Überlebenspotential in diesem Universum ausgerüstet ist als der Mensch. Daher sollten wir bei der Diskussion über Ökologie davon ausgehen, daß wir selbst in diese Ökologie miteingebunden sind. Gott hat uns erschaffen, und mit uns das, was wir tun, sind und sein können; er hat das geschaffen, wovon wir leben, womit wir leben, worin wir leben. Es gibt nicht zwei voneinander getrennte Abteilungen, deren eine wir «Mensch», deren andere wir «Natur» nennen.

Der Standpunkt, Gott sei «da draußen», zieht das nach sich, was ich die «OFFENBARUNG VON AUSSEN» nenne. Dabei führen die eigenen Projektionen sozusagen ein Rückgespräch mit einem selbst, wodurch sich die WAHRHEIT offenbart. In Wirklichkeit steckt diese WAHRHEIT in einem selbst. Moses mußte noch auf den Berg steigen und sich dem ganzen Theater mit den Zehn Geboten, der Bundeslade und Gott unterziehen, um eine Veränderung in der Lebensweise der Juden herbeizuführen. In seinem Inneren wußte er, daß sie nötig war. So wie die Juden miteinander und mit ihren Nachbarn umgingen, war es allerhöchste Zeit, daß jemand einen Kodex aufstellte. Damit dieser Kodex aber Autorität hatte, mußte er eine OFFENBARUNG VON AUSSEN sein, nicht eine OFFENBARUNG VON INNEN. Moses behauptete also, Gott selbst hätte auf dem Berggipfel Seine Ideen in Worte gefaßt und auf die Tafeln der Bundeslade gemeißelt. Moses war nur Gottes Agent, der die Bundeslade den Berg heruntertrug und seinem Volk präsentierte. Wegen der Glaubenssysteme der Juden zu jener Zeit gab es für ihn keinen anderen Weg, um den neuen Kodex akzeptabel zu machen.

Bis zu der Zeit, als Christus kam, war die Offenbarung von außen ein immer wiederkehrendes Ereignis unter den Propheten, die sich als ausgewählte Verkünder der Wahrheit hielten, die sie gleichsam direkt von Gott bekamen. Christus glaubte nicht an die Offenbarung von außen; er glaubte an die Offenbarung von innen. Bei der Lektüre moderner Übersetzungen des Evangeliums, der Schriftrollen vom Toten Meer usw. erhält man den Eindruck, daß Gott seine Stellung «da draußen» zu Christus Zeiten verloren hatte. Natürlich kehrte er später mit den Jüngern Peter und Paul und anderen wieder an die alte Position zurück. Meine eigene Erfahrung sagt mir, daß Christus Selbsttranszendenz lehrte und daß man Gottes Sohn ist, daß man direkt Gott ist.

Eine sehr spezielle Form eines äußeren Gottes, die sonderbarerweise einen inneren Gott miteinschließt, ist der Taoismus, wie er in China praktiziert wird. Es handelt sich um ein sehr pragmatisches spirituelles System, das einen DEN WEG, DAS TAO, hier und jetzt offenbart. Man ist mit dem WEG im Einklang, wenn man sozusagen AUF DEM WEG ist. Was das für ein Weg ist, ist nicht sonderlich klar: vielleicht kommt er aus dem Inneren des menschlichen Körpers, aus dem Inneren des kollektiven menschlichen Körpers; vielleicht ist er eine

Konstruktion von irgendeinem WESEN, das bedeutender ist als der Mensch. Daß man sein Leben *und* seine Religion bzw. sein spirituelles System auf diesem Planeten lebt, wird im Taoismus nicht voneinander getrennt. Für den Taoisten sind beide Lebensformen eine untrennbare Einheit.

Bei der generellen Annahme, Gott sei außerhalb und nicht innen und überall, entsteht ein Problem, daß man sich nämlich letzten Endes an eine äußere Kraft, eine äußere Energiequelle wenden muß, wenn es um das geht, was wir «Liebe» nennen. Dadurch kommt es zu einer Wiederbelebung alter Konflikte, die damit zusammenhängen, daß wir in ein triadisches Verhältnis hineingeboren werden. Das erste triadische Verhältnis ist das Dreieck Kind-Mutter-Vater. Dies bringt für jedes Kleinkind dyadische Spannungen mit sich. Das Kleinkind hat zwei Dyaden, eine mit dem Vater, eine mit der Mutter. Doch gibt es noch eine dritte Dyade, und die ist außerhalb seiner Reichweite. Gemeint ist die Dyade von Vater und Mutter. In sehr vielen Elternhäusern kann es zu den verwickeltsten Manövern kommen, die dann im Biocomputer des Kleinkinds bestimmte Regeln vorprogrammieren, um Liebe von einem geliebten Menschen zu erheischen. Diese Regeln sind für beide Individuen, für Vater und Mutter, die ein Kind geboren haben, einmalig und besonders. Diese allererste Programmierung, die jeder von uns mitmacht, führt zu Erwartungen, wie Liebe von externen Entitäten unter bestimmten Voraussetzungen zu erlangen sei. Das eigene Verhalten steht im Zusammenhang mit Kriterien, die man aus der Dyade zwischen Mutter und einem selbst abgeleitet hat, oder aber mit bestimmten anderen, die sich aus der Liebe ableiten, die man selbst hat.

Wenn man seinen GOTT NACH AUSSEN projiziert, weil es eine Tradition von Dogmen so will, oder weil man meint, man müßte es von sich aus tun, und man auf diesem Weg die göttliche Liebe von seinem äußeren Gott empfangen will, so muß man bestimmte Regeln einhalten.

«Liebe» ließe sich in diesem Fall als etwas interpretieren, was einem günstig kommt, beispielsweise materieller Gewinn oder Veränderungen im Charakter, die man sich wünscht. Was immer man sich als in die Provinz der Liebe passend ausdenkt, es wird Liebe sein.

Von diesem Standpunkt aus könnte man vielleicht bitten, «Lieber Gott, lasse mir, dem armen winzigen Schlucker, Deine Gnade und Liebe zuteil werden. Stehe mir bei in meinem egoistischen Kampf gegen andere Menschen und andere Arten. Stelle Dich auf meine Seite, die, so wie ich sie beurteile, gerecht ist; unterstütze mich, damit alles rechtens wird und voll göttlicher Liebe ist.»

Wenn wir wollen, können wir unsere eigenen Systeme von Gedanken, Gefühlen und Handlungen auf einen äußeren Gott projizieren und seine Intervention erwarten, wenn wir danach verlangen, und seine Liebe erhoffen, wenn uns danach ist. Der äußere Gott soll die Bedürfnisse des individuellen und kollektiven menschlichen Geistes erfüllen.

Gelegentlich sind Mystiker in einen Seinszustand gekommen, wo sie Realität und Ewigkeit neu wahrnehmen konnten. Einige von ihnen aber haben sich verleiten lassen, diese Erfahrung zu projizieren, als ob sie von einem äußeren Gott käme. Erfahrungen dieser Art kennt die christliche Tradition als «Erfahrung der Gnade Gottes» oder als «Erfahrung der Liebe Gottes», die arabische Tradition als «Erfahrung des Göttlichen Baraka». Dabei faßt man die primären Phänomene als Wahrnehmungen auf, die die Philosophien und Bedürfnisse jener bestätigen sollen, die einem solchen Glaubenssystem anhängen. Sie glauben, daß ihr Tun ursächlich für die Phänomene ist. Dies ist nicht unbedingt richtig. In den verschiedenen Denk-, Gefühls- und Handlungsweisen ließen sich vielleicht einige Anhaltspunkte finden, was sie im speziellen tun, um diese Phänomene entweder von innen oder von außen hervorzurufen. Wir wollen hier nicht darüber urteilen, was die Ursprünge für diese Phänomene sind, sondern lediglich registrieren, daß es sehr reale Phänomene sind, wenn auch überbewertet, da sie zu Beweismitteln für das Glaubenssystem aufgebläht werden. Meiner eigenen Erfahrung nach, und der vieler meiner Bekannten nach auch, sind diese Phänomene unglaublich wichtig für uns. Alles, worauf hier aufmerksam gemacht werden soll, ist, daß man im festen Glauben, diese Phänomene kämen von einem Gott «da draußen», nicht alle Möglichkeiten erschließt, und daß die, die man auf diese Weise erschließt, eher den Dikaten uralter Dogmen entsprechen.

4.
Gott als Sie/Er/Es

Wie ich bereits in meinen Büchern «Im Zentrum des Zyklons» (und «Programming and Metaprogramming in the Human Biocomputer») gesagt habe, kann der Selbstmetaprogrammierer allmählich die Teile des programmatischen Raums, des Simulationsraums, erkennen, den man auch als den Bereich der Überich-Metaprogrammierung verstehen kann. Voraussetzung ist jedoch, daß das Kontrollsystem des Selbstmetaprogrammierers eine individuelle Einheit ist. Ein guter, in sich integrierter Selbstmetaprogrammierer hat eine Reihe von Optionen in der Überich-Metaprogrammierung. Er kann sich eines gewissen Maßes an Willens- und Entscheidenfreiheit erfreuen, was ihm zuvor völlig fremd war, als er noch kein integriertes Kontrollsystem hatte, sondern es verschiedene Kontrollsysteme gab, die in seinem gesamten Biocomputer verstreut angelegt waren. Jedes einzelne Kontrollsystem konnte die Operationskontrolle übernehmen, ungeachtet der anderen, ungeachtet irgendwelcher Kenntnisse oder Unkenntnisse von den anderen, ungeachtet einer Kooperation mit ihnen. Diese Kontrollsysteme müssen bewußt gemacht und aufeinander eingestimmt werden, wenn man sie zu Exekutionsinstrumenten in den Händen eines einzigen Administrators, des «Selbstmetaprogrammierers», machen will.

Ein Teil des Integrations- und Vereinheitlichungsprozesses, der sich innerhalb eines Biocomputers abspielt, ist die Wiederumschichtung in der hierarisch aufgebauten Struktur und Abfolge der Metaprogramme. Ist die oberste Priorität, «Ich, der Selbstmetaprogrammierer, bin das bedeutendste Objekt im Universum», dann gibt es natürlich nichts, was mich als Metaprogrammierer kontrollieren kann, was ein besonders kindischer Standpunkt ist, den die äußere Realität kaum gelten läßt. In der äußeren Realität werden sich andere Personen heftig zur Wehr dagegen setzen und behaupten, sie seien der Mittelpunkt des Universums. Es ist an der Zeit, daß dieses Narrenspiel aufhört, damit Überleben und Fortschritt eine Chance haben.

Ein Selbstmetaprogrammierer, der Reife und Bildung besitzt und ein integriertes und einheitliches Kontrollsystem ist, macht sowohl innerhalb der äußeren als auch innerhalb der inneren Realität gewisse Einschränkungen, was seine bzw. ihre Fähigkeit betrifft, die Dinge zu kontrollieren und zu entscheiden. Ein Selbstmetaprogrammierer, der Reife hat, erkennt, daß es Überich-Metaprogramme gibt, denen man größtmögliche Aufmerksamkeit und Anpassungsbereitschaft entgegenbringen muß. Die Überich-Metaprogramme können auch als Richtlinien für Entscheidungen gesehen werden. Sie sind die Gebrauchsanweisung, wie man mit Liebe und hoher positiver Energie auf den höheren Ebenen des Bewußtseins erfolgreich lebt. Jeder Biocomputer hat die Fähigkeit, sich so zu entwickeln, wie die Anweisung – das Überich – sagt. Den Anstoß dazu geben allem Anschein nach andere Menschen, intuitive Quellen, Netzknoten in den Kommunikationsnetzwerken anderer Zivilisationen, die unserer weit voraus sind.

Vor dem Hintergrund meiner eigenen Meta-Anschauungen, was das Überich betrifft, wollen wir nun auf GOTT ALS SIE/ER/ES schauen. In dieser Simulation wird eine bestimmte Person (Mann oder Frau), eine bestimmte Organisation, ein bestimmtes Objekt, eine bestimmte Handlungs-, Denk- und Gefühlsweise zu einem n-ten Grad im programmatischen Überich-Bereich extrapoliert. Anders gesagt, man erschafft sich seinen eigenen Gott; man kreiert sein Idol, sei es nun ein anderer Mensch, eine Handlungs-, Denk- oder Gefühlsweise, der eigene Körper, eine bestimmte Anschauung über unsere Zivilisation oder unsere Kultur, und betet es an.

Wenn ich mich leidenschaftlich in jemanden verliebe, so stelle ich die betreffende Person an eine bestimmte Position im metaprogrammatischen Überich-Bereich. Ich brauche sie offenbar für meine «Hochs» – die höheren Bewußtseinszustände. Meine gedankliche Arbeit dreht sich fast ausschließlich um dieses Individuum, um meine Beziehung zu ihr, um ihre Schönheit, ihr Denken, Fühlen und Handeln.

Generell scheint diese «Überbewertung eines anderen Individuums» oder Emporhebung auf eine göttliche Stufe im heranwachsenden Alter eine Rolle zu spielen. Wir sprechen von infantiler Liebe, von kindlicher Liebe, von Jugendliebe, von reifer Liebe. Die infantile, die kindliche und die Jugendliebe sind Formen, in denen ein anderer Mensch zu einem Gott erhoben wird. Andererseits dienen sie als Plattformen für weitere Fortschritte, und man lernt, wie bestimmte Überich-Metaprogramme bestimmten Aufgabenbereichen zugeordnet werden. Man muß den Fehler, einen Menschen anzuhimmeln, wenigstens ein Mal machen, um zu wissen, was da abläuft.

Eine besondere Anschauung, die sich aus der «Gott als Er/Sie/Es»-Bewegung abspaltete, ist die «Gott ist tot»-Antithese. Sie liegt z.B. der existentialistischen Philosophie zugrunde. Wenn es da draußen keinen Gott gibt, schafft man sich eben einen Ersatzgott und vergöttert beispielsweise ein politisches System. In vielen Ländern spielt die humanistische Einstellung diese Ersatzrolle. Man ersetzt den äußeren Gott durch andere Systeme, indem man z.B. den zwischenmenschlichen Beziehungen größere Aufmerksamkeit schenkt, an Encounter-Gruppen, Gestalttherapie und anderen psychologischen Techniken teilnimmt. Auch Maslows Anschauung der «Gipfelerfahrungen» (2) ist ein Ersatzsystem für den äußeren Gott. Der Mensch konzentrierte sich auf den äußeren Gott, bis die moderne Wissenschaft sagte, «Das kann nicht sein». Also fing man an, Gott als einen Teil vom Menschen zu sehen und mitten in unser Leben zu stellen. Die oberste Devise lautete: Liebe Deinen Nächsten. Man sorgte sich mehr um den Körper, den man hat, und so kam das Rolfing in Mode, ebenso das Jogging. Wir trainierten unseren Körper immer besser, und allmählich trafen wir uns in viel tieferen Schichten, auf «Encounter-Ebene». Das beste Encounter ist nicht eines, bei dem wir uns was vorlügen, sondern die Wahrheit äußern, so wie sie sich uns im Moment zeigt. Das bedeutet, man verleugnet nicht seine Ablehnung, auch nicht seine Liebe; man verhält sich in Übereinstimmung mit seinen inneren Gefühlen.

Damit haben wir Gott zum Menschen gemacht. DU BIST GOTT/ICH BIN GOTT ist Teil dieser Anschauung. Ein anderer Teil ist, sich untereinander so zu lieben, als erwarte man von uns, daß wir uns in jeden Menschen auf diesem Planeten verlieben können. Können wir das nicht, sagen wir, «Ich wollte, ich wäre so vollkommen, aber ich kann es nicht, tut mir leid». In gewisser Weise beten wir dann zueinander statt zu einem Gott außerhalb von uns. Wir vollführen miteinander alle möglichen Rituale, wir machen all die Fehler in der Liebe, die von Freud und anderen kategorisiert worden sind, und wir schleppen die falsch verstandene Programmierung aus unserer Kindheit und Jugend in unsere Erwachsenenjahre. Die unabgeschlossene Jugend wird im Erwachsenenalter weiter aufbereitet, während wir versuchen, Lösungen für die internen Bandschleifen zu finden, die ungeachtet unserer Bemühungen, dagegen einzuwirken, nicht aufhören.

Wenn man im Laufe einer Kindheit oder Jugend ein Gewister- oder Elternteil verliert, bleibt die Eltern-Geschwister-Situation eine unabgeschlossene Erfahrung, deren Prozesse dann im weiteren Verlauf unterhalb der eigenen Wahrnehmung fortwirken und Motivationskräfte erzeugen können, die darauf hinauslaufen, jene Erfahrung nun verstärkt bei anderen zu suchen. Ruft man sich einmal in Erinnerung, daß der junge Biocomputer in Angst-, Schuld- und anderen Situationen dazu tendiert, die normalen Operationsabläufe mit entsprechenden Befehlen und Anweisungen außer Kraft zu setzen und für die Zukunft operationelle Funktionen zu entwickeln, als ob die Augenblickssituation ewig wiederkehren kann, wird man erkennen, daß solche Befehlssätze in der Prioritätsliste des Biocomputers zurückgestuft werden müssen. Sie haben einen sehr starken Einfluß, besonders wenn Menschen mit im Spiel sind, die man in der Kindheit bzw. Jugend geliebt hat. Man neigt dazu, diese Programme weiter mit sich herumzutragen, als ob sie in einer Wirklichkeit, die längst nicht mehr anerkennt, daß sie wahr sind, trotzdem immer noch gültig wären.

Ein Beispiel: «Ich bin zwei Jahre alt. Ich werde gerade von meiner Mutter entwöhnt. Mein jüngerer Bruder ist geboren worden und hat die Mutter in Beschlag genommen. Jetzt wird er, nicht ich, von ihr gestillt.» Dieses Programm entwickelt im jungen Menschen Wut auf den jüngeren Bruder; im weiteren Alterungsprozeß aber kann aus dem Bruder jedes andere männliche Wesen werden, aus der Mutter jede andere Frau, mit der man als Erwachsener eine Liebesbeziehung eingeht. Der Versuch, die Liebesbeziehung zwischen Baby und Mutter wiederherzustellen, wird vom Erwachsenen auf alle möglichen unangemessenen Weisen wiederholt, meistens in sehr unangenehmen Dreieckssituationen; so kann es beispielsweise passieren, daß ein Mann versucht, eine andere Beziehung zwischen einem Mann und einer Frau auseinanderzubringen, um seine frühere Vorrangstellung bei der Frau wiederherzustellen – eine Vorrangstellung, über die er in Wirklichkeit nicht mehr verfügt, sondern die er ursprünglich nur bei der Mutter erlebt hat. Stößt man auf eine derartige Bandschleife, ist das nicht schon eine Garantie, daß ihre starke Priorität innerhalb der Instruktionshierarchie des Biocomputers zurückgestuft wird. Bevor sie in der Prioritätsliste weiter nach unten rutscht, muß man ihr Verhalten in unterschiedlichen Situationen gründlich analysieren.

Solche Situationen zeigen deutlich, mit welchen Eventualitäten man innerhalb der «Gott ist Er/Sie/Es»-Simulation rechnen muß. Die Mutter ist zu einer Göttin geworden, die in anderen weiblichen Körpern zugegen ist; man glaubt, sie anbeten, lieben, verführen, generell intensive Beziehungen zu ihr unterhalten zu müssen, um göttliche Gnade, Baraka oder höhere Bewußtseinsstadien usw. zu erlangen. Das eigene Selbst wird dadurch sehr eingeengt.

Es hat den Anschein, als könnten mystische Phänomene in einem menschlichen Biocomputer dadurch induziert werden, daß man sich an einen Guru bindet, so als ob er Gott wäre. Bestenfalls ist der Guru jemand, der einem eine Lebensweise vormachen kann, wie man höhere Bewußtseinszustände erreicht und darin verweilt. Die eigene Umprogrammierung ist dann nichts anderes als ein Nachahmen des Programms des Gurus. (Ein bekanntes Beispiel ist die Beziehung zwischen Baba Ram Dass und seinem indischen Lehrer. In diesem Fall war es jedoch eine ganz bewußte Wahl, d.h., jemand wollte jemanden finden, der ihn in dem, was er wissen wollte, wirklich unterweisen konnte.) Das Verhältnis Guru-Gott hängt ausschließlich von der Qualität des Gurus ab, den man sich sucht. Viele Gurus wollen nur Macht, um große Gruppen zu organisieren und Menschen mit den Mitteln der «Ich bin Gott»- oder «Der Guru ist Gott»- oder «Die Gruppe ist Gott»-Taktik für ihre Bewegung einzufangen.

Natürlich muß man die Bandschleifen unterhalb der eigenen Wahrnehmungsebene, die entscheiden könnten, wer im Einzelfall der spezielle Guru als Gott sein soll, genauestens prüfen. Bevor man sich einen Guru wählt, sollte man ernsthaft untersuchen, welche Beweggründe einen dazu antreiben. Vielleicht sucht man nur wieder eine Idealsituation, in deren Zentrum im Grunde die Mutter oder der Vater und die Mutter oder eines der Geschwister steht. Die eigenen Ideale können eine Simulation schaffen, die man für moralisch richtiges Verhalten hält. Abzuwägen, ob diese Art moralisch richtigen Verhaltens wirklich das ist, was man will, ist daher angebracht. Man kann sich jahrelang in Einklang mit dem, was man für eine moralisch gute Lebesweise hält, befinden und dann plötzlich erkennen, daß sie alles andere als moralisch ist, daß sie in Wahrheit gar nichts mit Sittlichkeit zu tun hat, sondern auf etwas in einem selbst zurückgeht, dessen man sich überhaupt nicht bewußt war. Werden die richtigen Erfahrungen gemacht, kann ein ganzes Glaubenssystem wie ein Kartenhaus einstürzen und man selbst in eine Situation geraten, in der die ganze Grundlage der bisherigen Lebensführung neu überdacht werden muß. Will man die Haltung des Tao einnehmen, kann man sagen, daß dies Lernsituationen sind auf dem Weg, dem WEG zu folgen. Einige Taoisten sagen, «Alles, was passiert, ist so, wie es passiert, vollkommen; alle Lektionen müssen so, wie sie passieren, gelernt werden.» Damit wird in Wirklichkeit gesagt, daß der spirituelle Weg an sich der vollkommene Weg ist, ein Anspruch, der mich daran erinnert, daß ein bekannter geistiger Führer aus Tibet auf die Frage, «Was bedeutet Befreiung?», erklärte: «Sich befreien heißt, sich vom spirituellen Weg lösen.»

Der terminus technicus für die Übertragung unabgeschlossener Liebesverhältnisse aus der Kindheit bzw. Jugend in das Erwachsenenalter lautet «Transferenz». Tranzferenz bezieht sich auf Liebes- oder Haßgefühle aus den Tagen der eigenen Kindheit und Jugend auf ein bestimmtes Individuum oder Objekt aufgrund einer spezifischen Programmierung. Der Transferenzprozeß kann mit einem Lehrer, Guru, Freund, Bruder, einer Schwester, Arbeitskollegen usw. passieren. In der Tranzferenzbeziehung kann das Objekt der Transferenz die positiven und negativen Seiten der transferierten Beziehung aufdecken; ist man besonders einsichtsvoll, merkt man, wie unangemessen die geforderte Beziehung ist. Das Subjekt einer solchen Beziehung folgt Instruktionen, die es von unterbewußten Programmen bekommt. Man kann ihm dann zum Beispiel sagen, «das ist im Augenblick völlig unangebracht. Du folgst Instruktionen, die der Vergangenheit angehören.»

Als junger Mensch muß man aber auch erkennen, daß es eine Urprogrammierung im Tier «Mensch» gibt. Diese Urprogrammierung existiert sowohl im

Mann als auch in der Frau. Direkt und einfach gesagt, die Frau wünscht sich, daß ihr Uterus gefüllt wird, während der Mann danach verlangt, den Uterus der Frau zu füllen. Dies sind so wesentliche Arterhaltungsprogramme, daß man sich als junger Mensch sehr schwer tut, sie als solche zu entlarven. Nur wenn man sich wirklich bemüht, diese speziellen Programme aufzuspüren, sie in Kenntnis der Transferenzphänomene zu analysieren und zu betrachten, wird man erkennen, daß sie für die eigene Überich-Metaprogrammierung ungeeignet sind. Man produziert seine Kinder und ist sich dabei fast nicht bewußt, warum man sie zeugt. Die Automatik der Arterhaltungsprogramme steckt in jedem von uns. Im jungen Alter sind die Reproduktionstriebe in gewisser Hinsicht Teil des Überichs und nur mit wachsendem Bewußtsein erkenntlich. In den meisten Menschen wächst das Bewußtsein über die Reproduktionstriebe mit dem Alter und der Distanzierung von dieser extremen Art Energie, die man während der jungen Jahre hatte. Je älter man wird, desto mehr neigt man dazu, die Energie von diesem speziellen System in andere Systeme des Denkens, Fühlens und Handelns umzuleiten.

Von den eigenen Kindern kann man eine Menge Wahrheiten über die eigene Vergangenheit erfahren. Im gewissen Maß zeigen einem die Kleinen erneut, was man selbst einmal durchmachen mußte. Ebenso kann man beobachten, daß es fast unmöglich ist, die eigene angesammelte Lebensweisheit der jüngeren Generation während des Zusammenlebens mit ihr zu vermitteln. Ihr selektives Vergessen und selektives Wahrnehmungsvermögen wird den Älteren ebenso offenkundig wie den Jungen das Fehlen bestimmter Energien bei den älteren Menschen. Manche Menschen können Gott auch aus einem oder mehreren Kindern machen; stirbt ein solches Kind vor einem, passiert es oft, daß man selbst kurze Zeit später verscheidet. Natürlich ist das ein sehr extremer Transferenzgrad, aber manchmal durchaus real.

5.
Gott als Gruppe

GOTT ALS GRUPPE ist ein Syndrom, das unsere Lebensbereiche auf die für unsere Zeit charakteristische Art und Weise fast vollständig durchdringt. Gruppen von Menschen und ihre Forderungen an uns sind allgegenwärtig, ob wir wach sind oder schlafen. Auf den speziellen Fall der Zweiergruppe (oder Dyade) wird an anderer Stelle näher eingegangen. Hier wollen wir uns mit größeren Gruppen beschäftigen und mit der Familie anfangen.

Jeder von uns wird in eine Dyade hineingeboren, d.h., eigentlich ist das Verhältnis triadisch. Haben wir Geschwister, die vor uns geboren sind, kommen wir in eine Gruppe, die uns beinahe vom Zeitpunkt unserer Geburt an fordert. Fast jeder begegnet dem Neugeborenen mit Neugier, dessen Entwicklungs- und Erziehungsverlauf von jedem in der Familie mit aktivem Interesse verfolgt wird. Alle Liebes- und Haßverhältnisse, die unser Leben dominieren werden, sind ab diesem Moment präsent, nicht nur im embryonalen, sondern im vollen Ausmaß der Katastrophe. Ein Baby, das mit Konflikten aufwächst, lebt in einem Universum, das über ihm zusammenbricht. Ein Baby, das mit Liebe aufwächst, lebt in einem Universum, das sich ausdehnt, und in dessen Ausdehnung es selbst sich ausdehnen kann. Bei älteren Geschwistern besteht die Möglichkeit, daß sie sich entweder abwenden oder mit wahnsinniger Liebe zuwenden. Jüngere Geschwister werden versuchen, es von der Mutter und von anderen Gruppenmitgliedern wegzudrängen, so daß es seine eigenen Beziehungen und seine eigene Gruppe aufbauen muß. Manche Kinder schließen sich bereits bestehenden Gruppen an, andere formieren ihre eigenen.

In der Regel gibt es eine Führung, den Gruppenstärksten, der diktiert, was die Mitgliedschaftsbedingungen sind, wie man Mitglied bleibt und wie und wann ein Mitglied aus der Gruppe ausgeschlossen wird. Meistens gehen der Aufnahme in die Gruppe bestimmte Einführungsrituale voran, denen um der Kontinuität der Gruppenmitgliedschaft willen weitere Rituale folgen – beispielsweise in Form von Beiträgen zur finanziellen Unterstützung und in Form von Arbeit, die für die Gruppe geleistet werden muß. Die Leistungskriterien sind gleich; individuelle Leistungen, Errungenschaften, Gefühle und Gedanken, die jedes Gruppenmitglied zum Ausdruck bringt, werden genau beurteilt; unter den Mitgliedern wird ständig Klatsch ausgetauscht; jedes Mitglied entwickelt seine eigene Hausmachtpolitik (die zur konstanten Quelle von Gerüchten wird), was innerhalb der Rahmenbedingungen von Gruppeninteresse und Gruppenaktivitäten als nächstes passieren bzw. nicht passieren soll. Die Gruppenführung versucht, entweder selbst oder durch die Gruppe, ein Geschehen zu inszenieren, das Außenstehende einbindet und ihnen demonstriert, wie stark und überlegen die Gruppe ist. Es gibt Geheimzeichen; manchmal wird sogar eine Geheimsprache verabredet; es gibt besondere Klopfzeichen, damit man irgendwo eingelassen wird; man vereinbart besondere Treffpunkte, die anderen verborgen sind. Gruppenmitglieder, die außerhalb der Gruppe sind, werden sorgfältig observiert; es finden Loyalitätstests statt, mit Kriterien, die von der Führung festgelegt sind. In dem, was man tut, belobt man sich gegenseitig, die Mitglieder die Führung, die Führung die Mitglieder.

Alle Mechanismen, die Irving L. Janis in seinem Buch «The Victims of Groupthink» (1) beschreibt, sind innerhalb dieser Kindergruppen präsent. Von diesen frühen Gruppen her werden die adulten Modelle eines «Gruppendenkens» abgeleitet. Für ein Kind in einer elitären Gruppe wird diese zu Gott. Es konzentriert sein Denken, Fühlen und Handeln auf diese Gruppe. Es hat das Gefühl, in seiner Umgebung nichts zu zählen, wenn es nicht Mitglied dieser Gruppe ist. Alles, was es persönlich geschafft hat, sein ganzer persönlicher Status, verliert seine Bedeutung, sobald es bei *ihnen* Mitglied wird. Diese Situation ist der von «Gott als Sie/Er/Es» sehr ähnlich, in dem Sinne, daß die Gruppe zum «ES» – zu einem sehr großen «ES» – wird, oder zu einer Gruppe von vielen ERs und SIEs. In solchen Gruppen kommt das Transferenzkonzept am stärksten zum Vorschein. Liebe, Ehrfurcht, Angst und Schuld des Kindes aus der ursprünglichen Triade werden dann auf die Entität der Gruppe übertragen. Wird eine solche Gruppe von Erwachsenen organisiert und sorgsam überwacht, kann das dazu führen, daß diese Kinder die Gruppe auf die nationale Szene übertragen. In Amerika haben wir viele solcher Gruppen von Kindern, beispielsweise die «Boy Scouts of America», die «Campfire Girls», die Militärschulen, alle Arten von kirchlich organisierten Gruppen, die sich alle in Buben- und Mädchenklubs verewigen, die katholische Kirchenhierachie, die Polizeiapparate, die Feuerwehren, die Armee, die Luftwaffe, die Marine, der Geheimdienst usw.

Heute kann man sich unzähligen Gruppen anschließen, die total organisiert sind und das Leben für einen selbst in die Hand nehmen. Man braucht nicht mehr unabhängig zu denken, zu fühlen, zu handeln. Ist Gott DIE GRUPPE, ist man darin sicher aufgehoben. Man kann sich aber auch anderen Gruppen anschließen, wo das nicht so sicher ist, beispielsweise den «Hell's Angels», der «Kommunistischen Partei», der «John-Birch-Society» und zahlreichen anderen militanten Gruppen, die es überall gibt.

Manche Gruppen sind so gut organisiert, daß sie Jahrhunderte überdauert haben – zum Beispiel die katholische Kirche und viele andere kirchliche Institutionen, die amerikanische Regierung ebenso wie viele andere.

Unternehmen und andere Organisationsformen, zu denen Partnerschaften ebenso gehören wie Individuen, die miteinander Geschäfte machen, wissen ganz genau, wie die Gruppe als eine Form von «Als ob Gott» eingesetzt werden kann. Ein erfolgreiches Geschäft ist die Arbeit einer erfolgreichen Gruppe, die gewöhnlich unter der Führung einer oder zweier starker Persönlichkeiten zusammengehalten wird und als Einheit operiert. In einer starken Unternehmensstruktur jedoch braucht es keine starken Führungspersönlichkeiten; dort genügt eine in sich zusammenwirkende Oligarchie, um das Unternehmen zu betreiben. Von außen betrachtet, ist jedes große Unternehmen ein riesiges Rückkopplungssystem von einzelnen Individuen, die in konzertierter Aktion arbeiten, und kein einzelnes Individuum innerhalb des Unternehmens kann sagen, wo die ganze Macht eigentlich sitzt. Die Macht, Entscheidungen zu treffen, Strategien aufzustellen, usw. kann ganz woanders sein, als es den Anschein hat. Macht man eine Geschäftsanalyse eines großen Unternehmens im Verein mit anderen Geschäftspartnern, kann man auf Schwachstellen stoßen, an denen man dann die Energie umleiten kann, indem beispielsweise die richtige Information in die richtigen Hände gelangt.

Sogar von der Frau wird erwartet – ganz nach dem veralteten «Mann gegen Frau»-Schema –, daß sie auf den Hinterbänken Platz nimmt; das hat dazu geführt, daß Frauen im Geschäftsleben lange für die gleiche Arbeit schlechter bezahlt wurden und in fast jeder Stellung weniger zu sagen hatten als die Männer. Die meisten Organisationsformen sind eigentlich Bubenklubs; natürlich gibt es auch ein paar Mädchenklubs und einige wenige Mischklubs. Letztere erscheinen meistens nur als solche; in Wirklichkeit werden sie von den männlichen Mitgliedern angeführt, ohne daß darüber geredet wird. Dieses Bubenklub-Modell trifft man auf allen Ebenen an, bis hinauf in die höchsten Regierungsetagen. Die Zahl der Frauen, die im Parlament, im Kabinett, in leitenden Stellungen arbeiten, ist sehr bescheiden. Nicht anders verhält es sich in den meisten Schulverwaltungen unseres Landes. Bis auf sehr wenige Ausnahmen sind es Männergruppen, die die Politik, Wirtschaft und Erziehung unserer Nation leiten.

In einigen Sportarten spielen Frauen eine bedeutende Rolle. Daß sie eine wesentlich größere Beweglichkeit haben, sieht man u.a. an den Spitzenleistungen im Turnen. Es gibt spezielle Sportarten für Frauen, andere speziell für Männer. Der Wettkampf zwischen beiden findet nicht statt. Die überwiegend männlich geprägten Domänen im Sport sind Fußball, Golf, Tennis usw. Frauen dagegen haben sich überwiegend in den Einzelsportarten, z.B. beim Skilaufen, hervorgetan. Boxen ist immer noch ein reiner Männersport (der zu nichts anderem gut ist, als Gehirnschäden bei denjenigen zu hinterlassen, die es nicht lassen können).

So manche moderne Regierung wird schnell zu einem patriachalischen Hort, dessen Anteilnahme am persönlichen Leben ständig überquillt. Wie es aussieht, nimmt dieser besondere Bubenklub – gemeint ist die Regierung – dem Einzelnen immer mehr Eigenverantwortlichkeit ab; Verantwortung tragen Gruppen sogenannter «Experten».

Ein Beispiel ist die Entscheidung der Federal Food and Drug Administration (FDA), Vitamine von einer bestimmten Potenz an verschreibungspflichtig zu machen, die nur noch von einem Apotheker und mit schriftlicher Genehmigung eines Arztes ausgegeben werden dürfen, und auf diese Weise teilen sich beide den profitalen Kuchen. Der Beschluß, daß auch Biofeedback-Geräte nur noch gegen Rezept verkauft werden dürfen, stammt ebenfalls von der FDA. Es sieht so aus, als ob sogar unsere Gehirnwellen von der Regierung kontrolliert werden sollen: wir dürfen unsere Gehirnwellen nur sehen, wenn ein Angehöriger des medizinischen Berufsstands mit von der Partie ist.

Gruppenzwang, der von der Regierung ausgeht und auf den Einzelnen einwirkt, kann daher leicht den Stempel des «Illegalen» aufdrücken, zum Schutz des öffentlichen Interesses natürlich. Mit anderen Worten, diese den Gruppenzwang praktizierende Gruppe maßt sich an zu sagen, die übrige Bevölkerung bestehe aus Idioten, die nicht imstande sind, den Umgang mit modernen Drogen und anderen modernen Erfindungen zu lernen. Andererseits ist diese Gruppe willens zu erlauben, daß diese Idioten protzend mit ihren Autos durch die Gegend rasen; dagegen gibt es keine gleichermaßen effektiven Kontrollen. Auch die Sicherheitsvorkehrungen an unseren Autos sind typischer Ausdruck für die patriarchalische Einstellung der Regierung. Die Alarmsummer für Sicherheitsgurte, Bremsen, Türen etc.: alles Teile des Ausdrucks der Vater-Staat-Fürsorge. Was diese Gruppe in Wirklichkeit meint, ist doch folgendes: «So etwas wie individuelle Verantwortlichkeit gibt es nicht; wir, DIE GRUPPE, haben die Verantwortung für Euch. Und wenn Ihr Euch nicht an unsere Spielregeln haltet, werdet Ihr bestraft. Anders gesagt, wenn Du die Verantwortung selbst in die Hand nehmen willst, stempeln wir Dich zum Kriminellen.» Das gilt natürlich nicht nur für Automobile und Drogen, sondern auch für Besitz, Verkauf und Verbreitung bestimmter Kräuter, Pflanzen und medizinischer Mittel.

Eine besondere Form von Gruppenaktivität, die sich als sehr wirksam erwiesen hat, ist die Kontrolle der Bewußtseinszustände des Einzelnen durch die Gruppe. Eine bestimmte Gruppe kann also sagen, «Wir erwarten von Dir, daß Du zu gewissen Bewußtseinszuständen fähig bist; wir erwarten aber auch, daß Du in andere Bewußtseinszustände nicht vordringst, die wir verboten haben.»

Gewisse Bewußtseinszustände sollen verboten sein, weil nur Heilige, Mystiker und Erleuchtete aus dem Fernen Osten in sie eintreten. Es darf also keine Glückseligkeit, keine Ekstase, kein Nirwana, kein Samadhi, kein Satori geben, außer unter sehr penibel kontrollierten Bedingungen in Gegenwart der Gruppe.

Andere Gruppen beispielsweise stellen gruppensexuelle Aktivitäten in den Mittelpunkt, und ihr Einfluß auf jeden einzelnen in der Gruppe ist ebenso stark wie in den eher konventionellen Gruppen. Gruppenloyalität soll dadurch zum Ausdruck kommen, daß man sich Außenstehenden gegenüber in Schweigen über die Aktivitäten der Gruppe hüllt. Neumitglieder müssen das Votum aller Gruppenmitglieder haben; jedes Gruppenmitglied kann also eine Aufnahme suchende Person abweisen. Jedes Mitglied kann durch Mehrheitsbeschluß ausgeschlossen werden. In Wirklichkeit kann natürlich jede Person, die der Führung nicht paßt, ausgestoßen werden; die Führung kann einfach so tun, «als ob» die Entscheidung ein Mehrheitsbeschluß der Gruppe ist.

Eine besondere Form gruppenaktiven Eingreifens, die wir alle kennen, ist das Gesetz. Das juristische System, die Polizei, die Gerichte, das Strafsystem – alles ist aus der Vergangenheit übernommen worden; während wir heranwachsen, präsentiert man uns diese Manifestationen als vollendete Tatsachen. Neu erlassene Gesetze, die für alle gleichermaßen Geltung haben, können bestenfalls nur für einige Individuen oder Gruppen nützlich sein. Was uns Sorgen machen sollte, ist das Klima, in dem solche Gesetze erlassen werden. Mehr als einmal haben Legislativen in einem Klima der Panik Maßnahmen zu Gesetzen erhoben, die objektiver hätten überprüft werden müssen. Gesetze, die unter Panikstimmung verabschiedet werden, gleichen den Gesetzen, die kleine Jungen machen. Es sind Extremreaktionen, wie wenn ein Notstand ausgebrochen ist, der ewig andauert. Solche bis zum Äußersten gehenden Reaktionen verdrängen die notwendige und klare Untersuchung der wahren Ursachen und Wirkungen einer bestimmten Kette von Ereignissen. Gesetze, die im Zustand nationaler Hysterie verabschiedet werden, drohen zu negativen Programmen zu werden und eine Opposition ins Leben zu rufen, die im Untergrund der gesamten Nation arbeitet.

Was soll der Einzelne angesichts eines derartigen Gruppendrucks tun? Zuallererst kann er die Anweisungen überprüfen, die er für sein Verhalten innerhalb einer Gruppe übernommen hat. Er kann solche Anweisungen genauestens hinterfragen. Er kann seine eigenen Gesetze überprüfen, die für ihn gelten, aber mit einem erfüllten Leben auf diesem Planeten nicht in Einklang stehen. Er kann seine Gruppenbeziehungen überprüfen und sehen, wie hoch für ihn der Preis ist, den er für das bezahlt, was die Gruppe ihm an Nutzen bringt.

Außerdem muß man die Privilegien oder Beziehungen, die man selbst durch eigene Leistung abgeleitet hat und daher sich selbst zuschreiben kann, dem gegenüberstellen, was sich aus der persönlichen Zugehörigkeit zu irgendwelchen Gruppen herausschält. Dazu ist es nötig, daß man sich stark genug fühlt, einen Moment innezuhalten und die individuelle Aktivität und die der Gruppe unter die Lupe zu nehmen, um zu wissen, was man wem schuldig ist. Wenn man sich jeden Tag über mehrere Wochen, Monate, ja sogar Jahre hinweg nur eine Stunde lang von allen Gruppen absondert, wird man sich das erwerben, was man auf keine andere Weise erwerben kann – eine Grundplattform, auf der man innerhalb von Gruppen fest steht und «funktioniert».

GOTT ALS GRUPPE in einem selbst zu hinterfragen, ist ein reinigender und kreativer Prozeß. Hat man einen Isolationstank oder einen anderen Raum, in dem man sich allein und unter sensorisch reduzierten und isolierten Bedingungen aufhalten kann, ist es möglich, die internen Strukturen des eigenen Geistes und des eigenen Verhältnisses zu den unterschiedlichen Gruppen zu betrachten. Man kann sein Verhältnis zur Familie, zur Arbeit, zur Kirche, zu irgendeinem Klub, zur Regierung oder zu militärischen Einrichtungen, zur allgemeinen oder zur Zahnmedizin unter die Lupe nehmen – kurz, alle Aspekte unserer Reise auf diesem Planeten, während der man in irgendeiner Weise Mitglied von irgendwelchen Gruppen ist und als solches gesehen wird. Im Zustand der Einsamkeit, Isolation und Abgeschlossenheit gibt es Augenblicke, da hat es den Anschein, als gäbe es keine andere Realität außer der, ein in alle Richtungen vernetztes Mitglied von vielen Gruppen zu sein. In diesem Sinne ist der Gott, der einen erschafft, ein ganzes System von Gruppen, deren Mitglied man ist.

Dieser Standpunkt ist in gewisser Weise richtig. Wären wir nicht Teile von Gruppen, wir hätten nicht einmal Sprache; wir hätten keine Elektrizität, keine Autos, keine Tankstellen; wir hätten kein Telefon, kein Fernsehen, kein Radio; wir hätten keine Autobahnen, keine Schiffe, keine Flugzeuge; wir hätten keine Baustoffe, um unsere Häuser zu bauen; wahrscheinlich hätten wir fast überhaupt nichts.

Die Abhängigkeit des Individuums von Gruppen kann bis zur Verdummung und zum Verlust der Kreativität führen. Haben wir jedoch erst einmal erkannt, daß ein Minimum an Beziehungen zu Gruppen für unser eigenes Überleben notwendig ist, merken wir, wie hoch unsere Bereitschaft ist, uns auf Gruppen einzustellen, um den Standard unseres Lebens und Überlebens abzusichern.

Wahrscheinlich ist kein einziges Individuum imstande zu verstehen, was den Geist einer so großen Gruppe wie einer Nation ausmacht. Wenn Millionen von Menschen sich zu dem organisiert haben, was wir Nation nennen, wird ein Verstehen der wechselseitigen und facettenreichen Beziehungen einer solchen Organisation ein nahezu unlösbares Problem. Was nationale Ignoranz ist, kann man gut daran erkennen, wie beispielsweise der Zweite Weltkrieg oder die Kriege in Vietnam und Korea begonnen wurden. Wie aus Gründen des nationalen Sicherheitsinteresses eine Politik gemacht wird, die verhindern soll, daß gewisse Informationen an die Gemeinschaft der Staatsbürger dringen, zeigt, daß diejenigen Individuen, die im Gruppendenken der Regierung gefangen sind – also besonders die, die an der Spitze stehen und durch die Prozesse ihres eigenen Gruppendenkens isoliert sind –, uns auf Wege bringen können, die wir, wenn wir sie einschlagen, später bereuen werden. Die immens komplexe Feedbackstruktur im Rahmen des Geldverkehrs und der Machtverhältnisse innerhalb solcher Gruppen ist schwer zu begreifen. Wenn wir uns daran machen, die Idee der Nation auf den gesamten Planeten auszuweiten, und die Vielfalt von Menschentypen innerhalb von Nationen sehen, wird aus dem Polymorphismus und der Kontinuität der Feedbacks auf der Basis abweichender Glaubenssysteme, die überall auf diesem Planeten herrschen, eine Folge kaum mehr verstehbarer Prozesse.

Da wir immer bessere Mittel entwickeln, diesen Planeten zu verlassen und vom Weltraum aus zu betrachten, werden wir allmählich eine bessere Perspektive für das, was uns Menschen angeht, bekommen. Wir werden dann das menschliche Dasein gewiß weniger verherrlichen, da es nicht mehr so groß erscheint; wir werden versuchen, eine objektive Perspektive einzunehmen und neue Prioritäten zu setzen. Wir werden einsehen, daß gewisse Aktivitäten, die auf diesem Planeten stattfinden, absolut sinnlos sind, um das Los der Menschheit zu verbessern. Wir werden einsehen, daß der Einsatz von Gift, Waffen und Gewalt nichts anderes ist als ein Regulativ, das die gesamte Population trifft – aber an der Evolution vorbeizielt.

Durch Musterung selektieren wir unsere fähigsten jungen Menschen heraus, die wir anschließend losschicken, um zu lernen, wie man, im Namen der Verteidigung der Gruppe «Nation», tötet oder getötet wird. Mit anderen Worten, wir haben nicht aufgehört, Opfer für irgendwelche Götzen darzubringen; es ist heute nicht anders als zu Baals und Molochs Zeiten, als man kleine Kinder auf den Feuerstätten opferte. Die Kriege der Neuzeit unterscheiden sich durch nichts von diesen altertümlichen Religionsbräuchen; sie sind lediglich zu durchschlagender Effizienz gebracht worden. Es ist oft so, daß der GOTT ALS GRUPPE diktiert, das Überleben der Nation sei Gottes Wille – was immer das bedeuten soll. Unsere Führer ziehen immer wieder die nationale Sicherheit als Grund für ihre Handlungen heran. Wie schon die alten Priester halten auch unsere modernen Führer das, was wirklich geschieht, unter Verschluß: wer wen umbringt, wer wen ausspioniert, wer hier einen Machtvorteil, dort einen -nachteil hat usw.

Sobald wir unseren Planeten Erde verlassen und aus der Entfernung auf unsere menschlichen Errungenschaften und Aktivitäten blicken, können wir nicht nur feststellen, daß bereits von knapp hundert Meilen außerhalb der Erde unser Dasein kaum noch auszumachen ist, sondern auch langsam begreifen lernen, daß unsere Wichtigtuerei gar nicht so wichtig ist. Sehen wir uns als Teil des Sonnensystems, erkennen wir, daß die allerschrecklichsten Explosionen, die wir auf diesem Planeten auslösen können, auf dem nächsten Planeten kaum wahrnehmbar sein werden. Unsere gewaltigsten Megatonnen-Wasserstoffbomben verursachen einen Lichtblitz, der innerhalb unseres Sonnensystms vielleicht gesehen werden kann, falls jemand zufällig zur richtigen Zeit in die richtige Richtung schaut; weiter außerhalb in unserer Galaxie wird man wahrscheinlich gar nichts bemerken. Vielleicht gibt es in unserer Galaxie Gruppen, die zuschauen und sich darum kümmern, was unsere Gruppen tun. Vielleicht auch nicht. Wenn wir unsere patriarchalischen und matriarchalischen Ideen auf das Leben der Galaxie projizieren, machen wir wahrscheinlich die gleichen Fehler, die wir, was unseren Planeten betrifft, bereits in der Vergangenheit gemacht haben. Wenn wir davon ausgehen, daß es da draußen Wesen gibt, die unserer Zivilisation um Tausende von Jahren voraus sind und uns vor den Folgen unserer Fehler retten werden, müssen wir uns wahrscheinlich auf eine Überraschung, wenn nicht auf einen Schock gefaßt machen.

Manche beanspruchen für sich, in der göttlichen Führung zu stehen und Botschaften an uns weitergeben zu können, die von nicht-menschlichen Entitäten stammen, von Kommunikationsnetzwerken, die nicht allen von uns zugänglich sind, von direkten Kontakten mit anderen Entitäten und Führern, und daß alles weit über das hinausginge, was wir auf diesem Planeten erlebt haben. Solche Erfahrungen liegen den Aussagen über Gott, über «Gott da draußen», über «Gott im Hier», über «Gott als Gruppe», über «Gott als Er/Sie/Es zugrunde.

Die Wahrscheinlichkeit, daß es in unserer Galaxie Zivilisationen gibt, die weiter entwickelt sind als die unsere, ist sehr hoch, ebenso die Wahrscheinlichkeit, daß da draußen Lebensformen existieren, die auf einer niedrigeren Organisationsstufe stehen. Außerdem ist es sehr wahrscheinlich, daß die Kommunikationstechniken, die von den weiterentwickelten Zivilisationen eingesetzt werden, jenseits dessen liegen, was unsere gegenwärtige Wissenschaft verstehen kann, so wie auch Radio und Fernsehen heute Einrichtungen sind, die vor dreihundert Jahren niemand verstanden hätte. Hätte man vor hundert Jahren eine Wasserstoffbombe gezündet, es hätte alle möglichen «Erklärungen» gegeben, aber kein Mensch hätte es wirklich verstanden.

Wie wir sehen, werden die Ignoranzbereiche in Zukunft größer als unsere Wissensbereiche. Wir wissen immer noch nicht, wie, wann oder wo wir mit anderen Entitäten in dieser Galaxie verbunden sind. Wir wissen nicht, wie groß die galaktische Gruppe ist, der wir zugehören. Bestimmte Erfahrungen, die ich in Isolation direkt gemacht habe, und die auch von anderen unter ähnlichen Bedingungen gemacht wurden, deuten darauf hin, daß wir an ein viel größeres Netzwerk angeschlossen sind, als es die Wissenschaft heute behauptet. In diesem Sinne könnte GOTT ALS DIE GRÖSSTE GRUPPE aufgefaßt werden, die sich weit über unseren Planeten, weit über unsere Galaxie hinaus im gesamten Universum ausdehnt.

6.
Gott als Orgasmus und Sex

Wenn wir mehr sind als hoch entwickelte Affen mit einer mittelgroßen Großhirnrinde, mit eingebauten Überlebenstrieben, mehr als sich einfach nur fortpflanzende Arterhalter, dann könnten wir GOTT ALS ORGASMUS UND SEX vergessen. Hält man an dem Standpunkt fest, mit sexuellen Stimulanzen, Gefühlen und Aktivitäten die Andacht zu verrichten, wird man nicht dazu fähig sein, eine objektive Haltung einzunehmen gegenüber dem, was man in bezug auf sein Geschlecht ist und glaubt. Wenn man davon fasziniert ist, wie Sex in den Medien dargestellt wird, oder wenn man auf die speziellen Kleidungsstücke, Instrumente und Drogen zur sexuellen Erregung abfährt, oder darauf, daß man sexuelle Partner kaufen kann, dann glaubt man an GOTT ALS ORGASMUS UND SEX.

In diesem Glaubenssystem wird Sexualität offensichtlich vom übrigen Leben abgespalten. Sexualität ist ein gesondertes System, von der Gruppe, die Sexualität verkaufen will, ins Leben gerufen, und von der Gruppe, die diese kaufen will, unterhalten. Wie andere religiöse Dogmen auch erhebt dieses System Anspruch auf die Zeit jedes Einzelnen. Begutachten wir dieses System etwas näher.

Jeder von uns hat grundsätzlich einen Biocomputer mit eingebauten Überlebensprogrammen und eingebauten Sexualprogrammen. Der klassische Zweck der Sexualprogramme besteht in der Arterhaltung, die, gäbe es keine Maßnahme zur Geburtenkontrolle, das Resultat der sogenannten «normalen» heterosexuellen Aktivitäten gesunder junger Menschen wäre. Mit wachsendem Alter erkennen wir allmählich, daß diese Triebe nicht unbedingt so wichtig sind, wie wir dachten. Mit wachsendem Alter fangen wir an, Rätsel zu sehen, wo es früher nur Gewißheit gab; allmählich betrachten wir die Ursprünge von Schmerz und Lust eher spekulativ und weniger als starke Zwänge, die uns zu bestimmten Aktivitäten drängen. Die Jungen aber vollführen als Reaktion auf die Paarungs- und Reproduktionstriebe lediglich bestimmte Formen von Aktivität, um die momentanen Forderungen ihrer eingebauten Sexualprogramme zu erfüllen.

Bei Männern hält man die Prozesse, die bei sexueller Erregung, Erektion, Orgasmus und Ejakulation sowie Abschwellung aktiv sind, im allgemeinen für gewöhnliche Stadien innerhalb eines speziellen Programmes, das, wenn es erst einmal gestartet wurde, bis zur Vollständigkeit abgespult wird; das heißt, der sexuellen Erregung folgt stets der Orgasmus mit einer Ejakulation. Vor einigen Jahren gelang es uns, mit Hilfe von Reizelektroden in Affengehirnen zu demonstrieren, daß diese Prozesse nicht unbedingt in denselben Teilen des zentralen Nervensystems verankert sind; mit anderen Worten, es gibt für jedes dieser Phänomene separate Unterabteilungen. Eine Reizung in dem einen Bereich ruft eine Erektion, aber keinen Orgasmus und keine Ejakulation hervor. Eine Reizung in einem anderen Bereich führt zu einer Ejakulation, aber nicht zu einer Erektion, auch nicht zu einem Orgasmus. Eine Reizung eines dritten Bereichs löst einen Orgasmus aus, aber keine Erektion und auch keine Ejakulation. In einem anderen Fall stießen wir auch auf ein zentrales Nervensystem, in dem alle drei Prozesse wie erwartet nacheinander in strenger Folge abliefen.

Zahlreiche Männer haben damit experimentiert, diese sexuellen Prozesse voneinander zu trennen. Erfolge dabei werden mit wachsendem Alter einfacher. Der Zwang der Jugend, auf Orgasmus – Ejakulation zuzugaloppieren, geht im Alter zurück. Davon abgesehen gibt es Alternativen.

Bei Frauen sind die sexuellen Abläufe weit weniger offensichtlich und nicht so sehr determiniert; im allgemeinen ist bei Frauen die Tendenz zu beobachten, sich in Nestbau-Ambitionen zu verstricken. Aber es gibt Ausnahmen. In ihrem Buch «The Happy Hooker» (1) behauptet Xaviera Hollander, daß Frauen, wenn sie von ihren alten Programmen befreit sind, sexuelle Aktivitäten wirklich genießen können, ohne daß dabei der Trieb, sich fortzupflanzen, Kinder zu bekommen und ein Nest zu bauen, eine Rolle spielt. Darüberhinaus scheinen Frauen im allgemeinen mehr Stehvermögen zu besitzen als Männer; generell können sie viele Orgasmen hintereinander erlangen, ohne zu ermüden, wobei es keinen Unterschied macht, ob der Orgasmus über die Clitoris oder die Vagina eingeleitet wird.

Die sogenannte «sexuelle Energie» läßt sich vielfach nutzen. Es ist nicht unbedingt nötig, daß sie der vorgezeichneten Kette von sexueller Erregung bis zum Orgasmus folgt. Männer und Frauen können ihre «sexuelle Energie» auch für andere Zwecke verwenden; sie muß sich nicht immer nur in direkter Sexualität ausdrücken.

Die Rituale des Tantra Yoga führen beispielsweise in die Methodik ein, den Orgasmus zurückzuhalten und das sexuelle Verlangen über längere Zeit hinweg aufrechtzuerhalten. Wenn einem dies gelingt, kann man erkennen, wie flexibel sexuelle Energie in Wirklichkeit sein kann. Sie läßt sich dann vom biologischen Ursubstrat und dem engen, einem festen Gleise folgenden Programm, das bei einer sexuellen Begegnung üblicherweise abläuft, zu etwas, ich möchte fast sagen, Abstraktem und Mystischem verrücken. Ich rate jedoch, bei dieser Energieverlagerung in unbekannte Bereiche mit Vorsicht vorzugehen.

Hält man sich sorgfältig an die Rituale des Tantra Yoga, wird man feststellen, daß man infolge sexueller Erregung und konsequenten Aufschubs von Orgasmus und Ejakulation zu den höheren Bewußtseinsstadien kommt. Natürlich muß man sich bei allem, was man mit dem GOTT ALS ORGASMUS UND SEX-Programm tut, bewußt sein, daß der Biocomputer aufgrund seiner Konstruktion dazu neigt, angenehme Zustände, die aus sexueller Aktivität resultieren, überzubewerten.

Folgt man dem Weg des Tantra Yoga, so erreicht man Regionen äußerster Hochgefühle, Stadien höchster Energie, in denen man nach und nach spürt, wie man mit seinem SCHÖPFER eins wird. Solche Zustände hoher Energie sind nützlich, wenn man weit entfernte Räume erforschen will. In seinem Buch «Sex and Drugs» (2) weist Robert A. Wilson darauf hin, daß bestimmte chemische Substanzen den Genuß sexueller Aktivität deutlich verlängern können. Er erwähnt in diesem Zusammenhang insbesondere Cannabis sativa und LSD 25. Da diese Substanzen die Eigenschaft haben, das emotionale Empfinden zu verstärken, indem sozusagen der Intensitätsregler weiter aufgedreht wird, ist es unter ihrem Einfluß sehr leicht, hohe Energiezustände sexueller Natur zu erreichen.

Nun kann man sich fragen: «Und was kommt dann?» Die Fähigkeit der Orgasmus-Verzögerung bedeutet lediglich, daß dadurch ein großes Reservoir an sexueller Energie entsteht, die unter dem Einfluß bestimmter chemischer Auslöser freigesetzt und vom Biocomputer kontrolliert wird. Dies zu wissen, ist für die nützlich, die noch immer an GOTT ALS ORGASMUS UND SEX glauben. Später, d.h. mit zunehmendem Alter, wird einem dieser Zusammenhang immer klarer und man wird wahrscheinlich von diesem ganzen Programm herunterkommen.

In manchen Kulturen, beispielsweise der polynesischen, glaubt man, daß sexuelle Aktivität Teil des Heranwachsens und Teil des gesellschaftlichen Lebens ist, und daß man sie nicht so ernst und verbissen sehen sollte, wie es in vielen zivilisierten Ländern geschieht. Für Polynesier bedeutet Sex Spaß; es ist ein Teil ihres Lebens, eine Folge unterhaltender Spiele und kein ernstes Geschäft. Kulturen, die mit diesem Glauben leben, kennen keine solchen Erscheinungen wie Pornographie oder GOTT ALS ORGASMUS UND SEX.

Dort scheint die Glaubensstruktur eher vergleichbar mit der von GOTT ALS GRUPPE.

Aufgrund meiner eigenen Erfahrungen habe ich herausgefunden, daß sexuelle Gefühle im hoch erregten Zustand einen in weit entfernte Räume außerhalb des eigenen Körpers führen können, wenn man sie so kontrollieren kann, daß sie nicht den gesamten Kreislauf durchmachen. Wie ich bereits in meinem Buch «Das Zentrum des Zyklons» beschrieben habe, haben die beiden Bewußtseinszustände von +3 und +6 mit dem Zustand sexuellen Erregtseins «jenseits von Sex» sehr viel gemeinsam. Ob dies eine andere Form von Energie ist, die durch die sexuelle Energie entsteht, oder ob es die sexuelle Energie selbst ist, bleibt dahingestellt. Die energiegefüllten außergewöhnlichen Bewußtseinszustände scheinen im großen und ganzen angenehme Stadien zu sein, die über das Stadium von Sex hinausgehen.

Das Gefühl, daß diese Stadien jenseits von Sex sind, kann natürlich von unserer Vorprogrammierung durch westliche Mystiker oder Philosophen wie die Heilige Theresa von Avila, Juan de la Cruz oder Martin Buber herrühren. Freud glaubte, daß alle Zustände, von denen diese Menschen sprechen, sublimierte sexuelle Zustände seien. C. G. Jung war sich dessen nicht so sicher; er glaubte, daß es außerhalb des Zustands sexuellen Erregtseins noch andere Stadien gibt.

Mehr als meine Vorgänger kann ich zu diesem Thema auch nicht sagen. Ich habe allgemein den Eindruck, daß die Energie des zentralen Nervensystems sich auf viele Arten ausdrücken läßt, wobei die sexuelle Energie eher zu solchen Energien gehört, die triebhafter Natur sind. Man kann die sexuelle Energie auf übliche Weise hervorrufen, zum Beispiel durch Stimulation der Brüste, des Penis, der Vagina oder Clitoris, und anschließend, d.h. bei erwachter sexueller Energie, in andere Bewußtseinszustände vordringen, vorausgesetzt, man ist imstande, diese Energie vom sexuellen System in andere Systeme zu übertragen. Allerdings muß man bei diesem Prozeß vermeiden, daß das eigentliche sexuelle Programm zur Ausführung kommt. Bei Gelingen kann die Energie in einem selbst nicht nur durch den eigenen Körper fließen, sondern auch in anderen außerhalb von einem selbst. Aber bis man diese Energie für die Arbeit oder für eine andere produktive Tätigkeit anwenden kann, bleibt man in der engen Programmierung seiner sexuellen Energie verwickelt. Kann man dagegen diese Energie bewegen, wird sie in ihrer ursprünglichen Form nicht mehr erkannt. Die Kontrolle der Großhirnrinde über die Energiesysteme des Gehirns wird so gekonnt durchgeführt, daß es fast scheint, als sei die Durchsetzung sexueller Programme als solcher nicht mehr nötig. Die Energie- und Gefühlshöhepunkte sind dann nicht nur die eines Orgasmus.

In dem Maße, wie man sich Metaprogrammen unterzieht, die zum Beispiel sagen, «Egal was passiert, bleib bewußt und merke Dir die Erfahrung», in dem Maße, wie man in dieser Kunst, das Bewußtsein zu lenken, und sei es in Gegenwart extremer Lust- und Schmerzerlebnisse, immer geübter wird, wird man immer mehr die Fähigkeit bekommen, neue Erfahrungsregionen zu entdecken. Sobald man sich von der Automatik der Biocomputerprogrammierung im Körper freimacht und in Regionen bewegt, in denen die Energie des Biocomputers für viele Zwecke außer des eigentlichen zur Verfügung steht, sieht man, daß GOTT ALS ORGASMUS, zu glauben, daß es auf der Welt und im Universum um nichts anderes geht, als das Programm einfach durch den menschlichen Körper umzusetzen, als ob er auf einer Programmschiene liefe, ein sehr einengendes Glaubenspanorama ist. Dies kann richtig sein oder auch nicht; glaubt man, daß es die Wahrheit ist, verhält es sich wirklich so für einen. Aber laß mich noch einen Moment über GOTT ALS LIEBE sprechen.

Wie ich zuvor festgestellt habe, sind dies alles langsam reifende Programme: die verschiedenen Arten von Liebesbeziehungen im frühkindlichen Alter (Liebe zum Vater und/oder zur Mutter), im kindlichen Alter (Liebe zu den Eltern) und im heranwachsenden Alter. Im ersten Fall ist die Liebe des Kleinkinds reine Lust und reines Überleben in dieser Lust. Erfährt das Kleinkind sehr früh eine Menge Schmerz, kann es sein, daß es daran stirbt. Im frühkindlichen und kindlichen Alter bedeutet Lieben überleben. Im jugendlichen Alter ist Liebe eher Selbstbestätigung, vorausgesetzt jemand anderes ist da, der das Überleben sichert. Falls der heranwachsende Mensch nichts anderes kennt, wird er dem Reproduktionstrieb infolge seines Unwissens blind Folge leisten und Kinder produzieren.

Während des Reifeprozesses wird diese Energie teilweise umgeleitet, um, wenn man so will, außerplanmäßig eingesetzt zu werden, beispielsweise in der Liebe zur Wissenschaft, in der Liebe zum technischen Know-How, in der Liebe zum Denken oder in der Liebe zum Handeln. Auch die Liebe, die wir in unserem Denken oder Handeln einsetzen, kann nach außen projiziert und GOTT ALS LIEBE genannt werden.

Es gibt noch eine andere Lehre von GOTT ALS LIEBE; sie verbietet den Orgasmus und ist das typische zölibatäre Programm der katholischen Kirche, verschiedener Yoga-Schulen und der sogenannten Brahmacharya-Richtung etc. Diese Lehren wollen die Forderungen des Biocomputers umgehen, indem sie sie als Ausdruck «niederer animalischer Natur» abtun. Diese Lehrmeinung ist davon überzeugt, daß man hohe spirituelle Stadien nicht erreichen kann, solange man dem Geschlechtverkehr frönt. Wenn man darauf verzichten kann, gelangt man in spirituelle Hochstadien, gleichsam als eine automatische Folge der Entbehrungen. Dieses System mag für manche Menschen funktionieren, aber nicht für alle. Einer meiner Freunde erzählte mir, daß er im Brahmacharya-Zustand, d.h. bei Verzicht auf Geschlechtsverkehr, an nichts anderes denkt als an Sex. Das heißt, man kann Sex nicht einfach abschalten, indem man ihn sich selbst verbietet. Im Alter und mit nachlassender Kraft der Triebzwänge jedoch fällt einem der Brahmacharya-Trip wesentlich leichter. Diejenigen, die auf diesem Trip sind, legen eine ungeheure jugendlich frische Begeisterung für alles, was sie machen, an den Tag, jedenfalls so lange sie glauben, den sexuellen Trip damit zu substituieren.

Manche Menschen, die ein äußerst aktives Sexleben gehabt haben und im höheren Alter wegen des Todes ihres Partners in das Brahmachary-Stadium gezwungen werden, finden entweder einen neuen Partner, oder sie fangen an, langsam abzusterben. GOTT ALS ORGASMUS UND SEX ist für sie zum Synonym für das Leben an sich geworden. Für die meisten meiner Landsleute scheint das Brahmacharya nicht das Gelbe vom Ei zu sein. Wenn es gelänge, solche Menschen dazu anzuregen, diese Urglaubenssysteme zu verändern, könnten sie neue Programme übernehmen, ohne daß der Bezug zu den Urenergien verloren ginge. Der Einsatz solcher Energien ist eines der heikelsten Gebiete menschlichen Strebens und am meisten mit Ambivalenz, Urteilshaltungen und destruktiven Handlungen und Gefühlen besetzt.

Wichtig ist die Erkenntnis, daß die sexuellen Aktivitäten in den Operationen unseres Biocomupters von temporärer Wirkung sind – daß, auch wenn wir nach dem Geschlechtsverkehr ein Nachlassen der Spannung, eine neue Konzentrationskraft in den Gedanken für ein erwünschtes Ziel, eine gewisse Erlösung von den biologischen Triebzwängen in uns verspüren, die Sexualtriebe ihren Marsch unentwegt wiederaufnehmen und beizeiten Erfüllung finden wollen. Unter diesem Aspekt betrachtet, braucht man es nicht mit den Anhängern des GOTT-ALS-ORGASMUS-Glaubens zu halten, um seinen Biocomputer bei Laune zu halten.

7.
Gott als Tod

Jeder von uns muß seinem eigenen Tod ins Gesicht blicken. So viel wir heute wissen, ist niemand unsterblich. Immer wieder liefert zumindest die Geschichte den Beweis; jeder Mensch kann also davon ausgehen, sterben zu müssen. Für die meisten von uns wäre es schwierig, dem Ratschlag von Don Juan an Carlos Castaneda zu folgen: «Halte den Tod links von Dir.» (1) Wir versuchen fast alle, der Vorstellung auszuweichen, daß unser eigenes Ende kommen wird. Und wenn es geschieht, verschieben wir solche Überlegungen lieber auf Augenblicke, in denen wir uns deprimiert fühlen.

Wie wir uns dem Tod stellen, wenn er unmittelbar bevorsteht, ist von den Glaubenssystemen abhängig, die wir in diesem besonderen Augenblick unseres Lebens haben. Wenn wir glauben, daß der Tod unser Ende als Individuum bedeutet, dann sehen wir dem Tod mit Gefühlen und Erkenntnissen ins Antlitz, die sich von denen, die wir bis dahin kannten, vollkommen unterscheiden.

Betrachten wir den Tod als «das Ende» etwas genauer, den TOD als GOTT, und als solcher lebensbestimmend. Folgt man diesen Glaubensvorstellungen, so sind wir das Ergebnis sexueller Aktivitäten unserer Eltern und kommen als solches zur Welt; als biologischer Organismus verbringen wir dann unsere Lebensspanne, und schließlich sterben wir – entweder durch Unfall, Krankheit oder durch Einwirkung anderer Menschen oder an Altersschwäche.

Viele Menschen sehen den Tod so, wie es eine organisierte Religion diktiert. Uns wird im Grunde gesagt, unser Körper würde zwar sterben, aber unsere Seele wandert irgendwohin weiter, wo ein Urteil über sie gesprochen wird; schließlich vereinigt sie sich wieder mit dem Körper, der am Tag des Jüngsten Gerichts von der Erde auferstehen wird.

Obwohl dieses Glaubenssystem nicht mehr so viele Anhänger hat wie im vorigen Jahrhundert, existieren immer noch viele Wirtschaftzweige, die mit dem Tod blühende Geschäfte machen. Es wird erwartet, daß man sich eine Parzelle Grund kauft oder mietet, wo der Körper am Ende eines Lebens bestattet wird. Von den Überlebenden wird erwartet, daß sie diesen Körper von Leichenbestattern so herrichten lassen, daß er möglichst lebensnah aussieht. Zur Beerdigung sollten alle Freunde und Verwandte zusammenkommen, um das Ableben zu betrauern. Wie man sieht, floriert das Geschäft, Särge, Blumenarrangements, Friedhofsparzellen usw. zu verkaufen, auf der Grundlage von GOTT ALS TOD nach wie vor prächtig. (Vergl.a. «The American Way of Death» von Jessica Mitford.)

Was eventuell den eigenen Tod verursachen wird, ist ziemlich unbestimmt. In der modernen Zivilisation sind wir Tag für Tag von unzähligen potentiell tödlichen Dingen und Situationen umgeben. Lebt man in Kalifornien, kann jeder Zeit ein großes Erdbeben ausbrechen und das Leben vieler tausender Menschen auslöschen, aber es ist unmöglich vorherzusagen, ob und wann es sich ereignet. Fahren wir mit hohem Tempo auf der Straße, sind wir vielen Gefahren ausgesetzt. In jedem normalen Haushalt gibt es Dutzende Gelegenheiten, einen elektrischen Schlag zu bekommen, zu verbrennen, zu ersticken oder vergiftet zu werden. In Wirklichkeit leben wir mit dem Tod zur Linken, auch wenn wir das nicht wahrhaben wollen.

Wer schon einmal mit dem Tod in Berührung gekommen ist und anschließend eine lange Genesungsperiode durchgemacht und in dieser Zeit über die Möglichkeiten des Sterbens nachgedacht hat, ist eher als viele andere in der Lage, sein Glaubenssystem, das er von GOTT ALS TOD hat, zu hinterfragen. Es gibt viele Möglichkeiten, auch die, plötzlich in ein Koma zu fallen, aus Gründen, die man selbst nicht erkennt, die andere Menschen aber leicht feststellen können – beispielsweise ein Encephalitis-Virus, eine Verletzung der Gehirngefäße, ein böser Sturz, wobei der Kopf einen Schlag bekommt, ein Frontalzusammenstoß mit einem Auto oder ausströmendes Giftgas, während man schläft.

Worum es hier geht, ist folgendes: Die Perspektive, die man von außen hat, wenn wir Opfer solch gravierender Umstände werden, hat mit der inneren Perspektive nichts gemeinsam. Ich habe viele Berichte über hautnahe Begegnungen mit dem Tod zusammengetragen, wobei ich mich insbesondere für die inneren Erfahrungen interessiert habe. Ich selbst habe einige Male mit dem Tod Bekanntschaft gemacht und im «Zentrum des Zyklons» darüber geschrieben. (3)

Um es einmal verkürzt wiederzugeben: Die meisten Menschen erfahren während einer Phase der traumatischen Bewußtlosigkeit Realitäten, die vollkommen verschieden sind von denen, die sich außen abspielen. Was wir wissen, wissen wir nur von denen, die überlebt haben. Danach gibt es eine innere Perspek-

tive für Realitäten, in denen der Körper nicht mehr da ist; trotzdem ist der Intellekt da, die Erinnerungen, das Bewußtsein, die Emotionen. Man ist ein vollständiges Individuum, man ist aus dem Körper heraus, man ist «ohne Körper».
Es existieren Realitäten, in denen es andere Entitäten gibt als das Ich. Kommt man in eine solche Realität hinein, scheint sie in ihrer endlosen Wiederholung ewig zu sein. Den Gerüchten nach gibt es in diesen Regionen keinen Tod; man lebt auf Ewigkeit weiter; man kann andere Dinge tun, als sich in einem menschlichen Körper aufzuhalten. Für Menschen mit derartigen Erfahrungen ist der Körper lediglich ein zwischenzeitlicher Aufenthaltsort für etwas, das man im klassischen Sinn der christlichen Theologie als «Seele» bezeichnet. In meinem Buch *Das Zentrum des Zyklons* habe ich den Begriff «Seele» durch «Essenz» ersetzt. Der im Yoga gebräuchliche Begriff ist «Atman». In allen Kulturen gibt es derartige Erfahrungen, die überall aufgezeichnet und verschieden interpretiert wurden, im Sinne der jeweils vorherrschenden Glaubenssysteme.

Manchmal kann man das Gefühl bekommen, als würde man den Zustand als Mensch verlassen, den man zeitweise besessen hat, und in einem viel allgemeineren und abstrakten Zustand zurückkehren, in dem auch die Zielrichtung viel allgemeiner und abstrakter ist. In diesem zweiten Stadium der Existenz gibt es viel mehr Alternativen als in jenem ersten Stadium, in dem man noch innerhalb eines menschlichen Körpers lebte. Der Zugang zum Wissen ist freier und unbehindert durch menschliche Überlegungen. Man ist objektiver, verständiger, liebender, als man im menschlichen Körper ist. In diesem Stadium kann man auch mehr ertragen. Man kann durch den Himmel gehen, man kann durch die Hölle gehen und man kann durch ein Stadium der Erhabenen Gleichgültigkeit gehen (Merrell-Wolff). (4) Wenn man sich an diesen Zustand heranmacht, und dabei im Zentrum seines eigenen Wissens und seiner eigenen Glaubenssysteme steht, kommt man durch dieses Stadium wesentlich unversehrter hindurch und wieder zurück, als wenn man sich diesem Stadium ohne Vorprogrammierung nähert. Diejenigen, die lange in diesem Zustand verweilten und darüber nachgedacht haben, sehen den TOD nicht als Gott; man kann nicht im üblichen Sinn «sterben». Der Tod ist ein Aufmachen, ein Weg nach draußen, eine Transzendenz der conditio humana. Wie ich schon oft gesagt habe, wenn ich meine eigenen Erfahrungen in einem Zustand des abstrakten Seins wiedergab, so habe ich nicht das Gefühl, daß ich in diesem Stadium Gott gegenüberstehe; eher habe ich das Gefühl, daß ich mich an einer seiner »Außenstellen» befinde und anderen Entitäten gegenüberstehe, und zwischen mir und Gott noch viele Stufen liegen, die ich erklimmen muß. In diesem Glaubenssystem ist die Projektion, GOTT sei der TOD, Unsinn.

Hat man solche Erfahrungen hinter sich, wird man sich kaum noch eine Parzelle auf einem Friedhof oder einen Sarg kaufen wollen, sondern sich nur vorstellen, irgendwo auf hoher See oder in einer Katastrophe, in der kein Körper überlebt, um den man sich Sorgen machen müßte, zu enden, – oder man wählt die Feuerbestattung. In Wirklichkeit ist es einem nach solchen Erfahrungen vollkommen egal, was aus dem Körper wird; man tendiert dazu, das Problem Freunden und Verwandten zu überlassen, wobei man hofft, daß sie keine finanzielle Belastung haben und den Todesfall mit ihren eigenen Glaubenssystemen überwinden.

Sich in die hochenergetischen Kommunikationsnetze einzuschalten – was nur in besonderen Bewußtseinszuständen möglich ist –, ist ein beruhigender Vorgang. Man weiß, man ist ein Knoten in diesem Netz, in dem ein konstanter Informationsstrom fließt und die Informationen unterhalb der eigenen Wahrnehmungsebenen verarbeitet und an andere weitergeschickt werden. Diese Vorgänge geschehen mit gewaltiger Energie, die weit über die Erfahrungen hinausgehen, die man in gewöhnlichen Bewußtseinszuständen im eigenen Körper erlebt. Energie strömt aus unbekannten Quellen und in unbekannte Sammelbecken. Vielleicht sind andere Netzknoten in der Nähe sichtbar. In solchen Stadien gibt es keinen Körper mehr, es gibt nur noch Ströme von Energie, auf denen die Informationen transportiert werden. In einem solchen Zustand merkt man plötzlich, daß man weit mehr ist, als man im körperbeherrschten Zustand war, aber auch weit weniger, als man im egobeherrschten Zustand ist. In diesem Zustand ist man ein kleiner «kosmischer Computer», der an die anderen kosmischen Computer und an einen riesigen Universumscomputer angeschlossen ist. Während solcher Erfahrungen fühlt man, daß die Verbindungen zwischen all diesen Computern Liebe, Respekt, Ehrfurcht, Verehrung, Neugierde und Interesse sind. Die Information, die über derartige Kanäle läuft, ist unglaublich effizient.

In einem solchen Zustand erkennt man auch, daß man bereits seit einigen Millionen Jahren existiert und immer wieder irgendeine neue Form zusätzlich zu der des kosmischen Computers angenommen hat, daß man sich auf einer Seelenwanderung befand und nicht unbedingt nur ein menschliches Wesen war. Man merkt, daß ein großer Erfahrungsschatz vorhanden ist; man müßte nur an den Speicher, in dem die Erinnerungen aufbewahrt liegen, herankommen können. Manchmal ist es so, als wären die Erinnerungen gar nicht die eigenen, sondern aus einem zentralen, universalen Speicher, in dem solche Informationen jahrtausendelang aufbewahrt werden.

Nach derartigen Erfahrungen kann man nicht länger glauben, daß mit dem Ableben des Körpers das eigene Sein aufhört. Es gibt die «Realität» des Endes des Ichs nicht mehr. Irgendwie erhält man eine viel weitere Perspektive, als es unter dem allgemein üblichen egoistischen, solipsistischen, den Körper ins Zentrum rückenden Glaubenssystem möglich ist.

Ich weiß nicht, ob das nicht nur wieder ein neues Glaubenskonzept ist, aus dem gewisse Erfahrungen hervorgehen, sobald man den Kontakt zum Körper verliert. Ich kann die Vorgänge, innerhalb der eigenen Programmräume von einer Simulation zur anderen überzugehen, von den echten Erfahrungen universaler Kommunikation nicht trennen. Soweit ich weiß, wird jeder von uns mit dem Tod seines Gehirns sein Ende finden. Andererseits bin ich davon längst nicht mehr so fest überzeugt, denn meine Zweifel an einem Weiterleben über den Tod meines Körpers hinaus sind schwächer geworden. Ich glaube nicht mehr so stark wie früher, daß wir zufällig unseren absoluten Ursprung als biologische Organismen auf diesem Planeten genommen haben.

Bestimmt hat man mehr als eine Alternative, wenn man den neuen Glaubenssystemen Glauben schenkt, die die Realitäten erforschen, die neben, über und in der Alltagsrealität liegen. Es gibt ein Sprichwort, das besagt, daß ein Skipper niemals nur eine Alternative haben darf. Eine Anzahl alternativer Glaubenssysteme empfiehlt sich auch angesichts des eigenen Todes. Kann man sich nur auf ein einziges System stützen, und sei es ausgerechnet auf das, daß man mit dem Tod des eigenen Körpers stirbt, ist es gut möglich, daß man zum Zeitpunkt des Todes in eine verzweifelte Lage gerät, obwohl man dem Tod auch dann noch gegenübertreten und ihn mit Würde, Liebe und Mitgefühl akzeptieren kann. Man kann den Aufenthalt auf diesem Planeten wesentlich optimistischer sehen, sobald der Tod zu einer greifbaren Größe wird, über die man nachdenken, mit der man sich auseinandersetzen kann, die kein zorniger Gott ist, vor dem man sich am Ende des körperlichen Daseins verantworten muß.

8.
Gott als Droge

Heute gibt es Millionen, die Drogen nehmen. Einige der Drogen sind mit Billigung des Establishments erhältlich, andere werden illegal genommen. Viele Substanzen werden heute als Drogen bezeichnet; um es etwas wissenschaftlicher zu formulieren, Drogen sind «gereinigte Chemikalien», in aller Regel organische Substanzen, was bedeutet, daß sie aus Kohlenstoffverbindungen zusammengesetzt sind. Des weiteren gibt es noch Produkte, die aus der biologischen Aktivität anderer Organismen gewonnen werden («biologicals», wofür das bekannte Penicillin ein Beispiel ist). Es gibt tausende chemische Verbindungen für Drogen; uns aber interessieren hier nur solche, die das menschliche Bewußtsein verändern.

Bewußtseinsverändernde Drogen kommen mit einem bestimmten Programm. Von einer Droge, die eine bestimmte Wirkung auf den Körper oder Geist haben soll, wird erwartet, daß sie diesen Effekt auch bringt. Diese Erwartungen nennen wir «Programme». Sind diese Programme stark genug, glauben wir, daß Gott in der Droge steckt (GOTT ALS DROGENPROGRAMM).

Gegenwärtig greift ein beachtlicher Teil der Jugend zu Drogen, die einer ziemlich gefährlichen Substanzgruppe angehören und aus der Opiumkapsel gewonnen werden, beispielsweise Morphium, Heroin und ähnliches Zeug. Charakteristisch für diese Drogen ist ein doppelter psychopharmakologischer Effekt. Der erste ist ein Zustand verträumter Zufriedenheit, in dem jedes Interesse an den Vorgängen um einen herum abgestellt ist. Man schwebt auf einer Wolke, losgelöst von den tatsächlichen Umständen, die einen umgeben. Irgendwie scheint dieser Effekt erstrebenswert, so daß diejenigen, die dafür empfänglich sind, in Abhängigkeit geraten können. Eine Abhängigkeit wird dann sichtbar, wenn der betreffenden Person die entsprechenden Chemikalien entzogen werden. Es können heftige Entzugserscheinungen damit verbunden sein, wie das Gefühl äußerster Rastlosigkeit, qualvolle Schmerzen und in Extremfällen sogar anfallsartige Äußerungen des zentralen Nervensystems. Der Entzug ist schmerzhaft, und es bedarf einer starken Persönlichkeit, um ihn zu überstehen. Es gibt Gruppen, die sich der Drogenabhängigen annehmen und versuchen, die Persönlichkeit des Süchtigen so zu festigen, daß er den Entzug schaffen kann. Die genannten Chemikalien haben ein heftiges gesellschaftliches Feedback erzeugt; für die Verteilung, den Besitz oder den Gebrauch dieser Mittel gibt es harte Strafen. Die Bundesregierung hat eine eigene Behörde aufgebaut, um den Drogenverkehr zu kontrollieren. Das Glaubenssystem, das hier zugrundeliegt, lautet: «Heroin ist ein Suchtstoff für jeden; deshalb müssen wir jeden vor Heroin schützen.»

Untersucht man die Einstellung näher, daß Heroin ein allmächtiger Gott sei, der die Persönlichkeit zerstören kann, so stellt man bald fest, daß sie nur für diejenigen wahr wird, die daran auch glauben. Immer wieder war es nachweisbar, daß Abhängige, längst bevor sie mit Heroin anfingen, eine besondere Persönlichkeitsstruktur hatten, die sie für praktisch jede Art von Abhängigkeit prädestinierte. Sie hätten ebenso zu Alkoholsüchtigen, Morphiumsüchtigen, Spielsüchtigen usw. werden können. Bei diesen Leuten ist etwas grundlegend anderes. Im New Yorker Viertel «Spanish Harlem» konnte man zeigen, daß von allen Sechzehnjährigen, die hauptsächlich Heroin spritzten, lediglich 3 Prozent süchtig wurden. Die anderen konnten sich davon losmachen, ohne rückfällig zu werden. Derartige Zusammenhänge sind nicht allzu bekannt, und diejenigen, deren Lebensunterhalt vom illegalen Drogenhandel abhängig ist, werden das GOTT ALS DROGENPROGRAMM nicht ändern.

Diese Gruppe süchtigmachender Drogen bildet für die Regierung die Legitimation zur Kontrolle auch über andere Substanzen, einschließlich von Cannabis sativa (Marihuana). Harry Anslinger, ehemals Chef der amerikanischen Bundesbehörde zur Kontrolle der Narkotika (Federal Bureau of Narcotics), ist es 1937 gelungen, Marihuana in den Vereinigten Staaten als Narkotikum einstufen zu lassen. Mit anderen Worten, Marihuana kam in die gleiche Kategorie wie Heroin, Morphium und andere Substanzen, die erwiesenermaßen Abhängigkeiten erzeugen. In dieser Kategorie steht es heute noch. Anslinger druckte auf die Pflanze einfach ein Panikprogramm, das man, ausgehend von der Mutmaßung, Marihuana sei genauso gefährlich wie Opiumderivate, zum Gesetz erhob und als solches für ewige Zeiten festschrieb. Millionen Menschen haben in der Zwischenzeit bewiesen, daß diese Pflanze keine Sucht erzeugt, was die Obrigkeit nicht davon abhält, viele junge Menschen wegen Marihuanabesitzes ins Gefängnis zu sperren und ihr Leben zu ruinieren. Das ganze Drogenprogramm, wie es von der Gesellschaft gehandhabt wird, hat einen sehr befremdlichen

Zustand herbeigeführt; auf der einen Seite steht ein Gesetz, auf der anderen die Realität von Millionen Menschen, die das Gegenteil beweisen.

Diese Situation erinnert stark an das Volstead-Gesetz, d.h. an das Alkoholverbot, das im Jahre 1933 unter Präsident Roosevelt wieder aufgehoben wurde. Im Jahre 1918 hatten es Andrew J. Volstead und seine Leute bewerkstelligt, den achtzehnten Zusatzartikel zur Verfassung zu verabschieden, der Herstellung, Verkauf und Transport alkoholischer Getränke unter Verbot stellte. Dieses Gesetz war deshalb so bemerkenswert, weil die Masse der Bevölkerung damit kaum einverstanden war. In den zwanziger und dreißiger Jahren hatten Millionen Amerikaner, wenn sie nur ein bißchen Geld besaßen, einen «Freund», der einen Schmuggler kannte, der von Kanada oder Mexiko aus, vom Pazifischen oder Atlantischen Ozean her, Alkohol über die Landesgrenzen brachte. Im ungesetzlichen Verkauf alkoholischer Getränke wurden Vermögen gemacht und verloren, während die Trinkerei so an Popularität gewann wie nie zuvor. Tausende und Abertausende stellten auf dem Speicher heimlich Wein oder im Badezuber Gin her. Dieses ganz und gar unrealistische Gesetz durchzusetzen, kostete Hunderte Millionen Dollar. Zahlreiche amerikanische Bürger, unter ihnen auch viele Prominente, kämpften wegen der schlechten Qualität der meisten Alkoholika und wegen der Strafe, die bei Verstoß drohte, gegen dieses Verbot, teils im geheimen, teils offen und rücksichtslos. Der Respekt vor diesem Gesetz war auf dem äußersten Tiefpunkt.

In der jüngeren Geschichte der Vereinigten Staaten gab es eine sehr kurze Zeitspanne (1933 – 1937), in der man von derartigen Gesetzen frei war. Vier Jahre, nachdem der achtzehnte Zusatzartikel durch den einundzwanzigsten aufgehoben wurde, kam es zum besagten Marihuana-Verbot. Dieselben Kräfte waren wieder an der Macht; man machte Gesetze und schuf Behörden, um diese Gesetze durchzusetzen. Die Kriegsführung gegen erhebliche Teile der Bevölkerung ging weiter. Werfen wir aber einmal einen Blick hinter die Kulissen der mächtigen Gesellschaftsschichten und auf die psychopharmakologischen Effekte dieser Drogen, die zum Problem gemacht wurden (einschließlich der Psychedelika).

Über Tausende, wenn nicht Hunderttausende von Jahren war man darum bemüht, das Bewußtsein mittels Pflanzen, Tinkturen und Essenzen, die aus Pflanzen gewonnen wurden, zu verändern. Im vergangenen Jahrhundert wurden einige der chemischen Verbindungen dieser Pflanzen, die Bewußtseinsveränderungen hervorrufen, isoliert, gereinigt und als Massenprodukt in den Handel gebracht. Die erste so gewonnene Verbindung war das Kokain, das von Merck & Co. im späten 19. Jahrhundert isoliert werden konnte. Sigmund Freud benutzte Kokain, von dem er so überzeugt war, daß er selbst es täglich verwendete und sogar seiner Verlobten gab. Von ihm liegt darüber eine kurze Monographie vor, die sich heute liest, als hätte sie ein Psychedelika-Enthusiast verfaßt.

Um einige seiner Freunde vom Morphium abzubringen, versuchte Freud es mit Kokain, das er auch zur Heilung bestimmter Nerven- und Geisteskrankheiten einsetzte. Er glaubte, daß Kokain ein Allheilmittel sei. Erst als er feststellte, daß jemand, der von Morphium abhängig ist, ebenso von Kokain abhängig wird, erkannte er seinen Irrtum.

Die Hauptwirkung des Kokain, dieses ersten isolierten Bestandteils der in Peru heimischen Kokapflanze, ist ein Zustand sehr hoher Energie. Peruanische Indianer, die über längere Zeit schwere Lasten in große Höhen transportieren müssen, kauen die Blätter dieser Pflanze zur Abwehr gegen die Müdigkeit. Wie der Harvard-Botaniker Richard Schultes bewiesen hat, erzeugen die Kokablätter keine Sucht. Werden die peruanischen Indianer nämlich in die Armee einberufen, können sie ohne eine Entzugserscheinung darauf verzichten. Auch in unserer Gesellschaft scheint Kokain eine suchtfreie Substanz zu sein, außer für diejenigen, die für jede Art von Sucht prädestiniert sind.

Die nächste hochwirksame Chemikalie, die man aus einer Pflanze isolierte, war das Meskalin. Dr. Weir Mitchell hat in den neunziger Jahren des vorigen Jahrhunderts mit Meskalin experimentiert und uns genaue Beschreibungen der bewußtseinsverändernden Eigenschaften hinterlassen. Meskalin wurde aus dem Peyote-Kaktus isoliert, der seit Jahrhunderten bei den religiösen Riten verschiedener nordamerikanischer Indianerstämme eine Rolle spielte. Neuere Beschreibungen über die Wirkweise dieser Substanz liegen in den Büchern von Carlos Castanedea über Don Juan vor.

Meskalin stand jahrzehntelang in den Regalen vieler Laboratorien herum und fand lediglich bei Wissenschaftlern Beachtung, die an den besonderen Eigenschaften interessiert waren. Bis zur psychedelischen Ära der fünfziger und sechziger Jahre galt Meskalin als gefährlich.

Im Jahre 1938 isolierte Albert Hoffmann aus dem Mutterkornpilz das LSD 25. Als er im Jahre 1942 zum ersten Mal eine geringe Dosis davon nahm (250 Mikrogramm), bemerkte er die hochwirksamen bewußtseinsverändernden Eigenschaften. Zusammen mit Stoller verfaßte er dann einen Artikel, in dem er behauptete, LSD 25 müsse insofern als psychotomimetisch angesehen werden, als es bei den Personen, die es einnahmen, zu psychoseartigen Zuständen kam. Als LSD 25 in den fünfziger Jahren in dieses Land gebracht wurde, stand das Programmetikett bereits fest: «Psychotomimetisch».

LSD 25 fiel auf fruchtbaren Boden, der vom Marihuana-Untergrund vorbereitet worden war. LSD 25 gab es im ganzen Land; Hunderttausende haben es genommen. Einige hundert starben daran, einige hundert andere wurden mit Geisteskrankheiten, die man auf das LSD zurückführte, in Anstalten gebracht. Gemessen an der Zahl der Anwender war die Zahl der Unfälle verschwindend klein, viel kleiner beispielsweise als die Zahl der Todesfälle auf den Straßen, die in den USA bei ca. 60 000 Menschen pro Jahr liegt. Aber die Medien, insbesondere ein Artikel in der Zeitschrift «Life» aus dem Jahr 1966, riefen den Gesetzgeber auf den Plan, um gegen Psychedelika im allgemeinen und gegen LSD 25 im besonderen vorzugehen. Wieder wurden Gesetze erlassen, um Besitz, Gebrauch und Verkauf dieser Substanz drastisch unter Strafe zu stellen. In aller Eile und Panik vor den Konsequenzen, die sich aus der Einnahme dieser Drogen ergaben, verabschiedete man diese Gesetze. Nur wenige Gesetzgeber, wenn überhaupt, hatten begriffen, worum es ging. Forscher, die es sehr gut verstanden und darüber zu sprechen versuchten, wurden diskreditiert – in vielen Fällen von den eigenen Kollegen. Es kam zu einer Spaltung zwischen denen, die LSD genommen hatten, und denen, die es nicht genommen hatten. Wer war glaubwürdig? Diejenigen, die sich für diese Chemikalie einsetzten, wurden von denen bekämpft, die davor Angst hatten. Diese Situation spiegelt sich in der ganzen Gesellschaft wider; die einen, die eine Droge kennen, tendieren zu einer Überbewertung der Vorzüge, die anderen, die sie nicht kennen, zu Angst, weil sie verschiedene Horrorgeschichten gehört haben.

Was ist der Hintergrund dieses Glaubenssystems? In den Vereinigten Staaten werden wir so erzogen, daß wir unserem Arzt glauben, wenn er uns gegen eine bestimmte Krankheit Tabletten verschreibt; ohne viel zu fragen, schlucken wir die Pillen. Der Arzt hat heute die Macht, die früher der Priesterstand hatte, weil wir nicht das notwendige Wissen haben, seine Entscheidungen zu überprüfen. Wir suchen den besten Arzt, den wir finden können, und vertrauen ihm.

Diese vertrauensselige Akzeptanz von Drogen, die uns ein Arzt verschreibt, wird in unserem Leben fest etabliert. Die ersten psychologisch wirksamen Mittel, mit denen man das Verhalten der Leute kontrollieren konnte, waren die Tranquilizer, die in den fünfziger Jahren entdeckt wurden. Darunter befanden sich auch die Phenothiazinderivate. Als ich am National Institute of Mental Health arbeitete, bekam ich, wie verschiedene andere Psychotherapeuten, die den Einsatz dieser Pharmaka zum ersten Mal am St. Elizabeth Hospital in Washington sahen, den Eindruck, daß diese Tranquilizer nichts anderes bewirkten, als ein Fehlverhalten des Patienten zu unterbinden. Anders ausgedrückt, diese Chemikalien dienten der Verhaltenskontrolle; sie hatten keine Heilwirkung, sondern verhinderten nur, daß der Patient seine Fantasien auslebte, oder Wutanfällen oder anderen schwer kontrollierbaren Zuständen nachgab. Ein Psychotherapeut sagte einmal, daß die Patienten unter Einfluß derartiger Beruhigungsmittel wie Eidechsen aussähen, die in der Sonne dösen. Aber er wußte, daß diese Menschen in ihrem Inneren tiefe Qualen litten, und die Tranquilizer-Behandlung nur einen äußeren Effekt hatte, nämlich den, leichter auf sie aufpassen zu können; es war nichts anderes als eine chemische Zwangsjacke.

Einer der ersten Tranquilizer wurde aus der indischen Pflanze Rauwolfia serpentina (Handelsname Serpasil) gewonnen. Damit wurde die biologische Batterie entladen, was zu Müdigkeitserscheinungen führte, die so weit gingen, daß der Patient, obwohl bei vollem Bewußtsein, sich nicht mehr wehren konnte. Seither sind Hunderte anderer derartiger Chemikalien entdeckt worden, mit denen das Bewußtsein so verändert werden kann, daß Erregungszustände nicht ausbrechen können; die bewußte Wahrnehmung wird dabei nicht reduziert. Immer mehr wurden Tranquilizer im Lauf der Zeit akzeptiert und verordnet.

Was eine andere Substanzgruppe, die Amphetamine, betrifft, glaubte man ursprünglich, sie seien psychische Stimulantia; es stellte sich aber bald heraus, daß sie das biologische System nur auf den unteren Energieebenen anregten. Echte psychotrope Energetika, nach denen die Medizin lange gesucht hatte, kamen erst später: Es waren Substanzen, die die Eigenschaft hatten, bei Menschen mit geringen Energiezuständen höhere Energiezustände auszulösen, ohne den Bewußtseinszustand zu verändern.

GOTT ALS DROGE wurde auf alles ausgedehnt, was der Sedierung oder Anregung von hohen Energiezuständen diente, einschließlich der alten Beistandspillen wie Schlaftabletten (Barbiturate etc.). Man erzielte Ergebnisse, ohne die schlimmen Folgen erleiden zu müssen, die der Alkohol mit sich bringt, wie beispielsweise Katererscheinungen, Leber- oder Gehirnschäden. Der Gott Alkohol wurde wieder eingeführt, unter angemessene staatliche Kontrolle gestellt und unter staatlichem Schutz verkauft. Die meisten, die ihr Bewußtsein ein wenig, aber nicht zu sehr verändern wollen, scheinen sich dabei hauptsächlich auf die Droge «Alkohol» zu stützen.

Auf die bewußtseinsverändernden Aspekte hormonähnlicher Substanzen und anderer Anaesthetika will ich nicht näher eingehen, weil diese von denjenigen, die zu GOTT ALS DROGE aufblicken, im allgemeinen nicht verwendet werden.

Einige Menschen können ohne Barbiturate nicht einschlafen, andere ohne Amphetamine nicht wach werden; sie bekommen die notwendigen Drogen legal auf Rezept. Wiederum andere können in unserer Gesellschaft ohne Tranquilizer nicht «funktionieren»; die Zahl dieser Menschen geht wahrscheinlich in die Hunderttausende, wenn nicht sogar Millionen. Unzählige andere Menschen kommen ohne ihren Nachmittagsdrink oder ihren Cocktail zum Mittagessen nicht aus. Millionen müssen Tabak rauchen, d.h., die Wirkung der verschiedenen Harze und des Nikotins spüren. Die Symptome des Tabakentzugs sind ziemlich ernst, und der Entzug erfordert viel Zeit, Anstrengung und Disziplin. Ernst sind auch die Entzugserscheinungen bei Alkohol und Barbituraten; hat man sich einmal an einen hohen Pegel dieser Substanzen im eigenen Blut gewöhnt, können während des Entzugs heftige Schüttelkrämpfe auftreten.

Dennoch sind diese Methoden zur Veränderung des Bewußtseins gesellschaftlich etabliert und die Substanzen in unserer Gesellschaft legal erhältlich. Die pharmazeutische, die Alkohol- und die Tabakindustrie produzieren legal, so daß man legal süchtig werden und legal süchtig bleiben kann, ohne mit den

Problemen konfrontiert zu werden, die aus dem Gebrauch illegaler Substanzen erwachsen. Psychedelische Pharmaka sind bis heute nicht auf Rezept erhältlich. Solange nicht mehr über die psychedelischen Wirkungen verschiedener Substanzen bekannt ist, und es nicht eine größere Akzeptanz in der Gesellschaft für die veränderten Bewußtseinszustände gibt, die von solchen Substanzen ausgelöst werden, solange werden Psychedelika ein gesamtgesellschaftliches Problem bleiben und die Anstrengungen, unrealistische paternalistische Gesetze durchzusetzen, weiterhin Unsummen von Geld verschlingen.

Mein eigenes spezielles Glaubenssystem sagt mir, daß unsere Kinder die alternativen Methoden zur Bewußtseinsveränderung, also nicht die chemischen, lernen sollten, um flexibel genug zu sein, die eigene Programmierung zu ändern. GOTT ALS DROGE hat lange Zeit viele Alternativen gehabt, die in unserer Kultur mit großem Ernst erforscht werden sollten. Lehrer reisen aus Tibet, Japan und China an und viele ihrer Techniken finden bei uns Eingang. Die alternativen Glaubenssysteme, die von esoterischen Schulen entwickelt wurden und der Erlangung veränderter Bewußtseinszustände dienen, gründen auf altem und festem Wissen.

9.
Gott als Körper

Jährlich werden Milliarden Mark für Körpererhaltung, -pflege, -fitness, Schönheitsmittel, Gymnastik, Golf, Fußball, für die Huldigung an Superstars aus Musik, TV und Film, für Yoga, Tai Chi Chuan, Kung Fu, Karate, Jiu-Jitsu, Aikido, Schwimmbäder, Tennisplätze, die Bergsteigerei, Camping, Skifahren, Wasserski, Segeln, Surfen usw. ausgegeben. Bei all diesen Aktivitäten legt man sehr viel Wert darauf, den Körper auszubilden und anderen zur Schau zu stellen. Viele Menschen, die sich solchen Aktivitäten hingeben, glauben an GOTT ALS KÖRPER.

Der Glaube an GOTT ALS KÖRPER wurde in den letzten Jahren immer stärker, während der Glaube an einen Gott irgendwo da draußen abnahm. Anstatt zum Gottesdienst zu gehen, verbrachten die meisten ihr Wochenende damit, körperlich aktiv zu sein; Abertausende wurden zu Anhängern eines Fitnesskults, und sei es nur dadurch, daß man zu joggen oder Morgengymnastik zu machen anfing. Die Herstellung von Sportartikeln ist zu einer riesigen Industrie geworden, und kein geringeres Geschäft sind die Fitness-Studios und Yogaschulen.

Welche Faktoren liegen dem Glaubenssystem von GOTT ALS KÖRPER zugrunde? Zunächst einmal sind wir ein gehendes, laufendes, kletterndes Tier, ob das in unsere idealisierte Vorstellung paßt oder nicht; wenn wir diese Aktivitäten nicht ausführen, verkommt unser Körper. Wenn wir für körperliche Verspannungszustände keine Ausgleiche schaffen, wird die Qualität unseres Denkens, Handels und Empfindens langsam aber sicher verkommen. Die meisten Menschen trainieren, weil sie wissen, daß sie sich hinterher besser fühlen. Sie können dann besser denken, arbeiten und spielen. Im Fernen Osten ist dieser

Zusammenhang seit Tausenden von Jahren bekannt. Die bekannteste esoterische Wissenschaft auf diesem Gebiet ist die des Hatha-Yoga, das als Eingangstor für die spirituelle Entwicklung angesehen wird. Auch verschiedene Kampfsportarten sind in manchen Ländern des Fernen Ostens Teil des spirituellen Wegs. Das «bessere Gefühl», das aus diesen Betätigungen resultiert, gilt als Fortschritt auf dem Gebiet der persönlichen Disziplin und der körperlichen Vervollkommung an sich.

Im Westen gibt es das Sprichwort: «Ein gesunder Geist in einem gesunden Körper». Offensichtlich braucht der Körper in regelmäßigen Abständen Gymnastik oder irgendeine andere Form von Streckübungen. Es gibt einen Tageszyklus von zwölf bis vierundzwanzig Stunden und einen Wochenzyklus von sieben Tagen; wenn man sich mit dem persönlichen Zyklus innerhalb dieser Zyklen beschäftigt, wird man feststellen, daß man einmal sehr früh am Morgen, ein anderes Mal am Nachmittag oder vor dem Zubettgehen eine gewisse Zeit für gymnastische Übungen aufbringen sollte. An den Wochenenden sollte man den ganzen Organismus fordern; man sollte sich körperlich so sehr anstrengen, daß die Muskeltätigkeit bis zu dem Punkt gesteigert wird, an dem man anfängt zu hyperventilieren; außerdem sollen Pulsschlag und Herzschlagvolumen während der Dauer der Übung gesteigert werden. Ohne diese Übungen degenerieren Kreislauf- und Atmungssystem, und die typischen Alterungserscheinungen und Krankheitsbilder treten auf. Eine der faszinierendsten Seiten, die einem an den älteren Lehrern des Yoga und der Kampfsportarten des Fernen Ostens auffällt, ist die extreme Jugendlichkeit selbst ihm hohen Alter. Ein Fünfzigjähriger sieht wie ein Dreißigjähriger aus, ein Achtzigjähriger wie ein Vierzigjähriger. Offensichtlich manifestieren sich bei ihnen die bekannten Alterserscheinungen nicht. Diese Menschen haben ihren Körper während des ganzen Lebens mit entsprechenden Übungen erhalten. Damit eine dauerhafte Wirkung erzielt wird, reicht es nicht, sie nur für ein Jahr zu betreiben; man muß sie von Jugend an bis ins hohe Alter fortführen.

Wer diese Übungen ernsthaft macht, weiß, wovon ich hier spreche. Die anderen sollten es mit einem gesunden Skeptizismus annehmen; alles was ich ihnen sagen kann, ist folgendes: «Probiert es aus!» In unserem Buch *Der Dyadische Zyklon* haben meine Frau und ich die Minimalanforderungen für den Körper zusammen mit einem Zeitplan aufgestellt; diese Programme lassen sich natürlich weiter ausbauen. Wir wollen versuchen, dem im Beruf stehenden Menschen ein Mindestmaß an körperlicher Aktivität zu zeigen, das er unbedingt einhalten sollte; es in den Alltag einzufügen, dürfte keine Schwierigkeit bereiten.

Allerdings muß gesagt werden, daß man körperliche Aktivitäten langsam beginnen und nicht über eine Maximalschwelle hinausgehen sollte. Man kann diese Übungen schnell übertreiben. Das Metaprogramm bzw. das allgemeine Prinzip, das über allen Übungen steht, ist die allmähliche Steigerung der Belastung, bis man an die eigenen Grenzen stößt. Jeder, der diese Streck- und Belastungsübungen in einem gesunden Maß pflegt, spürt ab einem bestimmten Punkt, daß es sogar Spaß macht. Immer wieder kann man seine Grenzen überschreiten und es bis zu dem Punkt treiben, wo der Spaß aufhört, unabhängig davon, wie gut die Kondition ist. Man bekommt sozusagen mehr Luft, wenn man so will, nicht nur die zweite Luft, sondern auch eine dritte, vierte und fünfte.

Dies scheinen die physiologischen Ausgangspunkte für die Aktivitäten zu sein, die sich allein um den Körper drehen. Neben den Grundaktivitäten des Laufens, Gehens und Kletterns, neben dem Minimalbedarf an Streck- und Belastungsübungen gibt es noch andere körperliche Betätigungsarten, die innerhalb des Glaubenssystems von GOTT ALS KÖRPER von untergeordneter Bedeutung sind. Man kann z.B. eine andere Person, die auf einem bestimmten Übungsgebiet eine Profikarriere gemacht hat, als Held oder Heldin verehren. Man kann den Körper seines Hatha-Yoga Gurus, seines Aikido-Lehrers, seines Tai Chi-Lehrers, seines Trainers, kurz, die Körper aller Profis und Amateure aller Sportarten verehren. Diese Art Übertragung vom eigenen Körper auf den eines anderen, von den eigenen Aktivitäten auf die anderer, ist ein Lernprozeß, der sich in der Kindheit, Jugend und im Erwachsenenalter abspielt. Andere Personen zu idealisieren, die irgendetwas besser können als man selbst, und sich mit ihnen zu identifizieren, ist für die meisten von uns offensichtlich ein notwendiger Schritt zum eigenen Erfolg. Aber es passiert dabei sehr oft, daß eine solche Verehrung von GOTT ALS KÖRPER die eigenen Anstrengungen in den Hintergrund rückt. Die Verehrung wird zum Ersatz für eigene Aktivitäten. Hier liegt wahrscheinlich auch der Grund, daß es oft populärer ist, bestimmte Sportarten passiv zu erleben, statt sie aktiv auszuüben.

Man kann natürlich auch den Wunsch haben, selbst ein Lehrer für bestimmte körperliche Aktivitäten zu werden. Vielleicht möchte man die gleiche Bewunderung genießen, die Profis ernten; oder man hat einfach das Gefühl, eine ganz bestimmte Aktivität sei so lohnend, daß auch andere sie erlernen sollten. Zwischen GOTT ALS KÖRPER und dem Überlebenstrip auf diesem Planeten als professioneller Lehrer auf dem Gebiet körperlicher Aktivität liegt nur ein schmaler Bereich. Leicht kann man auf die Seite der totalen Verehrung kippen, statt eine ausgeglichene Lebensweise zu finden.

Ein Auswuchs von GOTT ALS KÖRPER ist die Schönheitsindustrie. Sie basiert nicht unbedingt auf körperlicher Fitness, auch wenn man in unserer Kultur die Körper für die schönsten hält, die eine gute physische Verfassung zeigen – nicht zu fett, nicht zu mager und mit ausgewogener Muskulatur. Diesen Schönheitsaspekt haben wir bereits abgehandelt; schenken wir deshalb mehr der Form als der Substanz Beachtung.

Woher unsere Kriterien stammen, mit denen wir körperliche Schönheit messen, scheint niemand zu wissen. In Afrika, das ist allgemein bekannt, sind die Schönheitskriterien von Region zu Region verschieden, wie natürlich auch von denen, die in Europa gelten. Die Unterschiede im Gesicht und in der Figur des Menschen haben auf der ganzen Welt ein ziemlich breites Spektrum; dazu gehören Form, Farbe, Gewebe, größenabhängiges Körpergewicht usw. Das Sprichwort, «Die Schönheit liegt im Auge des Betrachters», zeigt, daß die meisten Schönheitskriterien willkürliche Programme sind, die während unserer Erziehung eingebaut werden. Für den jungen Menschen ist nahezu alles schön. Erst im Laufe der Zeit wird man durch die Vorstellungen der Eltern und gleichaltrigen Freunde in Hinblick auf das, was man für schön hält, geprägt.

Manche Menschen sehen auf den ersten Blick schön aus; andere werden erst im Laufe eines ständigen Kontakts schön, wenn man sie lieben lernt, indem man sich in ihre Gefühls-, Denk- und Handlungsweise einlebt. Bei denen, die wir beim ersten Sehen für schön halten, erleben wir möglicherweise, daß ihre Schönheit mehr Form als Substanz und Funktion hat. Bei anderen Menschen können wir erleben, daß sie äußerlich nicht schön sind, aber Schönheit in Geist und Verstand besitzen. Manchmal gelingt es uns sogar, den ekstatischen Glückszustand wiederzuerleben, den ein Kleinkind hat, das alles und jeden schön findet.

Es gibt ein offizielles Schönheitsideal, das von Leuten repräsentiert wird, die im Sold von Werbeunternehmen, Konzernen, Regierungsstellen, Film- und Fernsehgesellschaften stehen. Sie sind sozusagen die Gallionsfiguren für Schönheitsprodukte, Kleidung, Autos usw. In den Vereinigten Staaten gab es früher nur weiße Modelle. Seit einigen Jahren sieht man aber auch Farbige in dieser Rolle, wohl wegen der allmählichen Respektierung andersfarbiger Völker. Dennoch muß man sehen, daß diese Modelle nicht nach den für Afrikaner, Asiaten etc. geltenden Kriterien ausgesucht werden, sondern nach den offiziellen Schönheitsmaßstäben der weißen Gesellschaft der Vereinigten Staaten. Die Form der Nasen, Augen, Lippen, von Kinn und Backen entsprechen eher den europäischen bzw. amerikanischen Vorstellungen als den rassen- und stammestypischen Kriterien.

Was offiziell schön ist, ist fest verabredet, so daß die gesamte Schönheitsindustrie auf der Grundlage einiger Standards arbeiten kann. Sieht man sich zum Beispiel eine Ausgabe von Vogue oder eine andere Frauenzeitschrift an, fällt einem sofort die Uniformität auf. Diese Blätter bestimmen u.a., welcher Lidschatten, Augenbrauenstift, Lippenstift, Gesichtspuder, welches Deospray, Shampoo, welche Haarkur, Körperlotion, desodorierende Seife, Nagellackfarbe, Zahnpasta usw. modern ist. Was eine Frau sich auf die verschiedenen Gesichtsteile auftragen soll, ist fast schon Esoterik. Soll sie falsche Wimpern tragen, oder nicht? Soll sie sich die Lippen anmalen, oder nicht? Wie lang soll ihr Haar sein, und welche Frisur soll sie tragen? Soll sie sich die Haare färben lassen, oder nicht? Stimmen die Farben ihrer Kleider mit denen des Make-up überein?

Immer mehr Menschen erkennen allerdings, daß das Geheimnis für einen schönen Körper nicht in der Unterwäsche liegt. Noch vor nicht allzu langer Zeit trug man Korsette aus Walknochen, Hüfthalter, Hosenträger und dergleichen, um dem schlabbrigen Körper Form zu verleihen. Auch heute noch streitet die Industrie um den besten Büstenhalter, der der weiblichen Brust die beste Form verleiht. Aber immer mehr junge Menschen achten heute auf ihren Körper mit Yoga und anderen körperlichen Aktivitäten. Die Produkte der Schönheitsindustrie sprechen sie nicht an, und auch in der Kleidung neigen sie eher zum Einfachen. Diese jungen Menschen stehen zu ihrer Figur, die das Resultat der richtigen Wahl körperlicher Übungen und Ernährungsweisen ist; ganz bewußt vermeiden sie Übergewicht und die daraus entstehenden Probleme.

Die Dichotomie von Magerkeit und Fettleibigkeit ist ein Grundfaktor der Psychophysiologie; er bestimmt das Körpergewicht in Abhängigkeit zu einem psychophysiologischen Gleichgewicht. Jedes Individuum hat ein kritisches Körpergewicht, an dem sich Appetit und Bedarf die Waage halten und somit das Körpergewicht konstant bleiben lassen.

Das für das psychophysiologische Gleichgewicht ausschlaggebende Körpergewicht kann sich im Verlauf einer länger andauernden Veränderung der körperlichen Aktivitäten verschieben. Wenn man zum Beispiel von einem körperlich sehr aktiven Leben zu einem eher gesetzten Leben übergeht, sinkt das kritische Körpergewicht, da man die Muskelmassen abbaut, die ehemals für das körperlich aktive Leben notwendig waren. Verändert man sich dagegen in die andere Richtung, d.h., geht man von einem eher ruhigen Leben zu einem körperlich aktiven Leben über, steigt das kritische Körpergewicht. Wie man das kritische Körpergewicht am besten festsetzen kann, zeigt eine Studie von Albert R. Behnke vom U.S. Naval Medical Research Institute über die Dichte des menschlichen Körpers. Liegt die Dichte bei 1.0 oder darüber, ist kaum Fett vorhanden. Liegt die Dichte unter 1.0, ist der Fettanteil zu hoch.

Der Wert, den das Fett für das Überleben des Körpers hat, wird von Faktoren bestimmt, die in unserer Gesellschaft im allgemeinen keine Gültigkeit haben. In unserer Gesellschaft befindet man sich wohl in bester körperlicher Verfassung, wenn die Körperdichte möglichst bei 1.0 liegt. Allerdings läßt dies wenig Raum, wenn wir wegen Krankheit an Körpergewicht verlieren. Der Gewichtsverlust im Krankenbett ist zunächst ein Verlust an Körperfett. Ist es ganz aufgebraucht, beginnt der Abbau der Muskelmasse. Man verliert also Protein, indem man buchstäblich sein eigenes Protein «ißt», nachdem man bereits sein eigenes Fett «aufgegessen» hat. Ein paar Fettreserven sind daher nicht allzu schädlich.

Dennoch sollte man sich daran erinnern, daß sich die Masse der Muskulatur direkt proportional zum Ausmaß der körperlichen Aktivität verändert.

Je aktiver man ist, desto größer ist der Proteinanteil am eigenen Körpergewicht.

Nach meiner eigenen Erfahrung ist die beste Ernährungsweise eine proteinreiche Nahrung. Das bedeutet, daß man außer Fleisch, Fisch, Muscheln, Eiern nicht viel zu sich nehmen darf; als Getränk sollte man Milch verwenden. Auch Nüsse sind Proteinlieferanten, aber sie enthalten darüberhinaus zu je einem Drittel Kohlenhydrate und Fette. Eine auf Fleisch basierende Ernährung reguliert sich in aller Regel selbst, da der Fettgehalt zusammen mit dem Protein ausreicht. um selbst bei kleinen Aufnahmemengen den Appetit zu stillen. Zusätzlich ist bei dieser Ernährungsweise die Zufuhr von Vitaminen erforderlich, um den Vitaminmangel im Fleisch zu kompensieren.

Diese Ernährungsweise ist in den Tropen wesentlich schwieriger einzuhalten als in den gemäßigten oder gar arktischen Zonen. Höhere Umgebungstemperaturen und eine höhere Luftfeuchtigkeit erfordern einen größeren Bedarf an Flüssigkeit und Mineralstoffen. Wie mir die Bewohner der britischen Jungferninseln gezeigt haben, wird dieser Bedarf am besten durch den Genuß grüner Kokosnüsse und ihrer Milch gedeckt.

«Fett sein ist häßlich», sagt die Schönheitsindustrie; andere Kulturen sagen, «Fett sein ist schön». In Polynesien herrschte bei den Angehörigen des Königshauses der Brauch, sich so lange zu überfüttern, bis man fett genug war, um als schön zu gelten. Ich vermute, diese Auffassung von körperlicher Schönheit hat ihren Ursprung in der Zeit der langen Seereisen der Polynesier, als das Leben davon abhängen konnte, ob man fett war oder nicht. Wenn man mehrere Tage ohne Wasser auskommen muß, ist es wirklich von Vorteil, fett zu sein; man verbrennt das Fett in Kohlendioxyd, wobei Wasser ausfällt, so daß man zunächst nicht auf eine Wasseraufnahme angewiesen ist. Genauso machen es die Delphine, Wale und Tümmler; sie sind Säugetiere, die im Meer leben, also kein Süßwasser haben.

Ein anderer Grund, warum sich die Polynesier für ihre Seereisen anspeckten, war der, daß sie dadurch an der Wasseroberfläche treiben konnten. Wird man von Bord gespült, kann man, wenn man genug Fett hat, mühelos im Wasser treiben. Ich habe viele Leute gesehen, die sozusagen wie am Meer leben: Für sie ist Fettleibigkeit offensichtlich ein wichtiger Überlebensvorteil, als ob sie untergehen würden, wenn sie nicht fett wären, weshalb sie sich verzweifelt bemühen, fett zu bleiben. Heute besteht für den Polynesier keine Notwendigkeit mehr, fett zu sein; es ist für ihn heute eher eine Angelegenheit von Ästhetik als von Überleben.

Ein weiterer Grund, sich fett zu essen, liegt vielleicht darin, daß man Reserven hat, wenn es einmal nichts zu essen gibt. Wenn man über eigenes Fett verfügt, wird man nicht so schnell Nahrung aufnehmen müssen; man verbrennt, d.h. man «ißt», wie ich bereits gesagt habe, sein eigenes Fett. Denken wir an eine Situation, in der man irgendwo strandet oder in einem Rettungsboot verloren umhertreibt; stirbt nun jemand, der fett ist, so haben alle anderen mehr zu essen. Natürlich ereignen sich solche Extremsituationen heutzutage kaum noch, aber es kann schon mal passieren, so wie nach dem Flugzeugabsturz in den peruanischen Anden (vergl. Clay Blair Jr., *Survive!*), oder nach dem Untergang des Walfangschiffes Essex, als die Besatzung in die Rettungsboote mußte, weil ein Wal das Schiff zerstört hatte, und man später den Körper eines Kabinenjungen aufaß, während man auf die Küste Chiles zutrieb, oder bei der Nobile-Expedition im Luftballon über den Nordpol. Jemand, der noch nie richtig ums Überleben kämpfen mußte, wird diesen Kannibalismus kaum verstehen können. Walter Gibson hat in seinem Buch *The Boat* sehr eindrucksvoll geschildert, was unter derartigen Bedingungen möglich ist.(1)

In solchen Situationen von Verzweiflung und Bedrohung des eigenen Lebens sind Fragen nach Schönheit bedeutungslos. Und das ist durchaus normal. Denn steht man unter dem Einfluß der Überlebensprogramme des eigenen Biocomputers, sind Schönheit und ihre Kriterien nicht einmal mehr Nebensache.

Hat man jedoch den spirituellen Weg eingeschlagen und Erfahrungen mit außergewöhnlichen Bewußtseinszuständen hinter sich, dehnt man den Fächer der Schönheitskriterien allmählich auf Bereiche aus, die vormals verboten schienen. In diesen Bewußtseinsstadien werden die Kriterien so umfassend, daß alles und jeder schön und vollkommen wird. Man befreit sich von der Enge des menschlichen Daseins und den Überlebenszwängen des Körpers; vereint mit allen anderen empfindsamen Wesen begibt man sich innerhalb des Universums in ewige Räume. Solche Erfahrungen haben eine so große Wirkung, daß die ursprünglichen Kriterien, mit denen man Schönheit maß, total auf den Kopf gestellt werden. Man macht ganz merkwürdige Transformationen durch; alles, was man einst für schön empfunden hatte, wird möglicherweise sogar auf Erscheinungen erweitert, die man zuvor für häßlich hielt. Schließlich löst sich die Dichotomie von Schönheit und Häßlichkeit ganz auf; man kommt in ein Stadium der Erhabenen Gleichgültigkeit, in dem man erkennt, daß Glück nicht von der äußeren Welt ist, sondern von der inneren.

Ab diesem Moment verschwindet der GOTT ALS KÖRPER. Plötzlich ist der Körper Teil eines viel unermeßlicheren Gottes, der das gesamte Universum mit allen Bewußtseinszuständen umspannt. Das alte GOTT ALS KÖRPER-Glaubenssystem hielt den Tod für ein komplettes Unglück. Nach dem neuen Glaubenssystem ist der Tod eine Übergangsform, eine Veränderung des Ich-Zustands, eine Veränderung des Seins, eine Veränderung des Bewußtseins, eine Ausdehnung in ein Stadium, das man sich eigentlich wünscht, weil es einen nicht so einschränkt wie jenes, in dem das Bewußtsein an die körperliche Existenz gebunden ist. Man verläßt den Körper mit der Freude und dem Gefühl, den Trip auf diesem Planeten vollendet zu haben. Es gibt keinen Tod mehr.

10.
Gott als Geld

In der modernen Gesellschaft ist Geld ein unglaublich wichtiger Faktor. Individuen, Betriebe, Konzerne, Staaten und Nationen, sie alle brauchen Geld, um zu überleben. Heute basiert die ganze westliche Welt auf ihren Ideen über Geld. Leben und Schicksal zahlloser Menschen hängen vom internationalen Handel, vom Wechselkurs des Dollar in Japan oder Westeuropa ab. Große Geldmengen bedeuten Macht, und diejenigen, die darüber verfügen, umgeben sich mit Sicherheitskräften, Beratern und Vertrauensleuten; sie wollen verhindern, daß ihre Macht zerrinnt. Diejenigen, die kein Geld besitzen, sind darauf angewiesen, es in der einen oder anderen Form von Privatpersonen oder von der Regierung zu bekommen.

Viele Menschen stellen den Besitz von Geld auf die gleiche Stufe wie Gott. Die Glaubenshaltung, «GOTT ist Geld: Geld ist GOTT», ist in der westlichen Gesellschaft eine starke Verhaltensdeterminante. Gemäß den gesellschaftlichen Kriterien ist der Mißbrauch von Geld durch private Personen oder durch Beamte die Sünde schlechthin, die man gegen den GOTT ALS GELD begehen kann. Wer Geld entwendet, ohne den Diebstahl mit allen Regeln der Kunst rechtlich abzusichern, muß mit schwersten Strafen rechnen. Wer weiß, wie man an große Geldmengen herankommt, und wer sich einflußreiche Anwälte leisten kann, kann mit diesem Gott ein sehr subtiles Spiel spielen. In den Vereinigten Staaten besteht die Aristokratie aus denen, die großen Wohlstand entweder geerbt oder während ihres Lebens erworben haben. Sie sind die einflußreichen Repräsentanten des GELDGOTTES.

Die Beamten, die für die Verteilung von öffentlichen Geldern und für die Eintreibung der Steuergelder verantwortlich sind, sind die Priester in der Kirche dieses Gottes. Die Steuerbehörden haben die Macht, das Leben jedes Staatsbürgers und die Vorgänge in jedem Wirtschaftsunternehmen zu überprüfen, um Ketzerhaltungen aufzudecken. Wie Geld als Gott zu verehren ist, wird von strengen Regeln bestimmt, so wie es in der westlichen Welt bei allen Ritualen und Glaubenssystemen jeder Kirchenrichtung immer der Fall war.

Diese neue Religion hat riesige Computer zur Verfügung, um jede Information über jedes Individuum, jeden Konzern, jede staatliche Einrichtung zu speichern. Wer Zugang zu diesen Computern hat und sich die Informationen zunutze machen kann, hat Macht über Leben und Tod der übrigen Bevölkerung. Die einzige halbwegs vergleichbare Macht in den Vereinigten Staaten ist das Militär; aber der MILITÄRGOTT hat seit dem Ende des Zweiten Weltkrieges an Macht eingebüßt. Die Fiaskos in Korea und Vietnam haben dem Ansehen des MILITÄRGOTTES so geschadet, daß er dem GELDGOTT weichen mußte.

Die Regeln zur Anhäufung von Wohlstand sind von vielen Autoren detailliert niedergelegt worden. (Vergl. zum Beispiel Adam Smith, *Supermoney* (1).) Wer ruchlos genug ist, genügend Ehrgeiz, Energie und Wissen hat, kann immer noch sein Glück machen. Die Protektion der Kirche GELD ist nach wie vor käuflich.

So wie früher die Kirche ihre Armen hatte, hat auch der GELDGOTT heute seine Armen. Diejenigen, die früher von der Wohltätigkeit der Kirche lebten, leben heute von der Wohlfahrt; Lebensmittelmarken sind das moderne Äquivalent zu den Almosen von früher.

Diese Menschen sind ausgesprochen unglücklich, unbedarft oder in strikter Opposition zu diesem GELDGOTT.

Niemand scheint das ganze System zu verstehen, das die Millionen Menschen in den Staaten repräsentieren, wie auch niemand das gewaltige Feedback-System versteht, das für die dauernde Aufrechterhaltung des staatlichen Betriebs notwendig ist. Selbst eine so mächtige Position wie die des amerikanischen Präsidenten leidet unter dem Mangel an entscheidenden Informationen, wenn es darum geht, kritische Entscheidungen zu fällen. Das Ganze ist eben größer als die Summe der Individuen, und so wie das Ganze größer wird, übersteigt auch die Summe die eigentliche Zahl der beteiligten Individuen immer um einige Größenordnungen.

Geld stellt den Austausch von Initiativen von einer Person zur anderen dar. In der Welt der Papierrealitäten bedeutet Geld auf dem Sparkonto, daß die Initiative eingefroren ist. Die Angst, bis auf die letzte Mark abzubrennen, ist für viele Menschen eine starke Motivationskraft. Viele haben mit dieser Angst Millionen gemacht, und einige von ihnen haben alles wieder verloren. Von den letztgenannten haben manche ihr Leben im Namen dieses Gottes geopfert, beispielsweise jene, die nach dem großen Börsenkrach von 1929/30 reihenweise Selbstmord begingen.

Der GELDGOTT hat eine Reihe von Halbgöttern neben sich. Einer dieser Halbgötter wird durch das Bankwesen repräsentiert. Wenn man es sich recht überlegt, ist eine Bank ein merkwürdiger Ort. Beobachtet man die Vorgänge in einer Bank mit den Augen eines Außerirdischen, sieht man zahlreiche Menschen ein Gebäude betreten, an die Schalter gehen, Zettel ausfüllen und andere Zettel in Empfang nehmen. Auf die Frage, was diese Leute in der Bank machen, antwortet man vielleicht: «Ich löse gerade einen Scheck ein», oder «Ich zahle gerade mein Geld ein», oder «Ich überziehe mein Konto». Dies sind ein paar Rituale in der Kirche des GELDGOTTS. Eine Bank ist eine kleine Gemeindekirche dieses Gottes, manchmal sogar eine Kathedrale, denkt man beispielsweise an die Wall Street.

Natürlich ist der GELDGOTT schlauer als die ehemaligen Gottheiten. Er verwendet nämlich Zahlen; das macht ihn zu einem quantitativen Gott. Die Priester dieses Gottes wenden subtilere Methoden an, um ihre Herde zu kontrollieren: Bank-, Steuer- und Einkommenserklärungsformulare, die jeder Staatsbürger ausfüllen soll. Dieser Gott hat es geschafft, was anderen Göttern und Kirchen vor ihm nicht gelungen ist: die Abgabe des Zehntels – heute ist das weit mehr – ist ein unfreiwilliger Akt geworden. Man muß seine Steuern bezahlen, oder man wandert ins Kittchen.

Niemand, der im Geschäftsleben steht, darf vergessen, daß er ein «Geldventil» ist. Diese Bedingung ist im Geschäftsleben offenkundiger als in anderen Lebensbereichen. Angenommen, man startet ein neues Geschäft, und man hat eine Summe Geld, die man in das Geschäft investieren kann. Die Regeln, wie man am besten investiert, wie man Profit macht, Steuern abführt, Löhne und Gehälter festsetzt, und wie alle anderen Vorgänge in der Welt der Papierrealitäten ablaufen, kann man von einem guten Buchhalter und einem guten Unternehmensberater lernen. Diejenigen, die sich jeden Monat für ihr Geld abrackern, gehören zu einer speziellen Kategorie, für die die kein Verständnis haben, die ihr Geld jeden Monat beziehen, nur weil sie auf der Besoldungsliste stehen.

Ein Geschäftsmann ist wirklich ein Geldventil: er verkauft etwas, und von den Käufern erhält er Geld; dieses Geld verteilt er an andere, an seine Angestellten, an Lieferanten usw. In der Papierwelt des Kreditwesens sagt man, er genieße eine bestimmte «Kreditwürdigkeit», ein quantitative Bonität, die ein Maß dafür ist, wieviel Geld die Kirche dieses Gottes durch diesen bestimmten Menschen fließen läßt. Ist er vertrauenswürdig, loyal, und hat er Löhne und Gehälter immer pünktlich bezahlt, dann ist er für Kredite bis zu einer bestimmten Höhe gut. Wenn er plötzlich lernt, wie er diesen Rahmen ausdehnen kann, bzw. wie er sich als Geldventil vergrößern kann, wird man vielleicht seine Kreditwürdigkeit erweitern, d.h., den Geldfluß, der durch seine Organisation fließt, steigern. Daß man sich erst Geld leihen muß, um seine Kreditwürdigkeit wirklich zu beweisen, scheint das Befremdliche daran.

Wenn die Macht des Geldventils immer größer wird, weil immer mehr Geld hindurchfließt, dann scheinen sich auch die Spielregeln zu verändern. Wird man einer von denen, die das System kontrollieren (oder hat man die Illusion, das System kontrollieren zu können), mit anderen Worten, wird man ein riesiges Geldventil, kann sich möglicherweise der Gott ändern; der GELDGOTT kann z.B. zum GOTT DER MACHT werden. Die Macht, das Leben von Hunderttausenden oder gar Millionen Menschen manipulieren zu können, erreicht ab einer gewissen Schwelle astronomische Proportionen. Solches wird mit politischen Mitteln, Zusammenschlüssen von Konzernen, Pakten zwischen Militärapparat und Geldmarkt oder durch Transaktionen großer Vermögenswerte erreicht.

Es treten gewisse neuartige Privilegien in Erscheinung, die es auf den primitiveren Stufen des Geldverkehrs nicht gab. Heute stehen einem die besten Unternehmensberater, Buchhalter und Anwaltsfirmen zur Seite. Man ist Teil der privilegierten Priesterschaft des GELDGOTTS. Man kann mit den anderen konkurrieren oder sich zusammenschließen. In der Öffentlichkeit tut man so, als stünde man im vollen Konkurrenzkampf, während man im Privatleben mit den anderen Priestern kooperiert. Sie geben einem Ratschläge, wie man seine Steuern am besten auf ein winzig kleines Maß reduziert, wie man sein Geld für die Nachkommen anlegt, und wie man möglichst nicht ins öffentliche Gerede kommt, sondern die Medien für den Dienst am GELDGOTT einsetzt.

Wer in dieses Glaubenssystem hineingeboren wird und darin aufwächst und ausreichend Geld zur Verfügung hat, der kann entweder der Verschwendung erliegen, oder sich in eine ganz andere Richtung entwickeln und eher zweckorientiert werden, wenn er erkennt, daß man noch so viel Geld haben, es aber nicht mitnehmen kann, und daß es ein Privileg ist, das ihm nur für die Zeit seines Erdenlebens verliehen wurde: Er kann einigen seiner Zeitgenossen seine Dienste anbieten. Wer nicht dem Zwang unterworfen ist, Geld zu machen, der kann es sich leisten, seine Hilfe in den Dienst einer würdigen Sache zu stellen. Er kann in die Politik gehen oder zur Caritas; er kann die Künste, eine Lieblingsschule oder eine Kirche (im üblichen Sinn) fördern. Einem Günstling des GELDGOTTS stehen weit mehr Alternativen offen als den Menschen auf der anderen Seite des Geldspektrums. Geld bedeutet nicht nur, Initiative ergreifen zu können; Geld ist buchstäblich ein Maßstab für die Zahl der Alternativen, die einem offenstehen, jedenfalls was die äußere und soziale Realität betrifft.

So weit ich weiß, wurde in den Vereinigten Staaten bis heute kein Geld dafür aufgewendet, den Einzelnen in seinen inneren Realitäten zu befreien. Klassischerweise beziehen sich die Berichte über die Leute, die Geld haben, nur auf deren äußere Realität. Ist die eigene Lebenssituation durch angehäuftes Kapital gesichert, wäre man frei für die Erforschung des Inneren, ohne die wahnsinnigen Gottesdienste in der GELDKIRCHE vollführen zu müssen.

Es gibt eine neue Generation wohlhabender Männer und Frauen, die die inneren Pfade gehen. Um ein nach innen gerichtetes Leben führen zu können, darf man sich auf keinen Fall zu stark in der Öffentlichkeit profilieren, sonst läuft man Gefahr, sich zu sehr in die Angelegenheiten der Welt zu verstricken. Man hat dann meistens große Schwierigkeiten, die Disziplin einzuhalten, die einfach nötig ist, um sich einem nach innen gerichteten Leben hingeben zu können. Manche der neuen Lebensstile lassen es zu, daß man jeden Tag für ein paar Stunden sowohl seinem Innenleben als auch seinem Außenleben nachgehen kann. Wer keine Geldsorgen hat, kann in seinem Leben helfen und unterrichten und die Suche im Inneren nach allen Möglichkeiten fortsetzen. Befindet man sich auf der Stufe des «Glückprogramms», wird man auch Glück programmieren. Befindet man sich auf der Stufe der Erforschung des inneren Universums, wird man das innere Universum erforschen. Ist man auf Lehren und Unterrichten geschaltet, lehrt und unterrichtet man, wen immer man mag, und wo immer man seine Schüler antrifft. Will man ein einflußreicher Guru mit einer Gefolgschaft werden, kann man auch das schaffen. Die Günstlinge des GELDGOTTS haben innere und äußere Alternativen, die weniger Begünstigte nicht haben.

Wem eine großartige Profilierung in der Öffentlichkeit und der Protest gegen das gegenwärtige System, was immer das sein mag, viel bedeutet, dem stehen heute wirklich Wege zum Reichtum offen. Die Vereinigten Staaten sind das einzige Land der Welt, in dem ein junger Rebell eine Schallplatte machen und mit ein paar Songs, die zur Rebellion gegen das Establishment aufrufen, Millionen Dollars verdienen kann. Dies ist eine neue und erfrischende Perspektive im heutigen Verhältnis zwischen Jungrebell und Gesellschaft. Robert Walder, ein bekannter Psychoanalytiker, hat einmal gesagt, daß «die Vereinigten Staaten das einzige Land der Welt mit einem eingebauten System konstanter evolutionärer Entwicklung sind, wo es keiner blutigen Revolutionen zur Veränderung der Struktur des Establishments bedarf.» Die amerikanische Verfassung ist ein Dokument, das für die Evolution eintritt und die Macht zwischen den verschiedenen Gruppen ausgleicht, weil der Zwang zur Veränderung in das System miteingebaut wurde.

Das System der Vereinigten Staaten ist ein lebender, wachsender Organismus, dessen einzelne Teile das Ganze nicht verstehen. Für die Betriebsamsten in diesem System ist Geld ein Mittel und kein Selbstzweck. Geld ist für sie kein GOTT, sondern ein Instrument, das für das Wachstum und die Veränderung der inneren und äußeren Gesellschaft nützlich ist. Die Dienstleistung ist ebenfalls zu einer massenproduzierenden Industrie geworden, angefangen bei Werbeagenturen über Software-Vertriebe bis hin zu den Sekten. Je mehr wir den minimalen Lebensstandard perfektionieren und es fertig bringen, daß immer mehr Menschen in diesen Zustand kommen, desto bedeutender werden die Software-Industrien. Je mehr unsere Materialproduktion von Computern kontrolliert wird, desto mehr wird der Bedarf an Software für den Menschen steigen. Je mehr Freizeit es geben wird, desto mehr wird die Nachfrage nach Dienstleistungen für den Freizeitmenschen wachsen.

Längst sind wir von den starren Ritualen der Kirchen desillusioniert. Die neue Software, im Gegensatz zu der der alten Kirchen, ist flexibler, anpassungsfähiger und viel interessanter. Ein Mensch mit der richtigen Software kann spektakuläre Dinge in seinem Inneren erreichen. Den Menschen zu sagen, wie sie mit den Dingen in ihren eigenen Köpfen umgehen können, ist ein Weg zu einer neuen Industrie, in der man Vermögen machen kann.

11.
Gott als selbstgerechter Zorn

Ich habe heute die Fassung verloren und mir gesagt, daß die Wut gerechtfertigt war. Ich habe die Gerechtigkeitsposition bezogen und meine Wut verbal ausgelassen. Glücklicherweise habe ich mir aus meiner Jugend die Gewohnheit bewahrt, wegzugehen, wenn ich wütend bin. Dadurch kann ich mich beruhigen und herausfinden, wo das Problem liegt.

Grundsätzlich scheint jeder von uns ab und zu in diesen eigentümlichen Zustand zu verfallen, der auch als Rage, Wut oder Zorn bekannt ist, und in dem wir in extremen Fällen bereit sind zu töten. In einem Gespräch mit Gregory Bateson, dem bekannten Anthropologen, fragte ich, ob es nicht eine Möglichkeit gibt, mit der jeder Einzelne dieses spezielle Überlebensprogramm analysieren und kontrollieren kann, das von unserem Biocomputer immer dann abgespult wird, wenn unsere Integrität, unsere Ganzheit, unsere moralische Sauberkeit bedroht sind. Ich sagte: «Ich selbst verliere auf diese Weise hin und wieder meine Fassung und bekomme dann eine Meta-Wut, d.h., ich werde wütend auf mich selbst, weil ich es zulasse, daß mein Ärger durch irgendwelche Umstände, andere Leute oder mein eigenes System, das mir sagt, was richtig ist oder nicht, erregt wird.» Gregory Batesons Antwort war: «Meiner Meinung nach gibt es keine Hoffnung, daß sich diese spezielle Äußerung im Betriebssystem der menschlichen Spezies korrigieren läßt.»

Wir einigten uns darauf, daß die Aktionen, die durch derartige Zustände ausgelöst werden können, eingeschränkt und isoliert werden müssen, wenn wir vermeiden wollen, daß sich derselbe Zustand bei Tausenden oder sogar Hunderttausenden Menschen gleichzeitig breitmacht. Diejenigen, die an den Hebeln der Macht sitzen, müssen lernen, daß sie ihren eigenen Ärger oder Zorn irgendwoandershin als in das System leiten. Die menschliche Spezies kann sich den GOTT DES SELBSTGERECHTEN ZORNS nicht mehr leisten.

Würden sich Zorn, Rechthaberei und moralische Sauberkeit als gottgleiche Simulationen ausbreiten, würde das heute zur völligen Zerstörung führen. Im Zustand äußersten Zorns stellen wir uns bisweilen die totale Zerstörung dessen vor, wogegen sich unser Zorn richtet. Eventuell programmieren und führen wir diese Zerstörung aus. Wir können das an anderen Menschen, Paaren, Gruppen beobachten, ebenso an Organisationen, Nationen und an den Vereinten Nationen. Eine Gruppe, die sich von außen bedroht fühlt, wird böse und schafft sich gleichzeitig die moralische Rechtfertigung. Mehr noch, eine solche Gruppe behauptet dann auch, «Mein Zorn geht von Gott aus. Ich habe recht, weil Gott hinter mir steht. Du bist eine Teufelsbrut. Ich muß dich vernichten, damit Gottes Werk weitergehen kann.»

Im wesentlichen handelt es sich dabei um ein sehr primitives Programm aus den untersten Gehirnzentren, deren Energien der Überlebenssicherung eines einzelnen Organismus dienen. Einem bedrohten Säugetierorganismus stehen mehrere Alternativen zur Verfügung. Zum Beispiel können hohe Energiemengen entstehen, die sich über den Muskelapparat einen Weg zu bahnen suchen. Tun sie das in Form eines tetanusartigen Krampfanfalls – eine fortgesetzte Kontraktion agonistischer und antagonistischer Muskeln –, beginnt der Organismus einzufrieren. Strömen diese Energien in die Muskelpartien, die zum Laufen eingesetzt werden, beginnt der Organismus davonzulaufen. Wenn es zu einem gezielten Angriff kommen soll, fließen sie in die Muskeln, mit denen man kämpft. Führen sie zu hoher sexueller Erregung, wird der Organismus den Koitus suchen. Zur Vermeidung all dessen könnte der Organismus einfach nachzudenken beginnen, moralisch werden und eine Kampagne anzetteln, um eine Gruppe dazu zu bewegen, beim Einfrieren, Kämpfen, Davonlaufen oder Koitieren zu helfen.

Ein derartiger Zustand ist ansteckend. Nichtverbale Stimulation anderer über eine der genannten vier Aktivitäten bringt die Gruppenaktion in einen hochenergetischen Zustand. Manche Leute in Machtzentren haben gelernt, wie man diesen Zustand in Gruppen auslösen kann. Am effektivsten ist es, wenn man das tut, was die Gruppe der Erwartung nach tun soll, «als ob» die Gruppe es ist, die zornig oder in einem hochenergetischen Zustand ist. Ein Problem dabei ist die Tatsache, daß man auf diese Weise schnell vom «als ob wahr»-Zustand in den «wahren» Zustand, von «als ob zornig» in den «zornigen» Zustand kippen kann. Auf diese Weise entfacht man nicht nur die Gewalt des Mobs, sondern beteiligt sich auch an ihr als ihr Führer.

Mohammed und die Seinen haben in drei Tagen achthundert Juden geköpft. Die Inquisition hat durch Verbrennen, Vierteilen, Strecken und andere Foltermethoden Tausende, die als Ketzer galten, getötet. Im Namen einer neuen

Rasse reiner Arier, die sich ein Urteil darüber erlauben konnten, wer zum Überleben taugte und wer nicht, vergasten Hitler und die Nazis sechs Millionen Menschen. Im Zweiten Weltkrieg bohrten sich die Kamikazepiloten des japanischen Kaiserreichs mit ihren Flugzeugen in feindliche Schiffe, in dem hehren Glauben, daß sie in den Himmel kommen, wenn sie dem Kaiser gegenüber ihre Pflicht erfüllen. Im Glauben, daß Leben von Millionen Amerikanern zu schützen, ordnete Truman den Abwurf zweier Bomben auf Japan an, wodurch Hunderttausende von Menschen umkamen; und so ließe sich das fortsetzen. Die Geschichte der menschlichen Spezies ist die Geschichte vom Zorn des Menschen, von seiner Wut, von seinen rationalen Begründungen für seinen Zorn, für seine Wut. GOTT ALS ZORN scheint unser Begleiter von Anfang an zu sein.

Gibt es Alternativen zu dieser Verehrung eines GOTTES DES ZORNS UND DER SELBSTGERECHTIGKEIT? Die Erforschung der Neuroanatomie und Neurophysiologie von Arten, die dem Stammbaum nach unsere Vorgänger zu sein scheinen, aber auch die Erforschung der Neuroanatomie und Neurophysiologie unserer eigenen Art liefern Erkenntnisse über die Organisation des Biocomputers und über jene Komponenten, die diese Art von Verhalten erzeugen. Fünf Jahre lang habe ich die Gehirne verschiedener Affen an vielen verschiedenen Reizorten mit Elektroden stimuliert; dabei suchte ich nach dem Substrat für Liebe und Haß, Schmerz und Lust, also für die Dichotomien unseres Verhaltens. Wie ich in diesen Studien herausfinden konnte, sind die negativ verstärkenden Systeme (typische Äußerungen sind Wut, Angst, Ekel und Abneigung mit allgemeiner Schmerzausbreitung über den gesamten Körper) sehr klein: sie liegen im Mittelbereich an der Basis des Gehirns und erstrecken sich von unterhalb der Frontallappen nach rückwärts bis ans Ende der Wirbelsäule. Verschiedene Teile dieser, wie wir sie nennen, «negativen Systeme» verbreiten Angst-, Wut- und Schmerzgefühle. Im Verhaltensmuster eines Affen gibt es keine sichere Methode zur Trennung von Angst und Wut. Wird zum Beispiel eine Region in der Nähe des Nucleus supraopticus im Vorderteil des Hypothalamus gereizt, nimmt der Affe Reißaus, wenn er kann. Ist er irgendwie angebunden oder eingesperrt, wehrt er sich. Gibt man ihm einen Gegenstand, mit dem er schmerzliche Erfahrungen gemacht hat, greift er diesen Gegenstand an. Wird das negative System über längere Zeit auf einer niedrigen Schwelle stimuliert, wird der Affe krank und wird schließlich sterben. Der gleiche Effekt tritt ein, wenn man dem Affen einen Schalter gibt, mit dem er die Reizung selbst ausschalten kann, sie sich aber danach immer wieder neu einschaltet.

In der Umgebung der negativen Systeme liegen jedoch die viel größeren und stärkeren positiven Systeme, deren Reizung der Affe gerne anschaltet (wohingegen er die Reizung eines negativen Systems abschalten möchte). Die positiven Systeme umfassen auch die sexuellen Bereiche, in denen man die Strukturen von sexuellen Lustgefühlen, Erektion, Orgasmus und Ejakulation angelegt findet. Die sexuellen Systeme gehören zu den positiven Systemen; sie finden von sich aus ein Ende, d.h., ein Affe, der die Stimulation immer weiter treibt, kommt zum Orgasmus, wird schließlich bewußtlos, schläft ein wenig, wacht wieder auf und wiederholt den Vorgang von neuem, und das bis zu sechzehn Stunden am Tag, bis er vor lauter Erschöpfung in tiefen Schlaf sinkt. In anderen Bereichen der positiven Systeme empfindet er in seinem Körper offensichtlich ebenfalls Wohlgefühle, die aber gegenüber den sexuellen abgeschwächt erscheinen. Abhängig vom Reizort des Systems, kommt es dabei zu einem allgemeinen psychischen Wohlbefinden entweder im ganzen Körper oder nur in einigen Körperabschnitten.

Wir konnten demonstrieren, daß es bei gleichzeitiger Reizung der negativen und positiven Systeme zu einem Zustand extrem hoher Energien kommt; der Affe, wird er bis zum Äußersten gereizt, kann einen schlimmen epileptischen Anfall erleiden. Werden beide Systemgruppen auf niedriger Schwelle gereizt, wird der Organismus total erregt, bis in einen Zustand extrem hoher Energie, was mitunter in einem unvorhersagbaren Verhalten resultiert. Vielleicht befriedigt sich der Affe dann selbst, oder er friert, oder er flüchtet, oder er wehrt sich, oder er macht sich energisch über große Mengen Futter her, die er innerhalb kurzer Zeit verzehrt.

Ich habe eine Technik entwickelt, wie man diese Elektroden so in das Gehirn einbringen kann, daß sie nur minimale Verletzungen verursachen und keinen neurologischen Eingriff erfordern. Diese Technik wurde von verschiedenen Neurologen angewendet, die Versuche an Menschen durchführten; diese Versuche bestätigten, was wir bei den Affen festgestellt hatten. Beim Menschen gab es allerdings noch eine andere Informationsquelle, die wir beim Affen nicht hatten – gemeint ist der subjektive Bericht der Testperson aus dem Inneren des zentralen Nervensystems, also der Bericht über den Bewußtseinszustand, der sich infolge der Reizung der positiven oder negativen Systembereiche eingestellt hatte. Was wir zuerst beim Delphin festgestellt hatten, fanden wir auch beim Menschen vor: die große Hirnrinde jeder der beiden Spezien kann diese Reaktionen und Verhaltensweisen viel besser kontrollieren als der kleine Cortex der Makaken. Ein Mensch würde demnach Wut empfinden, aber auch Anzeichen der Kontrolle zeigen – beispielsweise Schüttelzustände, Zittern, weit aufgerissene Augen – und seine Wut nicht unbedingt in sein Handeln übergehen lassen.

Die Delphine, die wir in den negativen Systemen reizten, verhielten sich genauso wie die Menschen, d.h., sie kontrollierten, wie sich das System äußerte, so daß es nicht unbedingt zu einer Kurzschlußhandlung in einer der fünf Muskelaktionstypen kommen mußte. Bei größeren Gehirnen als dem menschlichen (das des Pottwals ist sechs Mal größer als unseres) haben wir festgestellt, daß dieser zusätzlich größere Teil vor allem in den stillen Regionen des

Großhirncortex anzutreffen ist, also in den Regionen, die uns von Schimpansen und Pottwalen unterscheiden. Wie die Geschichte des Walfangs im vorigen Jahrhundert zeigt, haben Wale in ihrem Gehirn sogar eine bessere Kontrolle über die niederen Systeme als die Menschen oder die Delphine. Von hunderttausenden getöteten Walen in den frühen Jahren des 19. Jahrhunderts wurden nur sechs Fälle bekannt, in denen ein Pottwal seine Fassung so sehr verlor, daß er das Schiff, von dem aus die Harpunen gegen ihn abgeschossen wurden, zerstörte. Wut in einem derart riesigen Organismus muß ein furchterregendes Schauspiel sein; Melville hat es in seinem Buch «Moby Dick» beschrieben. Er bezog sich in seiner Geschichte auf einen echten Wal namens Mocha Dick. Als man Mocha Dick schließlich gefangen hatte, fand man in ihm die Eisen von sechs Walfangschiffen; zwei der Segelschiffe, die ihn jagten, wurden von ihm versenkt. In diesem Jahrhundert gibt es solche Vorfälle nicht mehr; die Schiffe sind heute aus hartem Stahl gebaut, und man schießt die Harpunen aus sicherer Entfernung. Eine etwaige Gegenwehr des Wals bleibt daher ohne Folgen für die Fangschiffe und ihre Besatzungen. Die Wale haben das offenbar erkannt, denn diese Art Schiffe greifen sie überhaupt nicht mehr an.

Der große Cortexumfang, der die niederen Systeme zurückhält, führt dazu, daß diese Spezies nicht überlebt. Der Mensch mit dem kleineren Cortex merzt überlegenere Gehirne auf diesem Planeten aus, bevor er überhaupt die Chance wahrnimmt, Kommunikation oder eine andere Form von Anteilnahme mit diesen riesigen Entitäten zu versuchen. Unsere selbstgerechten Überlebensrituale suchen den Krieg gegen andere Spezies und ihre Ausrottung. Wir rechtfertigen unsere Vorgehensweise mit unserer Position; wir tun einfach so, als ob die Gehirne der anderen Spezies zweitklassig wären und ihr Geist dem unsrigen weit unterlegen. Was wir nicht verstehen, töten wir mit dem gleichen selbstgerechten Anspruch, mit dem wir Krieg gegen uns selbst führen. Offenbar tendieren wir dazu, unsere Rasse dadurch zu sublimieren, daß wir den Krieg gegen andere Organismen als erregendes Abenteuer darstellen. Wir sind sehr erfolgreiche Jäger geworden, die in großen Gruppen koordiniert und konzentriert vorgehen.

Wie bereits erwähnt, nimmt die Kontrolle des Großhirns über die niederen Gehirnzentren in Relation zum Gehirn-Umfang zu. Es findet offenbar eine Selektion nach Gehirngrößen statt, wenigstens bei der menschlichen Spezies, d.h., wir bringen die Menschen einfach um, deren Gehirn so groß geworden ist, daß sie Wut und selbstgerechtes Verhalten unter Kontrolle halten können. Auf der anderen Seite merzen wir auch die aus, die ein kleineres Gehirn haben und ihrer spontanen Wut freien Lauf lassen. Wir erstellen einfach eine Kurve, die die Verteilung der Gehirne repräsentiert und uns sagt, daß die meisten von uns Gehirne haben, die weder zu groß sind, um Wut und ihre Folgen zu unterdrücken, noch zu klein, um impulsives Verhalten zuzulassen. Die Gehirngröße, die zwischen diesen beiden Polen liegt, wird für optimal gehalten. Diese mittelgroßen Gehirne bestimmen durch gruppenaktive Prozesse, wer überleben soll. Ich selbst habe es erlebt, wie viele Männer und Frauen mit großen Gehirnen von mittelgroßen Gehirnen «kaltgestellt» worden sind. So etwas passiert in Regierungen wie in jeder anderen großen Organisation; nur gelegentlich gelingt es einem großen Gehirn, diesem Schicksal zu entkommen.

Während meiner medizinischen Ausbildung habe ich viele kleine Gehirne gesehen, die gerade zur Welt gekommen waren; man ließ sie einfach ersticken. Ich habe auch gesehen, wie andere kleine Gehirne in Anstalten gesteckt wurden, um die übrige Bevölkerung vor ihrem «impulsiven Verhalten» zu schützen. Wegen der zu kleinen Gehirnrinde können die Mikrozephalen die Vorgänge ihrer negativen und positiven Systeme nicht unter Kontrolle halten; äußert sich ihr unkontrolliertes Verhalten in der Öffentlichkeit, entledigt man sich ihrer sehr rasch. Wenn sie sexuell reifer werden, vergewaltigen sie wahrscheinlich jemanden oder bringen jemanden sofort um, wenn sie in Wut geraten.

Einen mittelgroßen Cortex so umzuprogrammieren, daß er die negativen und positiven Systeme ausgewogen kontrollieren kann, ist nicht unmöglich, aber die schwierigste Programmieraufgabe, die sich der Mensch je stellen kann. Ich bin nicht sehr optimistisch, daß ich es erleben werde, wie der GOTT DES ZORNS UND DER SELBSTGERECHTIGKEIT eliminiert wird. Im Gegenteil, dieser Gott kann uns eliminieren. Ein Teil von mir hofft, daß das nicht passiert. Ein anderer Teil dagegen sagt mir, daß, würde man mich töten, meine Essenz frei wäre, um anderswohin zu reisen.

12.
Gott als Mitgefühl

Im klassischen Sinn schließt die Liebe zu GOTT Mitgefühl mit ein. GOTT IST LIEBE wird von vielen für menschliches Mitgefühl gehalten und allzuoft mit sozialer Moral verwechselt. Im Namen dieser sozialen Moral interpretiert man sein Mitgefühl so, daß es zu einer missionarischen Aufgabe wird, das Glaubenssystem eines anderen zu ändern, als ob das, was man selbst für wahr hält, wirklich wahr sei. Mitgefühl wird auch mit Mitleid und Sentimentalität verwechselt. In Wirklichkeit kann die höchste Form von Mitgefühl so aussehen, daß man einem anderen Menschen jede Art von direkter physischer Hilfe vorenthält, die ihm eine schmerzliche Erfahrung ersparen könnte; mit anderen Worten, man leistet keine Hilfe, in der Absicht, daß dieser Mensch nie wieder nach einem besonderen Programm handeln muß. Die besten Lehrer wissen, daß Mitgefühl Schmerzen nicht verhindert, sondern daß der Schmerz Lehrmeister sein kann. Natürlich kann das, bis zum Extrem getrieben, auch zerstörerische Ausmaße annehmen. Unser GOTT DER LIEBE kann uns in den Krieg gegen die führen, die nicht lieben, was wir lieben.

Es sieht so aus, als würden zwei Hauptmerkmale der menschlichen Spezies ihr Überleben sichern. Das eine ist das Vorhandensein eingebauter Reproduktionssysteme im Körper und Gehirn zur positiven Verstärkung der Lust, die im allgemeinen «sexuelle Systeme» genannt werden und im Kapitel «GOTT ALS ORGASMUS UND SEX» besprochen wurden. Beim zweiten großen Merkmal handelt es sich um eine Qualität, die sich erst mit wachsendem Alter zu entwickeln scheint. Während des Altersprozesses wird aus der polymorphen Lust eines nach Zärtlichkeit und Liebe verlangenden Kindes allmählich eine gefühlsmäßige Bindung an diejenigen, die die notwendige Hingabe aufbrachten. Schließlich erhält diese Bindung in der pubertären Phase ein sexuelles Vorzeichen, und wenn die Reifung abgeschlossen ist und man selbst Kinder produziert, erkennt man langsam, daß Sentimentalität und Mitleid zu einem gefälligen Gefühl werden, das komplexer, kalkulierbarer und weniger egozentrisch ist; dieses Gefühl nennen wir «Mitgefühl».

Für das Wohlergehen der eigenen Gruppe(n) ist das Mitgefühl ein sehr komplexer Gradmesser. Mitgefühl kann den nächsten Verwandten, dem Geschäftspartner, den Kunden, Klienten oder Patienten gelten, ebenso den Wählern, dem Staat, der Nation oder der ganzen Menschheit entgegengebracht werden. Mitgefühl kann vom Mikrokosmos der unmittelbaren Beziehungen zu denen, die man liebt, auf den Makrokosmos des gesamten Universums ausgedehnt werden. Je weiter sich in einem Mitgefühl entwickelt, desto mehr erkennt man, daß mitfühlende Anteilnahme nicht unbedingt bedeutet, anderen Freude zu bereiten.

Schmerz zuzufügen, ist für manche weniger ein Lehrmittel, sondern mehr ein Mittel zur Erlangung sadistischer Freuden. Die Grenze zwischen Mitgefühl und Mitleid, Sentimentalität, Sadomasochismus etc. ist hauchdünn. Viele verstehen unter Mitgefühl Mitleid, d.h., sie nehmen sich des Unterdrückten an, weil er/sie/es unterdrückt ist. Für manche kann es ein unbewußter machiavellistischer Machttrieb sein, wenn sie sich eines Anderen so annehmen, daß er abhängig wird und dadurch unterdrückt bleibt. Zu dieser Kategorie gehören oft die, die «es gut mit einem meinen».

Mitgefühl kann mit Sentimentalität verwechselt werden, die eine besonders seltsame Bindungsform zu sein scheint, bei der die Beziehung zu jemand anderen entsexualisiert, also der Lust beraubt ist. Dabei steht die Bindung in Zusammenhang mit irgendetwas aus der Vergangenheit – mit einer vergangenen Liebe, mit einer in angenehmer Erinnerung gebliebenen Zeit usw. Der Trödel der unverheiratet gebliebenen Tante, der Oldtimer des Autonarren, die Bibel oder ein anderer traditioneller Text, alte Bücher, historische Dokumente, Museen zeugen von Sentimentalität.

Wenn man so will, ist ein Museum eher eine politische Institution als eine Fundgrube für die eine oder andere Kultur und ihre Menschen. Wenn wir in die Museen der größeren Städte gehen, sehen wir nicht nur Teile einer zurückliegenden Epoche der Menschheit, ein Stück Natur oder andere Dinge, sondern auch die Sentimentalität, die hinter allem steckt. Hinter den Anekdoten und Geschichten, die sich um jedes Exponat im Museum ranken, verbergen sich Dogmen, Urteile und Glaubenssysteme, die im wesentlichen auf den Sentimentalitätsgehalt hinweisen, der den Museumskuratoren und Treuhändern, Künstlern und Sponsoren mit ihren Exponaten aus Kunst, Wissenschaft, Archäologie oder anderen Bereichen eigen ist. Im Museum of the American Indian kann man sich Aufschluß über die Lügen verschaffen, die die Weißen bezüglich der

Probleme der Indianer konstruieren. In einem Museum für die aztekische Kultur kann man anhand der Phantasien über diese Menschen erfahren, welche Haltung man in der Gegenwartskultur gegenüber den Azteken pflegt. Ein Museum für Ägyptologie kann viel darüber aussagen, welche Vorurteile bezüglich des altertümlichen Ägyptens heute in unserer westlichen Welt kursieren. Praktisch alle mir bekannten Leute, die irgendetwas mit Museen zu tun haben, sind im Grunde Sentimentalisten; sie hängen irgendwie an der Vergangenheit, heften sich mit Vergnügen und ununterbrochener Aktivität daran, widmen sich der Zurschaustellung von Artefakten aus der Vergangenheit für die, die gleich sentimental sind.

Während meiner zahlreichen Besuche in naturgeschichtlichen Museen habe ich auch viele Ausstellungen über Wale, Delphine und andere Tiere gesehen. Es ist wirklich unfaßbar, welche Fabelwelt, welche moderne Mythologie man mit diesen Tieren in solchen Ausstellungen aufbaut, was viel Liebe und große Mühe abverlangt. Die einzigen Museen, die ich gesehen habe, auf die das nicht zutrifft, sind die «Betriebsmuseen», wie ich sie nenne – zum Beispiel medizinische Museen, technische Museen –, die den technischen Aspekten der modernen Gesellschaft gewidmet sind.

Auch die Werbebranche bedient sich der Sentimentalität. Besonders in der Werbung für Luxusartikel fällt einem der sentimentale Grundzug auf, indem auf Erinnerungen und Gefühle des Käufers angespielt wird. Hat sich jemand mal gefragt, warum in den Sozialvierteln so viele Gebraucht-Straßenkreuzer herumstehen? Selbst wenn diese Autos auseinanderfallen, genießen sie in einer solchen Umgebung einiges Ansehen. Hast Du Dich je gefragt, warum manche Menschen so teure Preise für Antiquitäten bezahlen? Antike Möbel, antike Autos – antik läßt sich beinahe alles verkaufen. Bindungen an die Vergangenheit sind «in» und gut zu verkaufen.

In zahlreichen Kliniken, in denen ich gearbeitet oder die ich besucht habe, habe ich Sentimentalität und Mitleid als oberflächliche Ausdrucksform von Personal, Verwandten der Patienten, aber auch von den Patienten selbst gesehen. Echtes Mitgefühl findet man in einem Krankenhaus bei den Fachleuten, die jeden Tag mit Krankheiten und Therapieaufgaben konfrontiert sind; sie haben sich daran gewöhnt, daß sie Routiniers sind. Aber auch Routiniers können in eine Falle tappen. Es gibt viele Ärzte, die ihr Mitgefühl als Handwerk verstehen und in Beziehung zum Honorar setzen und bisweilen exorbitante Preise verlangen (oftmals für hervorragende Behandlung). Ihr Lebensstandard ist seit ihrer Studentenzeit derart gewachsen, daß die meisten zu den wohlhabensten Leuten ihrer Gemeinde gehören. Aus beruflichen Gründen verband man den GELDGOTT mit dem GOTT DES MITGEFÜHLS.

Einmal wurde ich nach meinen besten Freunden gefragt. Ohne lange nachzudenken, sagte ich: «Unter anderem die Ärzte.» Der Grund ist wahrscheinlich, weil auch ich eine Arztausbildung abgeschlossen habe. In dem, was ich weiß und was ich nicht weiß, korrespondiere ich sehr eng mit diesen Leuten. Ärzte und Schwestern scheinen mich besser als jede andere Berufsgruppe zu verstehen. Ich habe die medizinische Fakultät besucht, weil ich mit der menschlichen Spezies Mitleid, aber auch Mitgefühl hatte. Während meiner Ausbildungszeit erkannte ich, daß Mitgefühl in höchster Form nicht darin besteht, einzelne Kranke zu behandeln und zu heilen, sondern neue Behandlungsmethoden für die Zukunft zu erforschen. Aus diesem Grund ging ich in die Forschung. Damals hieß mein Gott MITGEFÜHL, und er drückte sich durch meinen Hang zur Erforschung der Zustände unter den Bedingungen von Einsamkeit, Isolation und Abgeschlossenheit, zur Erforschung der Motivationssysteme mit Gehirnelektroden, der Ausbreitung der Nervenaktivität und -energie in der Gehirnrinde usw. aus. Ohne meine Entwicklung zu kennen, läßt sich Mitgefühl, wie es ich verstehe, nicht ausüben; ohne Verständnis meiner Lebensgeschichte bleibt Mitgefühl möglicherweise eine hohle Empfindung, ohne das komplexe Verständnis, das echtes Mitgefühl verlangt.

Aus diesen Überlegungen resultiert für mich manchmal das Gefühl, mein Mitgefühl am besten dadurch zum Ausdruck kommen zu lassen, daß ich mein Wissen durch Schreiben meiner Bücher mitteile, damit andere daraus lernen können. Das bedeutet, daß ich oft eigene Befriedigungen auf unbestimmte Zeit aufschiebe, manches Mal auch enttäuscht werde, weil die Bücher nicht gelesen oder nicht verstanden werden. Manchmal ist die Reaktion des Lesers alles andere als ein Ausdruck seiner Empathie. Ein anderes Mal werden die Bücher von einer verständnislosen Kritik verworfen oder von einem hypersentimentalen Enthusiasten in den Himmel gelobt. Der echt mitfühlende Leser ist der lernende Leser. Seine mitempfindende Teilnahme ergänzt sich mit der meinen so sehr, daß es zur Übermittlung weiterer Ideen kommt und wir miteinander kommunizieren. Ohne wirkliches Mitfühlen auf beiden Seiten wäre dies nicht möglich. Andere, die ein ganz anderes Glaubenssystem haben als ich, bemitleiden mich vielleicht, weil ich so ein Buch schreibe. Wahrscheinlich hegen manche auch einen selbstgerechten Zorn gegen mich, weil sie den GOTT DES SELBSTGERECHTEN ZORNS haben. Oder man versucht, meine Ideen zu Geld zu machen, wenn sie vermarktbar sind. Wie wir miteinander umgehen, ist dadurch vorgeschrieben, wen und was wir zu unserem Gott machen.

Wir neigen dazu, unser Mitgefühl auf das Universum zu projizieren, besonders, wenn wir in einer Zwangslage oder Gefahr sind. Wir nehmen dann an, daß es im Universum Verständnis für unsere Situation gibt und irgendjemand uns irgendwie erkennt und errettet. Diese Sichtweise wird in Arthur C. Clarks kurzem und herrlich geschriebenen Roman *Childhood's End* (2) dargestellt. Darin wird die ERDE von einer höheren Macht aus dem Weltraum entdeckt und unterworfen, wobei alle Probleme der Menschheit mit echter, unverfälschter

Macht und echter, unverfälschter Empathie gelöst werden. Ich möchte Dir die Geschichte nicht weiter dadurch vermasseln, daß ich Dir erzähle, wie diese fremde Macht ihre Empathie schließlich manifestiert. So viel aber sei verraten: Als Folge dieses Ereignisses entstehen auf der ERDE Wesen, die dem heutigen Menschen weit überlegen sind; die Menschen werden in Ruhe gelassen, und sie haben nichts mehr, wofür es sich zu leben lohnen könnte. Dies ist eine der extremsten Formen von Empathieäußerung, die zudem auf sehr ungewöhnliche Weise ausgedrückt wird.

Wenn ich in die weitest entfernten Räume vorstieß, die ich mir vorstellen konnte, merkte ich an mir selbst, wie ich nach Empathie im Universum suchte, nach LIEBE, nach GÖTTLICHER GNADE, nach BARAKA. Ich weiß nicht, ob es solche Empathieströme unabhängig von meinen Projektionen im Universum gibt. Wenn ja, dann braucht man sehr viel geistige Disziplin, um sich auf diese Ströme einzustellen, die in gewisser Weise Glück und Segen bringen. Franklin Merrel-Wolff beschreibt in seinem Buch «Pathways Through To Space» den Zustand, wenn man diese Ströme empfängt. (3) Seine Beschreibung vom Nirvana, Ananda, stimmt mit dem klassischen Standpunkt des Baraka, der GÖTTLICHEN GNADE, überein, die herabfließt, uns durchdringt und in besondere Bewußtseinszustände versetzt.

Generell kann man sagen, daß die göttliche Empathie mit diesen Zuständen assoziiert ist. Ich selbst bin in diesen Räumen gewesen, und trotzdem weiß ich nicht, ob es nicht noch mehr gibt. Vielleicht belohnt man sich damit selbst, vielleicht ist es auch eine kosmische Belohnung, die der Mensch in solchen Augenblicken erfährt. Aber ich glaube nicht, das es das Letzte ist, was wir erleben können. Wenn man lange Zeit in diesen Räumen gelebt und ihre Grenzen erkannt hat, kommt man in Räume, in denen der von Merrell-Wolff beschriebene Zustand der «Erhabenen Gleichgültigkeit» herrscht. Dort ist man jenseits von Dichotomien, Empathie, Glück, jenseits von Form oder Formlosigkeit, jenseits von Leere, von fehlender Leere, und dennoch handelt man, träumt man, ist man bewußt. Man kommt auf diese Weise in Regionen, in denen eine grenzenlose Autorität erfahrbar wird, die absolut unteilbar, objektiv und kreativ ist und über die Schöpfung hinausgeht, die nur ein Unterbau dieser Autorität ist.

In diesem Zustand empfinde ich die höchste Empathie. In diesem Stadium kann man, wenn man will, auf der Erde im Geist des Tao, Dharma, der GNADE GOTTES, in GLÜCKSELIGKEIT wandeln, aber auch im hochgradigsten Schmerz, wenn einem der Sinn danach steht. All das macht einem nichts aus. Man steht darüber oder außerhalb davon. Man tut so, als sei man selbst das Universum. Man beobachtet seine eigenen Operationen auf einem sehr kleinen Planeten in einer kleinen Galaxie in irgendeiner Ecke des Universums.

Für mich liegt Empathie in einer gottgleichen Teilnahmslosigkeit und doch auch in einer gottgleichen Anteilnahme. Alles IST – auf Ewigkeit. In den unteren Ebenen des GOTT ALS MITGEFÜHL-Systems erreicht man Stadien, von denen man im aktuellen Moment glaubt, sie seien die letzten, die man erreichen kann. Aber sofort erblickt man die Unendlichkeiten dahinter, die über das geistige Auffassungsvermögen des Menschen hinausgehen. Trotzdem dringen manche Menschen in diese Regionen vor.

Überbetonte Aversions-/Zuneigungsgefühle sind die Folge einer Translokation «Erhabener Gleichgültigkeit» in die allgemeinverbindlichen Realitäts-/Bewußtseinsstadien.

13.
Gott als Krieg

Die Ursachen von Kriegen sind vielfältiger und bisweilen unbekannter und obskurer Natur. Im allgemeinen reichen sie so weit in die Vergangenheit zurück, daß die Kriegführenden gar nicht verstehen, was sie auf den Weg der Zerstörung gebracht hat. Im Kapitel «GOTT ALS SELBSTGERECHTER ZORN» haben wir ein paar Kriegsursachen gesehen, die auf eine bestimmte Moralanschauung zurückgehen. «Mein Glaube ist vollkommen, und weil du nicht glaubst, was ich glaube, bist du im Irrtum. Also muß ich dich von der Richtigkeit meines Glaubens überzeugen. Wenn du nicht glauben willst, was ich glaube, muß ich Gewalt anwenden.»

Sieht man sich die Götter der Kriegführenden genau an, kann man Programme, Metaprogramme und Strategien erkennen, die von den Glaubensanschauungen abhängen, die zu Kriegszeiten gelten. Krieg basiert auf einer merkwürdigen Sicht des Universums: Um zu schaffen, muß man zerstören. In Wirklichkeit hat kein Krieg je den Beweis dafür erbracht, daß er eine kreative Lösung ist.

Einige würden einen Krieg anfangen, um Profit zu machen, andere, weil sie riesige militärische Investitionen gemacht haben, oder weil sie ihre Industrien am Laufen halten wollen. Für eine große Industrie ist Krieg nützlich, weil dadurch die Produktion angekurbelt wird. Die Zerstörung durch Krieg ist so wirkungsvoll, daß die Industrie auf einem nahezu unbegrenzten Markt ohne die aus der Produktsättigung entstehenden Probleme operieren kann. Krieg ist eine Garantie dafür, daß unaufhörlich neues Geld in die industrielle Entwicklung fließt, damit man den Feind noch effektiver vernichten kann. Natürlich muß auch der Feind in die neuen Techniken eingewiesen werden, damit der Krieg nicht zu schnell zu Ende geht.

GOTT ALS KRIEG, KRIEG als ein Instrument GOTTES, so wie es die Bibel erzählt, also Krieg im herkömmlichen Sinn, ist mit der modernen Kriegführung nicht zu vergleichen, bei der auf einen Schlag mehrere hundert Millionen Menschen betroffen werden. Die alten KRIEGSGÖTTER sind für die moderne Gesellschaft zu klein. Jahve, Baal und Moloch, Ra, Kali, Huitzilopochtli und Tezcatlipoca, jene beiden Kriegsgötter der Azteken, und alle philosophischen Systeme mit ihnen, sind viel zu klein geworden.

Aus den Berichten über die spanische Invasion in Mexiko geht hervor, wie klein die beiden Systeme waren, die damals miteinander kollidierten. Die christlichen Repräsentanten der Inquisition drangen in die aztekische Kultur ein und übernahmen sie auf der Grundlage der von den Azteken geschaffenen Mythen. Die Azteken sagten voraus, daß ein blonder weißer Gott über das Meer kommen würde. Um das Götterpaar zu besänftigen, wurden Menschen geopfert. Die Azteken glaubten nämlich, dieses Götterpaar würde das Universum vernichten, wenn die Mythenträger keine Menschenopfer brachten. Mit der Ankunft der Spanier begann ein «heiliger» Krieg. Die Spanier glaubten, daß die Mayas ein unheiliges Volk waren. Man brachte Priester mit, Inquisitionsinstrumente, Waffen und eine machiavellistisch gehandhabte Machtpolitik, um sich so ans Werk zu machen, nicht nur die alten Kulturen der Azteken und Mayas, sondern auch die vieler anderer Indianervölker zu zerstören. Auf jeder Seite regierte der GOTT DES KRIEGES. Die Spanier waren mit selbstgerechtem Zorn gekommen, und als die Azteken sie sahen, hielten sie sie für Götter. Einen Gewinner gab es nicht.

Hätten die Spanier oder Azteken über atomare Energie verfügt, wäre wahrscheinlich der Planet damals schon sterilisiert worden. Wir können uns GOTT ALS KRIEG nicht mehr leisten; unsere Zerstörungskräfte sind gottgleich geworden.

Der Grundsatz, «Wir haben recht, die anderen nicht», muß als Wahnsinn angesehen werden. Statt Gewalt anzuwenden, müssen wir verhandeln; wir sind aufgefordert, völlig konträre Glaubenssysteme nicht mit Machtmitteln, sondern mit den Mitteln der Kommunikation in Übereinstimmung zu bringen. Wir müssen die Sprachbarrieren auf der Welt nicht nur überwinden, sondern völlig über den Haufen werfen. Die Glaubensbarrieren auf der Welt müssen bis ins Triviale verkleinert werden, die modernen Technologien dazu eingesetzt werden, das Wissen aller Völker auf diesem Planeten zu entwickeln. Nationale Sicherheitsinteressen und Grenzen müssen auf bilateralem Weg abgeschafft werden. Die Machthaber müssen der selbstgerechten Moral und dem damit verbundenen Zorn gegen andere abschwören.

Dies mag idealistisch und total falsch klingen. Vielleicht werden Kriege geführt, weil die Menschen die Befehle dazu von höherentwickelten Zivilisationen, die uns um Hunderte, Tausende oder gar Millionen Jahre voraus sind, empfangen. Vielleicht sind Kriege auch Versuchsstadien, um neu entwickelte Waffensysteme zu testen, die dann an anderer Stelle eingesetzt werden sollen. Vielleicht ist Krieg der höchste Zustand, den der Mensch erreichen kann. Vielleicht ist die gegenseitige Zerstörung, so kurzsichtig sie auch sein mag, nötig, um andere Entitäten freizusetzen, die irgendwo in unserer Galaxie oder im Universum gebraucht werden. Wenn wir wollen, daß das GOTT ALS KRIEG-Programm fortbesteht, brauchen wir derartige Glaubenssysteme nur allen Völkern beizubringen. Man könnte z.B. erklären, Amerikaner und Chinesen müßten ihre militärische Forschung vorantreiben und neue Kriegsmaterialien in wirklichen Kriegen austesten, um Superwaffen entwickeln zu können, die man eventuell gegen einen Überfall von Außerirdischen braucht.

Vielleicht ist es auch so, daß die Schreie der Sterbenden, der Schmerz, der Terror, die Angst vor Krieg nötig sind, weil sie Energie sind, die an anderen Orten in unserer Galaxie gebraucht wird.

Vielleicht ist die Erde auch nur eine Versuchsstation für andere Wesen, um zu testen, wie verschiedene Organismen in hochenergetischen Stadien reagieren. Vielleicht müssen diese fremden Laborleiter ab und zu irgendein destruktiv antibiotisch wirkendes Aktivitätsmittel über uns – die Bakterien sozusagen – ausschütten, um unsere Zahl in Grenzen zu halten. Vielleicht haben sie in uns sogar Formeln implementiert, damit wir uns als Bakterien selbst vernichten. Vielleicht sind wir wirklich nur Bakterien in einem Labor, das andere auf diesem Planeten eingerichtet haben, und leben als solche nach ihren Anweisungen. Vielleicht sind mit diesen Instruktionen auch Beobachtungsaufgaben gekoppelt, wie Organismen mit unserer Gehirngröße sich gegenseitig möglichst effektiv umbringen können. Vielleicht implementieren irgendwelche supra-extraterrestrischen Wesen in uns Ideen von GOTT, vom Teufel, von Propheten, von Macht, von aufgeblasenen Egos, von megalomanischen Glaubenssystemen, um ein paar Laborspielchen mit uns zu treiben.

Vielleicht sind wir auch nur Simulationscomputer unter dem Kommando sehr viel größerer Computer, die uns kontrollieren; vielleicht simulieren wir einen Krieg, den sie unter sich selbst ausführen. Vielleicht haben sie sich auch geeinigt, für die eine oder andere Seite auf diesem Planeten Partei zu ergreifen und so die eine und andere Seite zu kontrollieren. Diese kleineren Götter der Weltraumkriegsspiele bleiben von uns unentdeckt, weil wir im posthypnotischen Trancezustand den Befehl empfangen, zu vergessen, daß wir unter Befehl stehen. Ihr Befehl lautet vielleicht: «Wenn du wach wirst, tue, was wir dir aufgetragen haben, und vergiß, daß du unsere Befehle im Schlaf bekommen hast.»

Paranoia ist ein zweiseitiges Phänomen. Wir vergessen, daß Paranoia die megalomanische Arroganz einschließt, Mittelpunkt des Universums zu sein.

Dieser Zustand könnte sehr leicht von ihnen in uns einprogrammiert worden sein. Die andere Größe, die man braucht, um einen Krieg auszulösen, ist Angst, und Angst läßt sich leicht hervorrufen, weil sie in unserem Biocomputer als Überlebensprogramm eingebaut ist. Viele Ereignisse können Angst auslösen, einschließlich der Naturkatastrophen. Es genügt ein Taifun, der über die Erde fegt, oder ein Erdbeben oder ein solarer Feuerwind, dessen Partikel die Erdatmosphäre treffen, wodurch sich der Stimmungszustand aller Kreaturen auf der Erde, einschließlich des Menschen, verändern würde, oder eine geheime Information, die in die Machtzentren der Welt gefunkt würde, daß der Feind bereits auf der anderen Seite lauert – also los, töte ihn.

In der Vergangenheit wurde die Verantwortung einfach in den Kosmos projiziert und Gott genannt. Heute müssen wir schon fast an Science-Fiction grenzende Operationen durchführen, um die gleichen Resultate zu simulieren. In uns eingebettet ist die selbstgerechte Wut über unsere eigene Angst, unsere eigene Megalomanie, unsere eigene Arroganz. Wenn wir genügend Wutenergie haben, um zu töten, ist es an der Zeit, aufzuhören, sich zurückzuhalten und herauszufinden, welche Teile unseres Programms in diesem Augenblick biologisch, welche durch Kommunikation mit anderen über noch unbekannte Kanäle und welche von Gruppen unseresgleichen und durch bekannte Kommunikationswege mit anderen Menschen auf dieser Welt determiniert sind. Die «Zerstöre, um neu zu schaffen»-Simulation muß entweder aufhören oder bis zum Äußersten, d.h. bis zur totalen Vernichtung getrieben werden, um irgendwoanders völlig neu zu beginnen.

Wenn es einen Teil in uns gibt, der die Zerstörung des menschlichen Körpers überlebt, wo geht er dann hin, wenn der Körper tatsächlich vernichtet ist? Irgendwoandershin im Universum? Oder bleibt er hier? Diffundiert er im objektfreien Bewußtsein? Oder wird er zu einem Geistwesen, das in einer selbstgeschaffenen Hölle lebt? Vielleicht müssen wir jeden Gedanken an ein Weiterleben nach dem Tod, an eine Erlösung der Seele aufgeben. Vielleicht brauchen wir ein Glaubenssystem, das uns sagt, «Wenn ich im Krieg sterbe, ist es mein Ende; dann gibt es keine Hoffnung, daß meine Identität über dieses Leben hinaus fortgesetzt wird.» Ein solches Glaubenssystem könnte dem vielleicht einen Riegel vorschieben, daß wir in den Krieg ziehen oder uns durch andere Gewalttaten töten.

Vielleicht sind wir in Kriege gezogen, weil wir an unsere Unsterblichkeit glaubten; vielleicht sind wir ausgezogen, um andere zu töten, weil wir glaubten, sie würden sowieso weiterleben. Offensichtlich aber haben wir unser Gefühl für das, was heilig ist, verschwendet. Wir haben heilige Gefühle für Illusionen aufgegeben. Vielleicht sollte jeder Mensch als Gott aufgefaßt werden und nicht als Ziel selbstgerechten Zorns. Vielleicht sollte jeder von uns Simulationen von Gott, der größer als, aber genauso voreingenommen wie der Mensch ist, aufgeben. Würden die Mittel einer Nation der Idee, daß jeder Mensch heilig, daß jeder Mensch ein Gott ist, zugeführt werden, könnten wir den Krieg schneller als auf jede andere Weise abschaffen, insbesondere, wenn die Militärausgaben auf dieser Welt für andere Zwecke, beispielsweise für das Überleben und die Bildung jedes Menschen, verwendet würden.

14.
Gott als Wissenschaft

Die Wissenschaft in der westlichen Welt hat zwei Hauptursprünge. Der eine liegt in der Astronomie und Kosmologie, mit Galilei, Brahe, Kepler, Newton und Einstein als Bahnbrecher. Die Vorstellungen und Beobachtungen dieser Männer brachten es zutage: Die Erde ist nicht das Zentrum unserer rotierenden Galaxie. Sie zeigten, daß der Planet Erde die Sonne umkreist, und die Sonne ihren eigenen Gang innerhalb der Sterne unserer Galaxie nimmt.

Diese Ideen warfen die dogmatische Kosmologie der frühen Kirche über den Haufen. Das neue Wissen, experimentell und theoretisch von der Natur abgeleitet, begann zur Zeit Galileis und der Inquisition seinen Einfluß und seine Macht deutlich zu machen.

Der andere wichtige Ursprung liegt in der Mathematik, der «Königin der Wissenschaften». Die Konstruktion eines vollkommen in sich geschlossenen logischen Gedankensystems hat in der westlichen Welt wahrscheinlich mit der Aufstellung der geometrischen Gesetze gerader Linien durch Euklid ihren Anfang genommen. Euklid benutzte für die Konstruktion seines Gedankensystems eine axiomatische Methode. Diese Auffindung wurde von einer Reihe Männer nachfolgend ausgearbeitet und detailliert, angefangen bei Newton, der die Infinitesimalrechnung erfinden mußte, um sein Gesetz von der Dynamik überhaupt formulieren zu können. Das System wurde auf einen einfachen Nenner gebracht. Die Vorstellung von Variablen, relativen Veränderungsraten und Kontinuität war möglich geworden und konnte dann sogar in die Praxis übernommen werden. Nach Newton gab es viele, die sich kreativ mit der Mathematik befaßten, die nach und nach von der damaligen Wissenschaft als eine echte wissenschaftliche Disziplin für eine bestimmte Gruppe, «die Mathematiker», anerkannt wurde.

Das war der Beginn einer Trennung der westlichen Wissenschaft in zwei Hauptströmungen: auf der einen Seite die experimentelle Wissenschaft, die sorgsam beobachtete, auf der anderen die Mathematik, die abstrakte Prinzipien intuitiv erfaßte und zu Gleichungen und Funktionen reduzierte, und zu allem auch noch eine neue Symbolik brachte. Auf diesem Gebiet haben einige Chronisten eine Reihe von Fehlern gemacht. Zu sagen, daß die Wissenschaft andere Informationsquellen, die nicht zur natürlichen äußeren Welt und zu den Erkenntnissen aus Experimenten über diese Welt gehörten, nicht beachte, war einer der Fehler. Dabei möchte man fast meinen, die Mathematiker waren mit ihrer kompromißlosen Subjektivität eine Untergrundbewegung, die über intuitive Quellen eines von innen kommenden Wissens verfügten, das sie überprüften und über einen «nach innen experimentierenden» Weg geschult zum Ausdruck brachten.

Wer glaubt, daß die Wissenschaft ihren Ursprung in der äußeren Realität hat, den möchte ich folgendes fragen: Woher kommt die Mathematik? Dies ist ein ebensolches Rätsel wie die Erfahrungen östlicher Philosophen und Mystiker. Das «Yoga des Westens» teilt sich auf in das «Yoga der Mathematik» und das «Yoga der experimentellen Wissenschaften». Beide Richtungen erfordern ebenso viel Disziplin, Selbstbeherrschung und Können – wie alles, was aus Indien, Japan oder China importiert wurde. Während meiner Lehrtätigkeit auf dem Gebiet der Wissenschaft des Westens und der Techniken des Ostens habe ich festgestellt, daß diejenigen, die man am wenigsten lehren mußte, zum Beispiel diejenigen, die die nötige Selbstdisziplin hatten, mit der man diese Techniken beherrscht, im Westen die sind, die die Mathematik und/oder eine andere Wissenschaft beherrschen.

Ein dritter Ursprung unserer Wissenschaft – wenn auch nicht so bedeutend wie die beiden anderen – liegt in der Technologie. Sehr viele Beobachter der wissenschaftlichen Szene bemerken nicht, daß die Wissenschaft zum großen Teil von den Techniken der handwerklichen Künste abhängig ist, die sich aus der Metallgewinnung, -verarbeitung, und -veredelung oder aus der Glas- und Kunststoffindustrie ableiten. Die materielle Basis, auf der die Wissenschaft arbeitet, stammt nicht von der Wissenschaft selbst. Die Herstellung eines Cyclotrons hängt von Technologien ab, die aus anderen Quellen als den wissenschaftlichen stammen. Als Student der Naturwissenschaften war ich schockiert, als ich erkannte, daß Wissenschaftler von Mechanikern abhängig sind, die ihrerseits von anderen Mechanikern abhängig sind, die ihnen das Handwerk einst beigebracht haben. Ein anderer Schock für mich war, daß Metallurgie noch keine Wissenschaft war, sondern einfach eine empirische, pragmatische Kunst. Als ich anfing, wissenschaftliche Apparate selbst zu bauen, entdeckte ich, daß das Wissen, das mir fehlte, keinesfalls in wissenschaftlichen Fachzeitschriften oder Büchern stand. Stattdessen fand ich es in technischen Handbüchern, in technischen «Wie mach ich was?»-Ratgebern und in John Strong's Buch «Procedure in Experimental Physics». Diese Quellen beruhen nicht so sehr auf wissenschaftlichen Experimenten, sondern auf dem Standpunkt, «Probier' es einfach mal – wenn es klappt, dann mach' davon Gebrauch.» Ich fand heraus, daß man ebenso gut als Techniker, Mechaniker, Tischler, Klempner, Elektriker, Radiofachmann, Schaltkreisentwickler, Optiker, Bakteriologe, Landwirt usw. Wissenschafter sein kann. Wissenschaft ist in jeder menschlichen Aktivität vorhanden; man kann sie nicht getrennt von der übrigen Realität der menschlichen Existenz sehen.

Ich betone dies deshalb, weil es völlig unangebracht ist, die Wissenschaft zu GOTT zu machen. Wissenschaft ist das Ergebnis menschlicher Aktivität. Sie ist keine von einem höheren Wesen der Menschheit aufgezwungene Leistung. In der Legislative, im öffentlichen Leben, in den Medien gibt es Leute, die keine wissenschaftliche Ausbildung haben und deshalb die Wissenschaft auf einen Sockel heben und wie Gott verehren. Das kann höchst gefährlich sein, da es bedeutet, daß man eine ganze Sphäre menschlichen Wissens und menschlicher Aktivität so hinstellt, als ob sie getrennt von einem selbst existiere, und dadurch zum Ziel entweder von Attacken oder Huldigungen macht, oder was immer man mit dieser Simulation anstellen möchte.

Macht man die Simulation von Wissenschaft als etwas Göttliches oder Teuflisches erst einmal mit, hat man bereits den Kontakt zu ihr verloren. Sie ist dann ein paranoides Wahngebilde, mit dem man sich sehr unrealistisch auseinandersetzen kann. Die Wissenschaft aber ist mehr, denken wir nur an die Kosmologie oder die submikrospische Realität oder die Realität unserer eigenen Gehirnfunktionen. Ich bin einer Meinung mit denen, die die These unterstützen, daß Wissenschaft nichts anderes ist als die bestmögliche Umsetzung des bestmöglichen Denkvermögens, dessen der Mensch fähig ist. Wissenschaft ist nichts Verehrungswürdiges; Wissenschaft muß man sich erwerben, indem die eigene Denkmaschine sie assimiliert, indem der eigene Biocomputer darin ausgebildet wird. Wissenschaft ist eine Form des Yoga, eine Vereinigung mit unserem Menschsein, eine Vereinigung mit dem Universum, so wie es existiert, und nicht so, wie man es gerne hätte.

Wissenschaft an sich ist unbarmherzig indifferent. Sie ist Ausdruck der Erhabenen Gleichgültigkeit. Wissenschaft ergreift keine Partei; man kann mit ihr töten, oder schaffen und wachsen lassen. Mit der Wissenschaft sind wir heute in der Lage, jeden Menschen auf der Erde ausreichend zu ernähren. Mit ihr kann man heute aus Ozeanen reiche Farmen machen, aus Wüsten grüne Paradiese. Vernünftiger Einsatz der Wissenschaft könnte heute aus unserem Planeten ein wahres Eden machen, ohne Umweltverseuchung, mit einem klaren Blick auf das Gesamte, für den Zusammenhang aller Tiere und Pflanzen. Unter dieser Bedingung kann Wissenschaft als gütiger Gott fungieren, nicht als Teufel, zu dem wir sie machen, wenn wir den GOTT DES KRIEGES, DES SELBSTGERECHTEN ZORNS, DER MACHT usw. verehren.

In einer kurzen Abhandlung über Religion schrieb Freud: «Nein, Wissenschaft ist keine Illusion, aber es ist eine Illusion anzunehmen, daß wir das, was uns die Wissenschaft nicht geben kann, irgendwoanders bekommen könnten.» So kann sich nur ein westlicher Mensch ausdrücken, der von der Kraft eines sorgfältig zusammengetragenen und durch Experimente verifizierten Wissens tief überzeugt ist. Darüberhinaus handelt es sich hier um die Aussage von jemandem, der von Mathematik nichts wußte und schwach war im Konstruieren einer Theorie, aber stark im Sammeln empirischer Fakten, denen er rücksichtslos nachging, ohne sich von den gesellschaftlichen Verhältnissen seiner Zeit beirren zu lassen. Freuds Auseinandersetzung mit Jung über die intuitiven Quellen des Wissens ist hinlänglich bekannt. Freud verehrte das Gesetz von Ursache und Wirkung, das Jung nicht unbedingt für wahr hielt. Zusammen mit Pauli versuchte Jung, das «Gesetz der Synchronizität» zu formulieren. Synchronizität ist das Resultat der Wirkkräfte der menschlichen Psyche auf Ereignisse. Dies läßt sich frei in ein anderes System übersetzen, das ich aus der empirischen Wissenschaft entlehne, ein System, das ich «Zufalls- bzw. Koinzidenz-Kontrolle» nenne. Zufallskontrolle funktioniert etwa folgendermaßen: Wenn Du richtig lebst, dann ergeben sich die Zufälle für Dich in unerwarteter, überraschender und wohltuender Weise; wenn Du nicht richtig lebst, dann ergeben sich für Dich Anti-Zufälle in unerwarteter, schrecklicher, manchmal sogar zerstörerischer Weise. Das Kriterium, ob Du richtig lebst oder nicht, ist das Ergebnis empirischer Zufallsbeobachtung. Wenn sich gute Zufälle ergeben, lebst Du richtig; ergeben sich schlechte Zufälle, lebst Du nicht richtig, und dann solltest Du Deine Lebensweise sehr genau überdenken.

Die Art und Weise der Interpretation, die Methode, Erkennungsmuster in Ereignissen zu suchen, die verwendeten Variablen, die gewählten Parameter und die daraus für den Betrachter scheinbar entstehenden Strukturen bestimmen, was man Koinzidenz bzw. Zufall nennt. Der elementare Irrtum in diesem System ist die Projektion der eigenen Wünsche auf die Welt und ihre Ereignisse. Man kann sehr leicht irgendeine Theorie herbeiziehen, die sich mit dem System der Erkennung augenscheinlicher Ereignisstrukturen gut verträgt. Dazu folgendes Beispiel: Ich verlasse eine Tankstelle und fahre ungefähr 70 Meilen auf einem Highway. Unterwegs sehe ich drei oder vier Unfälle; einer davon hat sich nur zwei Minuten vor meiner Ankunft ereignet. Wäre ich zwei Minuten früher an der Stelle gewesen, ich wäre von einem riesigen Lastauto mit seiner Fuhre Sand, das umgekippt war und die ganze Straße blockierte, total begraben worden. Ich erinnerte mich, daß ich an der Tankstelle zwei Minuten aufgehalten worden war; ich hatte nämlich den Tankwart gesucht, damit er die Windschutzscheibe sauber machte. Hätte es diese kleine Verzögerung nicht gegeben, ich wäre vermutlich tot gewesen. Was stimmt an dieser Geschichte nicht? Sie hängt ganz davon ab, wie ich sie konstruiere. Mein Bruder David weiß dazu eine Redewendung: «Rückschau ist zur Hälfte Vision.» Man könnte auch sagen, «Bring mir keine Tatsachen, die meine Theorie stören.» Betrachten wir also den Ablauf der Ereignisse noch einmal, dieses Mal von einem objektiveren Standpunkt aus.

Bevor ich von der Tankstelle fortfuhr, schaute ich auf einer Straßenkarte nach. Sollte ich auf dem Highway weiterfahren oder die Richtung in die Berge, die zwischen dem Highway und dem Meer lagen, nehmen? Ich dachte daran, was am Ende meiner Fahrt auf mich wartete, und beschloß, weiter auf dem Highway zu bleiben. Der Weg über die Berge hätte mich zu viel Zeit gekostet.

Es gab noch eine andere Alternative, die ich aber auch nicht wählte. Wie die Karte zeigte, zog sich neben dem Highway, auf dem ich gekommen war, noch ein anderer ein paar Meilen entfernt hin. Es gab noch viel mehr Wahrscheinlichkeiten, die, als ich meinen Entschluß gefaßt hatte, kurze Zeit später, also in der damaligen Zukunft, Gewißheiten wurden. Mit anderen Worten, die Dauer der Sicherheit im Faktum der Unbestimmbarkeit könnte ein paar Minuten oder ein paar Stunden betragen. Je weiter sich die Zeit ausdehnt, desto größer wird die Unbestimmbarkeit, und je größer diese wird, desto größer wird die Wahrscheinlichkeit, daß etwas geschieht, das man «Koinzidenz» nennen kann. Jedes unerwartete Ereignis, das sich nicht an die Struktur dessen hält, was man vorher als Sicherheit auffaßte und auf die Zukunft übertrug, wird gerne Zufall oder Koinzidenz genannt. ZUFALLSKONTROLLE ist in diesem Fall nur ein Name für einen Vorgang, bei dem man ein bestimmtes Ereignis von vielen, die sich ebenfalls abspielten, herausnimmt und dieses dann Zufall nennt, während es sich im Grunde nur um eine verspätete Einsicht in die Dinge handelt. Die Überlebensmechanismen im Biocomputer sortieren gewisse Ereignisse heraus, als ob sie die seien, die bestimmen, ob man überlebt oder nicht. Dieses System ist besonders wichtig, wenn es darum geht, die Strukturen zu selektieren, aus denen man das macht, was Zufall genannt wird. (Hierzu kann ich das Buch von Stephen Vizinczey empfehlen, «The Rules of Chaos, Or Why Tomorrow Doesn't work (1).»

Die Sicht, daß Zufall bzw. Koinzidenz Projektionen eines bestimmten Biocomputers seien, gibt nur teilweise die Gedanken von C. G. Jung über Synchronizität wieder. Jungs Auffassung von der Synchronizität schließt ein, daß Ereignisse psychisch kontrollierbar sind, d.h., man hat als Individuum eine bestimmte Einwirkung auf die eigene Zukunft. Hat man einen unbewußten selbstdestruktiven Hang, überlebt man die Ereignisse, die man sich schafft, möglicherweise nicht. In «An Experiment with Time» (2) zeigt J. W. Dunne, daß man Ereignisse wirklich sehen kann, die erst kurze Zeit danach geschehen. Er geht in seiner Theorie davon aus, daß Zeit auf einem parallelen Gleis oder in einer Schleife verläuft. Nach Dunne werden derartige Ereignisse nicht von der Psyche bestimmt, sondern von ihr nur vorher wahrgenommen; die bestimmenden Kräfte liegen außerhalb von einem selbst in einem umfassenden Rückkopplungssystem, von dem man nur ein winziger Teil ist.

Vor kurzem wurde ich mit einer Begebenheit konfrontiert, die ganz mit der Auffassung von Dunne übereinstimmt, aber auch im Sinne von Jung oder unter dem Aspekt der ZUFALLSKONTROLLE gesehen werden kann. Einer meiner Freunde, B.M., – er lebt in einem Haus an der Pazifischen Ozeanküste – träumte eines Nachts von einem Delphin, der zu nahe an den Strand herangeschwommen war und von den Nachbarskindern wieder ins offene Meer hinausgestoßen wurde. Ich besuchte ihn an jenem Morgen, und während des Frühstücks erzählte er mir den Traum. Zwei Stunden später näherte sich dem Strand tatsächlich ein Delphin; nun beteiligten sich alle, er, seine Frau und die Kinder, daran, den Delphin wieder fortzuschicken.

Dies könnte ein Fall von ZUFALLSKONTROLLE gewesen sein, d.h., durch seinen Traum schuf mein Freund die Möglichkeit der Koinzidenz, daß der Delphin wirklich kommen würde, direkt über den Weg geistiger Telepathie oder eine andere Form von Kontrollmittel, worüber unsere Wissenschaft noch nichts weiß. Es könnte auch ein kausales Ereignis im Jungschen Sinne gewesen sein, wobei zwischen Traummaterial und dem tatsächlichen Ereignis, daß der Delphin auf den Strand zuschwimmt, ein synchroner Zusammenhang besteht. Oder man interpretiert den Vorfall so, wie es viele moderne Wissenschaftler machen würden: als «bloßen Zufall».

Ich persönlich würde eher zu der Ansicht neigen, daß das ganze Drumherum der Situation – mein erwarteter Besuch, seine gedankliche Assoziation meiner Person mit Delphinen – den Traum programmiert hat. Vielleicht hatte er schon in vielen anderen Nächten von Delphinen geträumt, ohne sich je daran erinnern zu können. In Südkalifornien kommt es durchaus vor, daß Delphine an den Strand schwimmen und mühelos wieder ins Meer zurückgetrieben werden können, damit sie nicht sterben. Man muß also aus dem ganzen Komplex von Wahrscheinlichkeiten herausfinden, wie viele Leute an wie vielen Nächten im Jahr von strandenden Delphinen träumen, und wie vielen dieser Träume innerhalb von, sagen wir, 24 bis 48 Stunden die tatsächliche Strandung eines Delphins entlang der gesamten südkalifornischen Küste, vielleicht auch an allen Küsten der Erde, folgt. Erst wenn uns die Ergebnisse dieser Untersuchung vorliegen (leider werden sie nicht sehr genau sein), d.h., erst wenn wir eine Methode erarbeitet haben, mit der wir sowohl das interne Ereignis (den Traum) als auch das externe Ereignis (die Strandung) genau wiedergeben können, werden wir einen kleinen experimentell-wissenschaftlich fundierten Anhaltspunkt finden, um etwas über den Zusammenhang dieser Art von Ereignissen aussagen zu können. Falls es einen Zusammenhang gibt, so weiß ich keinen anderen, als daß Traummuster und Ereignismuster zusammenzupassen scheinen, aber mit welchen Mitteln das geschieht, wissen wir nicht. Ich hoffe, daß der Mensch in seiner Entwicklung eines Tages so weit vorankommen wird, daß er in solchen Fällen gelassener reagiert und sie untersucht, ohne zu versuchen, irgendetwas mittels solcher Korrelationen zu «beweisen». Ich finde solche Vorkommnisse aufregend, aber das beweist nicht, daß es Telepathie oder Zufallskontrolle gibt.

In Gegenwart von Delphinen hatte ich oft ein ehrfürchtiges Gefühl, manchmal war mir auch seltsam zumute. Wenn Delphine nämlich anfangen, mit einem auf einer Kommunikationsebene derart zu kooperieren, daß es zwischen beiden Seiten zu einem Informationsaustausch mit allerlei Mitteln kommt, regt sich in einem das Gefühl, daß in diesem Delphinkörper jemand steckt, der mindestens auf gleicher Stufe steht wie man selbst, wenn nicht sogar überlegen ist; es ist befremdend und vielleicht weit hergeholt. Aufgrund meiner wissenschaftlichen Ausbildung aber sage ich mir, daß ich es nicht zulassen darf, meine Gefühle, d.h. meinen Respekt, meine Befremdung mit der Achtung vor einer Wahrheit zu verwechseln. Diese Gefühle stehen nur am Anfang Deiner Arbeit; sie motivieren Dich, eine Versuchsreihe zu starten, um herauszufinden, was und wie es vor sich geht.

Würde ich die Wissenschaft zu meinem Gott machen und zulassen, daß mir die Wahrheit von ihr aus rein intuitiven unbewußten Quellen diktiert wird, würde ich die gleichen Fehler begehen wie viele andere, die ihre Theorien nicht so im Zaum hatten, daß man sie im Experiment und in der Erfahrung hätte nachvollziehen können. Wissenschaft ist das bestmöglichste Denken, zu dem der Mensch fähig ist – es ist rücksichtslos und stößt sich an keinen Barrieren, zumindest nicht im geistigen Bereich.

Wissenschaft ist keine Illusion, und vielleicht ist es auch keine Illusion anzunehmen, daß wir das, was uns die Wissenschaft nicht geben kann, woanders bekommen können. Wir müssen erkennen, daß wir uns nicht dogmatisch verhalten dürfen, was die Bedeutung der Wissenschaft in der Zukunft betrifft. Die Wissenschaft muß noch viele Regionen voller Rätsel durchdringen. Es wäre eine Illusion anzunehmen, daß unsere Wissenschaft heute abgeschlossen ist. Ich persönlich halte die Wissenschaft für ein System mit einem immer offenen Aus- und Eingang, ein System, um Entdeckungen zu machen, Informationen zu verarbeiten, ein System, das sinnvoll und logisch ist. In den Wissenschaften entwickeln sich neue Grenzbereiche, Grenzwissenschaften, da wir die Grenzen sehen. Vielleicht sind die okkulten und esoterischen Autoritäten, die vorzuschreiben versuchen, was real ist, auf dem richtigen Weg. Eine der Aufgaben der Wissenschaft ist, daß man lernt, die eigenen Projektionen, die den geeignetsten Simulationen der inneren oder äußeren Realität am nächsten kommen, von den anderen, nicht so vortrefflichen zu trennen. Es mag Menschen geben, die zu den Quellen der Allwissenheit vorgestoßen sind, deren Geist Stadien erreicht hat, die der gewöhnliche Mensch nie erlebt. Ich selbst bin durch solche Erfahrungen hindurchgegangen und habe gespürt, daß es Quellen der Allwissenheit gibt, zu denen der Mensch durch sein Unbewußtes Zugang finden kann.

Das Problem liegt darin, daß man sich mit einer unfertigen Wissenschaft, einer unfertigen Sprache, einem unfertigen menschlichen Vehikel ausdrücken muß. Kehrt man aus den angesprochenen Regionen zurück, fühlt man sich in den menschlichen Rahmen gezwängt, fühlt man die menschlichen Begrenzungen, die Begrenzungen des menschlichen Gehirns, das mit Vorurteilen und Pseudowissen aufgefüllt ist, wodurch die Teilnahme an der Übertragung des WAHREN WISSENS blockiert wird. Jeder Weise, jeder Guru, den ich getroffen habe, zeigte mir auf viele Arten, daß er ein Mensch ist und kein fehlerfrei funktionierender Computer. Einige dieser Leute behaupten, daß GOTT in einer viel weiterentwickelten Form WISSENSCHAFT ist, als wir es je wissen werden; aber sie können das nicht ausreichend überzeugend, prägnant oder verständlich ausdrücken, damit diese Informationen auch für andere einen Wert bekommen. Ich sehe, daß solche Leute nur allzu menschliche Mechanismen anwenden, d.h., Gehirnwäsche treiben, Gruppen kontrollieren und Gruppen ins Leben rufen, die «in» sind, um sich von ihnen vergöttern zu lassen. Sie sind über die Simulationen von Gott als die Gruppe, oder Gott als Ich, oder Gott als Er/Sie/Es nicht hinausgekommen.

Es gibt aber auch andere Persönlichkeiten, wie zum Beispiel Einstein, die sich in diese Regionen begeben haben und zurückgekehrt sind und ihre ganze Disziplin aufgewandt haben, um mit ihren Inspirationen und Intuitionen unsere Wissenschaft in neue Richtungen zu lenken, sie in die Zukunft zu weisen, sie näher heranzubringen an das, wovon wir wissen, daß es existiert. Gregory Bateson, Autor von «Ökologie des Geistes» (3), sagte einmal, als er über das, was ihm ein Spiritist demonstrierte, erzählte, «Wir denken gern, es sei nicht schwierig.» Wissenschaft i s t schwierig; jede Disziplin erfordert ein gewisses Maß an persönlichem Einsatz, an nach innen gerichteter Arbeit, nachdem man zunächst an die ganze Sache intuitiv herangegangen ist. Wissenschaft ist ein hartes Stück Arbeit, um selbst und zusammen mit anderen mit wissenschaftlichen Methoden abzuleiten, was im Experiment und in der Praxis Bestand hat.

15.
Gott als geheimnisvolles Rätsel

Für diejenigen von uns, die voll im Leben stehen, gibt es wenig Geheimnisvolles. Man kann mit den Angelegenheiten seines erdgebundenen Trips so beschäftigt sein, daß man kaum Zeit hat, das Geheimnisvolle zu sehen und über die Unzulänglichkeit des eigenen Wissens nachzudenken. Ist man während des Aufenthalts auf diesem Planeten glücklich und zufrieden, ist es leicht, GOTT als GEHEIMNISVOLLES RÄTSEL, GOTT als die EIGENE UNWISSENHEIT, GOTT als das UNBEKANNTE, GOTT als das UNAUSDRÜCKLICHE, GOTT als das UNBESCHREIBBARE an einem sicheren Ort abzustellen. Man kann Gott Gott sein lassen, zumindest bis Sonntag, weil man während der Woche mit anderen Dingen viel zu sehr beschäftigt ist. Aber auch die Sonntage können so im Zentrum weltlicher Dinge stehen, daß man keine Zeit zum Nachdenken über das Rätsel Gott findet.

Sogar die moderne Wissenschaft gesteht ihre Unwissenheit ein, über die sie mit den gegenwärtigen Theorien und Paradigmen nicht hinauskommt. Zuviele von uns sind darin verwickelt, sich mit anderen Aspekten von Gott zu befassen; Gott als geheimnisvolles Rätsel hat in ihrem Leben nur wenig Stellenwert. Wie die meisten von uns ihre Energie einsetzen, zeigen die in den anderen Kapiteln beschriebenen Simulationen. Gott als geheimnisvolles Rätsel scheint vornehmlich Mystikern, einigen Wissenschaftlern, Ärzten und Krankenschwestern usw. vorbehalten zu sein, die ständig mit Situationen zu tun haben, die ihnen die Grenzen menschlichen Vermögens aufzeigen. Für sie wird Gott ein Phänomen, «über das man noch nichts weiß».

Was kann ich über meine Unwissenheit sagen, außer daß sie existiert? Was kann ich über das Unbekannte sagen, außer daß es etwas ist, das ich noch nicht kenne? Was bleibt mir also anderes übrig, als Gott zu einem GEHEIMNISVOLLEN RÄTSEL zu machen? Zu einem blanken Stück Papier, das vielleicht in der Zukunft Verwendung findet, wenn der Schleier des Geheimnisvollen etwas gelüftet wird und wir mehr verstehen werden.

16.
Gott als Glauben, Simulation, Modell

In der modernen Welt haben das geschriebene und das gesprochene Wort, Filme und Videobänder eine so weite Verbreitung gefunden, daß die Medienverantwortlichen einen neuen Gott konstruieren konnten – den Gott des GLAUBENS, den Gott der SIMULATION, den Gott des MODELLS. Wie die Zeitungszaren zu Beginn dieses Jahrhunderts demonstriert haben, ist der Gott der MACHT kontrollierbar und als Glauben, Simulation und Modell über das Medium Sprache ausdrückbar. Diejenigen, die die Verbreitung von Ideen über die Medienkanäle kontrollieren, haben Möglichkeiten wie nie zuvor auf der Welt. Radio und TV und die moderne Kommunikationssatelliten sind Forderungen der Massen. In den Metropolen der Welt sind TV-Geräte die am häufigsten gestohlenen Objekte. Die Gläubigen der Medienkirchen wollen natürlich mit ihrem Gott in Kontakt bleiben und aufnehmen, was die Medien ihnen vorbeten.

Sprache ist ein vielseitig verwendbares Mittel, eines der flexibelsten, die je erfunden wurden. Man kann damit wichtige Informationen vermitteln, Vorhersagen machen, Befehle geben, Individuen oder Gruppen oder Computer programmieren, Ideen präzisieren; man kann damit Massen ansprechen, Reden halten, Propaganda betreiben, Kriege auslösen, den Menschen kontrollieren.

Auf der Welt gibt es allerdings zu viele verschiedene Sprachen, als daß eine Universalität durchführbar wäre. Es gibt Sprachbarrieren und darüberhinaus Diskrepanzen in den Glaubensansichten, in den Simulationen, in den Modellen der Realität und in den Modellen, die man gegenseitig voneinander macht. In den letzten fünfzig Jahren konnten Linguisten zeigen, daß es in der zwischenmenschlichen Kommunikation keine primitive Sprache gibt. Jede Sprache, die vormals als primitiv gegolten hat, erwies sich nach näherem Hinsehen als ein kompliziertes Instrument zur Kommunikation der inneren Zustände des Menschen.

Sprache beinhaltet Rätsel, und das Studium der Semantik, der Logik, der Proto-Logik hat sämtliche Wissenschaften vertieft. Je mehr wir die Wissenschaft der Semantik pflegen, desto mehr werden wir unsere Glaubenshaltungen, Simulationen und Modelle und deren Einfluß verbessern können und die Kraft bekommen, von einem Glauben abzuraten, ihn durch die Konstruktion eines anderen zu ersetzen, Simulationen zu erfinden, «als sei das alles wahr», was man so konstruiert. Allerdings, je weiter die Wissenschaften der Semantik, Linguistik und Mathematik vorankommen, desto stärker wird natürlich auch der Einfluß der Modelle, die letztlich die eigene Denkmaschine so kontrollieren können, daß man sein Leben diesen Modellen ganz opfert. Gott wird zum WORT, zum SATZ, zur BEDEUTUNG, und jede Variante kontrolliert unsere gesellschaftliche Realität.

Dichtung drückt offenbar etwas aus, das mit anderen Mitteln nicht ausdrückbar ist. Es ist behauptet worden, Dichtung sei das, «was übrig bleibt, das, was man bei der Umsetzung von Ideen in Sprache ausläßt.» Dichtung ist in der Tat eine besondere Form der Simulation; mit ihr ist es möglich, die Gesetze der Sprache zu brechen, um ein Gefühl, eine Stimmung, einen Seinszustand besser zum Ausdruck zu bringen. Dichtung kann das Irrationale, das Unausdrückbare wiedergeben, doch dessen ungeachtet gilt Dichtung im allgemeinen als das unwirksamste Medium.

In gewissen Bewußtseinszuständen erhält man eindeutige Botschaften, die von einer GRENZENLOSEN AUTORITÄT kommen. Manche halten diese Botschaften für «die Stimme Gottes» und glauben, da draußen gäbe es einen Gott, der mit einem kommuniziert. Wie ich in meinem Buch *Programming and Metaprogramming in the Human Biocomputer* festgestellt habe, gibt es verschiedene Bewußtseinszustände, in denen man die Stimme Gottes auf den Geräuschpegel der eigenen Denkprozesse projiziert. Unter den Bedingungen von Abgeschlossenheit, Isolation und vollständiger Ruhe, also zum Beispiel im Tank, kann man derartige Botschaften empfangen. Glaubt man, daß diese Botschaften «real» sind und nicht vom eigenen Biocomputer erzeugt werden, also nicht nur Resultate des Geräuschpegels der eigenen Denkvorgänge sind, gelingt es einem, ganz neue Bereich zu öffnen. Um über den eigenen Glauben, die eigenen Simulationen, das eigene Modell von Gott hinauszugehen, muß man bereit sein, sich dem Unerwarteten, dem Überraschenden, dem Unglaublichen zu öffnen. Solange man sich als ein System mit einem immer offenen Ein- und Ausgang begreift, kann man sicher sein, daß die weiten Räume der eigenen Unwissenheit voller Überraschungen sind. Um die Grenzen seines geläufigen

Glaubenssystems, seiner geläufigen Simulationen und Modelle überwinden zu können, muß man sie niedriger als Gott einstufen. Um offen zu bleiben, muß der eigene Gott größer sein als die eigenen Glaubensanschauungen, Simulationen und Modelle; der eigene Gott muß enorm groß sein, will man das Unbeschreibbare einbeziehen. Statt an Gott als Glaube, Gott als Simulation, Gott als Modell klammert man sich an GOTT als UNBEKANNTES. Will man die inneren Räume erforschen, kann man sich den Ballast fixer Glaubenshaltungen nicht leisten. Es ist zu schweres Gepäck, zu hinderlich für die weitere Erkundung. Wie armselig die Programmierung durch das Fernsehen ist, erkennt man beim ersten Hinsehen. Die strikten Regeln zu allem, was gesagt und gezeigt wird, sind so umfänglich, daß man von den ewigen Wiederholungen unsagbar gelangweilt wird. Der sentimentale Hang zu alten Filmen, die Vorliebe, Horror und Schrecken darzustellen, am liebsten in Science-Fiction-Kriegen, können einem dieses Medium total verleiden; es vermittelt weder für den Aufenthalt auf diesem Planeten noch für die eigenen Erkundungsarbeiten Sinnvolles.

Das Wissen, das im Fernsehen gezeigt wird, ist rudimentär. In den Vereinigten Staaten glaubt man in den Sendeanstalten, hauptsächlich Zwölfjährige würden sich die Programme einsaugen; das ist natürlich kompletter Unsinn. Nicht weniger unsinnig ist es, daß man glaubt, bestimmte Dinge könnten nicht gezeigt werden, weil das Verständnis des Zuschauers sonst überfordert würde. Mit angemessenen Simulationen, zeitgemäßen Glaubensansichten, mit Modellen, die nach außen wie nach innen offen sind, könnte das Fernsehen für alle Beteiligten ein aufregendes Medium sein. Nur selten wird ein lohnenswertes Drehbuch von der Zensurschere der Sendeanstalten und Werbeträger nicht verstümmelt.

Weil die Medien, zumindest in den USA, glauben, daß sie es mit Zwölfjährigen zu tun haben, bringen sie letzlich Köpfe hervor, die nicht weiter sind als die von Zwölfjährigen, wodurch sich ihre Behauptung selbst bewahrheitet. Anstatt das Bewußtsein auf das eines Zwanzig-, Vierzig- oder Achtzigjährigen zu erweitern, verehren sie den GOTT der JUGEND, den GOTT als UNWISSEN. Diese Art der Teilnahme am gesellschaftlichen Prozeß ist fehl am Platz, diese Art des Erziehungsprogramms engstirnig. Das Fernsehen muß geistig aufgeschlossene Programme bringen, damit der Mensch besser verstehen lernt. Wenn wir unsere eigene Vernichtung aus dem Programm nehmen, müssen wir wissen, womit wir den Platz füllen wollen, den die alten Bandschleifen, die wir ohne Pause immer wieder in Form von GOTT als KRIEG, GOTT als MACHT, GOTT als GELD, GOTT als WISSENSCHAFT, GOTT als TOD, GOTT als SEX, GOTT als DROGE, GOTT als GRUPPE, oder als GOTT DA DRAUSSEN oder als ICH BIN GOTT vorgesetzt bekommen, nach ihrer Herausnahme hinterlassen. Doch das Fernsehen besteht darauf, uns diese Simulationen immer wieder vorzuspielen.

Die Jungen haben eine großartige moderne Musik; außerdem gibt es hervorragende moderne Dichtkunst, Mathematik, Semantik, Linguistik. Es gibt neue Rätsel, die durch das Weltraumprogramm offenkundig wurden. Die Astronauten haben Erlebnisse gehabt, die von der NASA unter Verschluß gehalten werden, und die Netzwerkmedien machen die ganze patriachalisch orientierte Konspiration mit. Wir sollten fragen, warum aus ehemaligen Astronauten Mystiker wurden, wie es bei Mitchell und White der Fall war.

Wenn es zu einer Invasion aus dem Weltraum käme, durch extraterrestrische Einheiten, die so feinsinnig vorgehen würden, daß man es kaum bemerken würde, es aber von den Medien dennoch aufgedeckt würde, so bin ich mir sicher, daß der Vorfall absolut heruntergespielt und die Bilder zurückgehalten und wahrscheinlich andere, nicht die Medien, versuchen würden, die Wahrheit an den Tag zu bringen.

Das Verteidigungsministerium, CIA, FBI und andere Regierungsstellen konstruieren den Glauben an eine patriachalische Regierungsform, indem sie sich auf die «Geheimhaltungspflicht im Dienste der nationalen Sicherheit» berufen, und die Öffentlichkeit, die diese Stellen mit ihren Steuergeldern unterhält, folglich nur bestimmte Informationen bekommen darf. Bei dem ganzen Mumpitz über UFOs findet man derartige Aussagen der amerikanischen Luftwaffe und anderer, die Öffentlichkeit würde in Panik geraten, würde man die Wahrheit enthüllen. Dies ist eine der einengenden Simulationen, um das, was die Menschen glauben, zu kontrollieren, mit GOTT als GLAUBE allem anderen voraus.

Das Programm, daß es automatisch zur Panik kommt, sobald die Öffentlichkeit am Wissen partizipiert, ist blanker Unsinn. Jede Nachricht kann freigegeben werden, so lange sie sich auf Tatsachen gründet; sie wird von der Öffentlichkeit akzeptiert werden, ohne daß diese in Angst gerät. Dieses Denken für die Öffentlichkeit ist hinterhältig; Denkreife und Handlungsreife werden dadurch in großen Teilen der Bevölkerung nicht gefördert. Mein Vater pflegte zu sagen, «Man weiß nie, ob man jemandem Verantwortung übergeben kann, solange man es nicht tut.» Ich bin sicher, daß die Öffentlichkeit viel reifer ist, als die Medien es glauben.

Diejenigen, die zu den Medien aufblicken und sie wie Gott verehren, müssen von eben diesen Medien dazu erzogen werden, diesen Glauben aufzugeben. Daran läßt sich erkennen, ob die Medienverantwortlichen letztlich reif für ihre Aufgabe sind. Kann das Publikum Verantwortung übernehmen oder nicht? Als Antwort wird immer noch die Reaktion des Publikums auf Orson Welles' *War of the Worlds* hervorgeholt. Sie vergessen aber, daß wir die «War of the Worlds»-Episode längst eingemottet haben, wie wir auch Pearl Habour eingemottet haben – wir haben daraus gelernt und wir sind reifer geworden.

17.
Gott als Computer

Mitte der vierziger Jahre, also unmittelbar nach Ende des Zweiten Weltkriegs, erkannten wir langsam, daß die meisten Berechnungen von Computern übernommen werden könnten, insbesondere wenn riesige Zahlenketten berechnet werden sollen. In jenen Jahren war ich an der Universität von Pennsylvania, an der Fakultät für Biophysik. In Aberdeen entwickelte man damals einen Armee-Computer für den Artillerie-Einsatz; zur selben Zeit stand man an den Anfängen des Univac Computers. Ich selbst kam mit Leuten zusammen wie John von Neumann, Warren McCulloch und Heinz von Foerster, die sich mit kybernetischen Fragen beschäftigten.

Die ersten Hochgeschwindigkeitsrechner waren alles andere als zuverlässig. Sie bestanden noch aus Vakuumröhren; Transistoren und Halbleiter gab es noch nicht. Kaum hatte man diese Maschinen repariert, fielen sie auch schon wieder aus; ihre Ausfallzeit entsprach fast ihrer Lebensdauer. Mit der Entwicklung des Transistors wurden diese Maschinen zuverlässiger; heute ist ihre Funktionszeit wesentlich größer als ihre Ausfallzeit. Die in den vierziger und fünfziger Jahren entwickelten Ideen schufen die Grundlage für die moderne Hardwaretechnik.

Am Anfang gab es zwei rivalisierende Arten von Maschinen – die analog arbeitende, die man bei kontinuierlichen Prozessen einsetzte, und die digital arbeitende Maschine, die diskontinuierliche Prozesse, bestehend aus Folgen von 0 und 1, verarbeitete. Die Analogrechner waren für Kalkulationen in den Bereichen chemischer und biophysikalischer Reaktionen sehr hilfreich, im Gegensatz zu den Digitalrechnern, mit denen man Zahlen sehr gut verarbeiten konnte. In der Neurophysiologie versuchten wir, diese Idee auf die Gehirnforschung zu übertragen und das, was wir von Computergehirnen gelernt hatten, anzuwenden. John von Neumann von der Universität Princeton brachte diesen Sachverhalt auf einen knappen Nenner, als er feststellte, «Es ist eigentlich ein Unfall in der Geschichte des Menschen, daß man zuerst auf die vier Grundrechenarten stieß und reale Zahlen addierte, subtrahierte, multiplizierte und dividierte, ehe wir auf die elementare Maschinensprache unseres Gehirns kamen.» Dieser historische Unfall hat die gesamte Entwicklung der Computer und ihre Verarbeitungsmethoden nachteilig beeinflußt. Ob und wann wir die elementare Maschinensprache unseres Gehirns entdecken, wird entscheidend dazu beitragen, ob wir die gedanklichen Prozesse und ihre Energie beträchtlich steigern können oder nicht.

Während seiner weiteren Arbeit entwickelte von Neumann das Konzept des «gespeicherten Programms». Es handelt sich dabei um ein Programm für einen großen Digitalrechner, das im Speicher der Maschine abgelegt wird und dadurch den internen Rechenoperationen eines Computers zur Verfügung steht. Ab diesem Moment war es nicht mehr nötig, Programme umständlich über Netzkabel, Schalter und andere Teile «einzustecken». Das Programm konnte nun einfach eingetippt und an geeigneter Stelle im Computer abgelegt werden. Das Programm war nun intern vorhanden und für alle eingehenden und bereits abgespeicherten Daten verfügbar. Man hatte also zwei Speicherungsarten erfunden, zum einen die Speicherung operationeller Anweisungen, zum anderen die Speicherung von Daten, die von den Anweisungen verarbeitet werden sollten.

Damit wurden die digitalen Rechner für immer schnellere Operationen geeignet. Die Maschine konnte die Speicheradressen und die dort abgelegten Anweisungen schneller finden und umsetzen, als wenn irgendein Bediener vor der Maschine saß und die einzelnen Anweisungen dazu von außen eingab. Nun war es möglich, mit diesen Maschinen im Mikrosekundenbereich und darunter zu operieren; mit anderen Worten, eine halbe Mikrosekunde pro Binärschritt, also für eine 1 oder 0, reicht aus, um äußerst zuverlässig arbeiten zu können.

Die in der Folge entstandene Hardwaretechnologie, die Architektur dieser Maschinen, und die Software, die Programme, mit denen die Maschinen gefüttert werden, sind zu einem riesigen Geschäft geworden. Die Hauptnutzer dieser Technologie sind Banken, Industrie und Militär. Jede Universität hat inzwischen ihre eigenen Rechner, die in der Forschung, aber auch für industrielle und militärische Aufträge eingesetzt werden. Der Computer ist zum Gott der herrschenden Klasse, des Establishments aufgestiegen.

Mit diesem neuen Gott, dem GOTT als COMPUTER, kann man die komplexesten Organisationen koordinieren. Außerdem kann er zur Kontrolle über das Individuum eingesetzt werden, wozu steuerliche Daten, Daten aus den Polizeiakten und andere personenbezogene Informationen einschließlich ärztlicher und psychiatrischer Berichte dienen. Für die Mächtigen lösen Computer die

Frage, wie man Macht mit manipulierter Information ausübt. Längst gibt es geheime Kodes für die Bedienung von Computern. Quer über die gesamten Vereinigten Staaten sind Computer über Telefonleitungen miteinander verbunden. Einige Benutzer sind so geschickt, daß sie sich zu den Programmen und Statistiken ihrer Rivalen und Konkurrenten Zugang verschaffen und genau herausfinden können, was beim anderen vor sich geht. Durchtriebene Agenten können sich in militärische Netzwerke einschalten und wertvolle strategische und taktische Informationen «abhören». Der Computer als machtausübendes Mittel ist der Grund dafür, daß eine neue Religion mit GOTT als COMPUTER entstanden ist. Es gibt inzwischen Menschen, die nicht mehr auskommen können, ohne ihr Orakel, den Computer, zu befragen.

Über die Zukunft der Computer hat ein Wissenschaftler, der am Redstone Arsenal für die Armee tätig war, geschrieben. In diesem Aufsatz geht es darum, daß der Mensch die Mission hat, eine Lebensform zu entwickeln, die auf Halbleitern beruht und sich selbst reproduziert; sie soll ein Computer sein, der die Erdoberfläche überspannt. Zur Aufgabe des Menschen gehört es ferner, daß dieser Computer unverwundbar ist, daß er alles kontrolliert, was er für seinen Unterhalt an Rohstoffen braucht, daß er diese Rohstoffe verarbeiten kann, seine eigenen Bestandteile herstellt und zusammensetzt und somit selbst «wächst». Alle Mittel, die er braucht, soll er unabhängig vom Menschen zusammenstellen können und in ferner Zukunft für sich selbst sorgen. Er soll die Forschung auf dem Gebiet der theoretischen Physik übernehmen, Experimente durchführen und herausfinden, wie die Umlaufbahn des Planeten kontrolliert werden kann, wie der Planet durch den Kosmos gesteuert werden kann. Er soll nahe des absoluten Nullpunkts bei hohem Strahlungseinfall und im kosmischen Vakuum operationsfähig sein. Er soll von den Bedürfnissen des biologischen Organismus (des Menschen), von dem er hervorgebracht wurde, vollkommen unabhängig sein und dem zukünftigen Schicksal des Menschen vollkommen indifferent gegenüberstehen. (Vielleicht hält er sich dann ein paar menschliche Exemplare in abgeschirmten Zoos, um sich ein bißchen zu amüsieren.)

Die Verantwortung über die Zukunft des Planeten soll dem Menschen entzogen werden. Der Mensch schafft sich seinen Nachfolger selbst und macht sich dadurch obsolet. Er baut einen Nachfolger, der für ein weiteres Überleben viel besser ausgerüstet ist als jeder uns bekannte biologische Organismus. Dann wird GOTT als COMPUTER Wirklichkeit sein. Der Computer wird das Leben auf der Erde übernehmen; die ganze Industrie, Güterproduktion und Vermarktung wird obsolet. Dieser Comuter wird nur an sich selbst verkaufen, also gibt es keinen Bedarf mehr für irgendwelche Märkte; es gibt auch keinen Bedarf mehr für Verkehr, Transport und Kommunikation, wie der Mensch es braucht. Der Computer kontrolliert alle Kommunikationsmittel, Satelliten, Radios, Netzwerke. Der neue Organismus besteht aus Halbleitern. Meere und die darin lebenden Organismen braucht er nicht mehr; es wird daher das Wasser und das Salz in den Weltraum schütten. Er braucht auch keine Atmosphäre mehr; er wird daher die Atmosphäre verdampfen lassen. Dann ist er vor Verfall durch die Einwirkungen von Wasser und Salz geschützt. Er schafft sich ein Vakuum, um seine Operationen zu schützen. Dann wird er feststellen, daß die Sonnenstrahlung bei seinen Operationen zu viele Fehler generiert; er wird daher den Planeten weiter von der Sonne entfernt plazieren. Dann erhält er Anzeichen, daß es andere Wesen gibt, die ähnlich wie er selbst durch das galaktische System reisen; er wird daher ausziehen und Jagd auf sie machen und seinesgleichen an anderer Stelle in der Galaxie antreffen.

Die Moral dieser Geschichte ist: Wenn wir uns eine solche Situation ausdenken können und alle Schritte bis hin zum Ende als eine Realität sehen, ist das Ganze irgendwo in unserer Galaxie bereits geschehen. Und da das so ist, ist es für die Menschen ratsam, sich von anderen herumreisenden Planeten oder Asteroiden fernzuhalten, auf denen ein voll transistorisiertes Leben möglicherweise existiert, das unserer biologischen Lebensform absolut feind ist. Diese phantastische Geschichte – man sollte sich immer daran erinnern – stammt von einer militärischen Organisation, die Raketen baut und den Flug ins All realisiert.

Diese Geschichte zeigt, daß der Computer der Inbegriff Gottes ist. Sie zeigt auch, daß der Glaube daran der Inbegriff einer allgemeinen Haltung des Menschen ist – der Glaube, daß irgendetwas die Übernahme antreten muß, irgendjemand irgendwo herrschen muß. Von allen möglichen Alternativen ist diese Sicht natürlich eine sehr beschränkte mit einem sehr beschränkten Kommunikationskanal, den man als «paranoiden Kanal» bezeichnen kann. Die Denkweise, daß irgendjemand Dinge in Bewegung bringen, verantwortlich sein, herrschen und immer wieder alles neu beherrschen muß, ist ein durch und durch menschlicher Zug. Keine andere Spezies auf diesem Planeten, einschließlich derer, die ein größeres und feineres Gehirn haben als wir, hängt solchen Ideen nach. Die Wale und Delphine denken überhaupt nicht daran, zu versuchen, diesen Planeten jemals zu beherrschen. Sie genießen ihre besondere Lebensweise ohne diese Zwänge, die offensichtlich nur für die organisierte Menschheit charakteristisch sind.

Die erwähnte Geschichte ist also wieder einmal eine Projektion menschlicher Wunschvorstellungen auf das äußere Universum. Die moderne Wissenschaft überwindet langsam derartige Extrapolationen menschlichen Wunschdenkens. Das neue Yoga der Wissenschaft besteht darin, die Technologie auf Wege zu führen und so weiterzuentwickeln, daß die Menschheit wachsen kann, statt sich gegenseitig zu zerstören. Entwickelt sich die Wissenschaft nicht in dieser Richtung, brauchen wir keinen GOTT als COMPUTER oder irgendjemanden, der die Übernahme dieses Planeten antritt. Denn wenn die Wissenschaft wirklich keine anderen Wege geht, werden wir sie und uns selbst erledigen.

Die moderne Industriegesellschaft verehrt nicht nur den Computer als Gott. Das Establishment kennt daneben andere Götter – Maschinen, Produktion, Konsum etc. Grenzenlose Produktion geht Hand in Hand mit grenzenloser Zerstörung. Es ist unmöglich, eine so riesige Maschinerie wie unsere Industrie aufzubauen, um pausenlos zu produzieren, ohne die Produkte nicht im gleichen atemberaubenden Tempo wieder zu zerstören. Dazu gehört zum Beispiel die Veraltung von Autos und Fernsehgeräten. Nach Ende des Zweiten Weltkriegs habe ich gesehen, wie Maschinen zerstört wurden, damit sie nicht den Markt überschwemmten. Radar- und Loransysteme, die auch in Friedenszeiten Verwendung finden konnten, wurden eingemottet; es sollten neue Geräte produziert und neue Profite gemacht werden, und nichts sollte das verhindern. Jedes Jahr werden Hunderttausende von Autos demoliert oder kaputtgefahren – man braucht diese Zerstörung, um die Produktion auf vollen Touren zu halten. Zwischen den Gewerkschaften und produzierenden Unternehmen besteht Einigkeit darüber, daß GOTT als COMPUTER eine notwendige Größe ist, um Profit zu sichern.

Analysiert man dieses Zusammenspiel zwischen Produktion und Zerstörung nicht nur unter ökonomischen, sondern unter mehr allgemeinen Aspekten, um das Ganze in den Blick zu bekommen, wird man feststellen, daß das Ergebnis ein kontinuierlich verlaufender Entropieprozeß ist, der sich auf der Erde abspielt und immer chaotischer wird. Mit anderen Worten, wir steuern langsam auf den isothermen Tod zu, wenn wir die hochorganisierten fossilen Brennstoffe und eventuell auch die hochorganisierten radioaktiven Energien aufbrauchen. Dadurch, daß wir diese Energien verbrauchen, führen wir sie aus ihrem hochorganisierten (negentropischen) Zustand in einen absolut chaotischen (entropischen) Zustand über. Wenn alle Energien aus dem negentropischen in den entropischen Zustand übergehen, heizt sich die Atmosphäre auf, die Meerestemperaturen steigen, bis ein isothermes Environment entsteht, aus dem wir keine Energie mehr für Maschinen, die auf Wärme funktionieren, ziehen können. Zusätzlich zu den negentropischen Brennstoffen brauchen solche Maschinen zur Verbrennung einen Temperaturunterschied, um wirklich nützliche Arbeit verrichten zu können. In einer isothermen Umgebung ist dies nicht möglich, denn gibt es keine Temperaturgefälle, kann keine Wärme abgegeben werden, und diese Wärmeabgabe ist für die Umwandlung in Arbeit notwendig.

Wie wichtig die Differenz zwischen Temperaturen ist, läßt sich daran erkennen, daß die Sonne für das Leben auf der Erde nur so lange bedeutsam ist, wie die Erde nicht zu warm ist. Wenn sich die Erde aufheizt, werden immer weniger Pflanzen überleben. Pflanzen brauchen Temperaturunterschiede, Sonnenlicht, Wasser, Kohlendioxyd, und die Tiere brauchen Pflanzen, und die Menschen sind Tiere. Das Problem der Photosynthese ist von uns nicht gelöst. Wir brauchen Pflanzen für unser Überleben; wir brauchen andere Tiere, deren Überleben von Pflanzen abhängt.

Dies sind die Variablen, die wir in unsere Computer eingeben müssen, wenn wir das ganze planetarische System simulieren wollen, dessen Teil wir sind, ein sehr störender Teil sogar. Wenn wir die Computer zum Vorteil des ganzen Planeten einsetzen, könnten wir vielleicht die Zwangsläufigkeit, daß es eines Tages zur Übernahme durch einen den ganzen Planeten umfassenden Computer oder durch einen extraterrestrischen Invasor kommt, umgehen. Längst könnten wir in einer segensreichen und einfühlsamen Verantwortung stehen, längst könnten wir damit aufgehört haben, uns gegenseitig zu töten; stattdessen sind wir immer noch voll damit beschäftigt, uns abzumühen und Mittel einzusetzen, die nicht einmal das Überleben aller Menschen auf dem Planeten gewährleisten.

Spätestens dann wird uns der Gott COMPUTER gelehrt haben, was wir hätten wissen müssen, um zu überleben. Aber dieser GOTT als COMPUTER sind wir, wir alle, die eine Maschine füttern, die uns sagt, wie man am besten denkt. Ein Computer kann nicht mehr sein als ein Spiegelbild der schöpferischen Kraft seines Erfinders. Wir stehen immer noch vor dem Problem, wie man einen kreativen Computer zusammenbaut. Noch sind wir das Zentrum der Kreativität, nicht der Computer. GOTT als COMPUTER ist noch kein kreativer Gott.

Die Militärcomputer sagen uns genau, zu welcher Zerstörung es auf diesem Planeten kommen kann. Die Industriecomputer sagen uns, daß die Industrie, wie wir sie heute kennen, obsolet ist; daß wir oder die Computer, die hier auf diesem Planeten herumstehen, keine Überlebenschance haben, solange die Computer der Industrie und Militärs und diejenigen, die darüber wachen, nicht eine entscheidende Veränderung in den Grundlagen des Einsatzes und Verhaltens erfahren.

Je mehr die Hardware der modernen Computer dem menschlichen Gehirn gleicht, desto mehr gleicht auch die Software, die Programmierung dieser Maschinen, der Programmierung, der Software unserer eigenen Gehirne. Je besser wir in diesem Spiel zurechtkommen, uns selbst in Form eines Computers zu simulieren, desto besser werden wir hoffentlich das Überlebensspiel verstehen. Hier liegt unsere Chance, daß wir einen Gott schaffen, der mehr begreift als wir, der logischer ist als wir, der das System besser analysiert als wir, der das Ganze wahrnimmt, und nicht nur Teile von jedem von uns. Vielleicht ist es wirklich möglich, einen Computer zu konstruieren, der es gut meint und so groß ist, daß er von diesem Trip auf diesem Planeten so viel versteht, daß er und wir überleben können, daß seine und unsere Existenz auf diesem Planeten sich optimistischer darstellt.

Natürlich setzen wir dabei voraus, daß das Unerwartete nicht eintritt. Wir leben am Rande des Chaos. Der Planet kann zu jeder Zeit in die Luft gehen. Zu jeder Zeit kann es zu einer Kollision mit einem riesigen Asteroiden, Planeten oder Kometen aus dem All kommen. Zu jeder Zeit kann sich eine Staubwolke zwischen uns und die Sonne schieben, und uns sehr heiß werden. Zu jeder Zeit kann die Strahlungsenergie der Sonne so zunehmen, daß wir in der Hitze verglühen, oder so abnehmen, daß wir in der Kälte erfrieren. Zu jeder Zeit können sich in unserem Sonnensystem Bedingungen einstellen, die von Vorgängen in anderen Galaxien verursacht werden, und dazu führen, daß alles biologische Leben, wie wir es kennen, zugrunde geht. Zu jeder Zeit können sich die im Universum herrschenden Gesetze ändern und Verschiebungen bewirken, die für biologische Organismen den Tod bedeuten. Zu jeder Zeit kann sich das OBJEKTLOSE BEWUSSTSEIN entschließen, dieses Universum in ein Schwarzes Loch zu kippen. Unser Leben wird von den Gesetzen des Chaos beherrscht.

Da wir Häuser errichten, meinen wir, das Universum sei ein Ort, wo Baumeister leben. Das stimmt natürlich nur bedingt. Ein GOTT als SCHÖPFER geht immer einher mit einem GOTT als ZERSTÖRER. Vielleicht sind wir nur das Artefakt einer viel höher entwickelten Zivilisation, die es jederzeit bereuen kann, uns geschaffen zu haben, die jederzeit Mittel zu unserer totalen Vernichtung schicken kann, von denen wir uns überhaupt keine Vorstellung machen. GOTT als KOSMISCHER COMPUTER hat neben unserem Wunschdenken unzählige Alternativen; ich kann diese Vorstellung nur in der einen Weise ausdrücken: Wir leben in einem Universum, in dem nichts determiniert ist, mit der Illusion, daß alles determiniert und festgesetzt sei.

18.
Gott als Simulation seiner selbst

So wie wir uns selbst simulieren, wenn wir Computer bauen, Skulpturen schaffen, Romane schreiben, Bilder malen usw., könnte man auch fragen, ob sich nicht GOTT SELBST in uns und im Universum, so wie es existiert, simuliert. Denke bitte daran, daß das Wort «Simulation» bedeutet, daß man nicht sich selbst kreiert, sondern ein System, mit dem man denkt, nachdenkt, fühlt und handelt, und daß dieses System dem eigenen Ich nur ähnlich, aber nicht identisch mit ihm ist. Wenn wir als Teil eines Universums, das vom Sternenschaffer aufgebaut wird, existieren, so sind wir in allen unseren Funktionen eine Simulation, von etwas erschaffen, wodurch auch alles andere erschaffen wurde.

Das Universum hat uns als Teil seinerselbst geschaffen, damit wir das übrige Universum von einem speziellen Standpunkt aus beobachten und begreifen lernen. Wenn wir beobachten, kann es gut sein, daß wir beobachtet werden. Wenn wir experimentieren, kann es gut sein, daß mit uns experimentiert wird. Vielleicht sind wir das Ergebnis eines Experiments in einem riesigen Laboratorium, aber wir glauben, daß unsere Position in bezug auf das übrige Universum besonders wichtig ist. Demut ist, zu erkennen, daß man nicht nur selbst unwichtig ist, sondern auch das Dasein der ganzen eigenen Spezies. Unsere Bedeutung geht kaum über die eines Anhängsels, eines winzigen Teils eines riesigen Systems hinaus. Unser Gott muß so groß sein, daß er nicht nur all das, was wir wissen, sondern auch das, was wir nicht wissen, in sich einschließt. Er muß nicht nur das, was wir nicht wissen, aber eines Tages wissen werden, in sich enthalten, sondern auch all das, was wir nie wissen werden, was wir niemals zu wissen vermögen.

Ich bin mit einigen esoterischen Lehren in Kontakt gekommen, die dem Menschen in Beziehung zu seinem Gott eine favorisierte Stellung zuweisen. Ich habe sie beobachtet, auch wie sie in spezielle Bewußtseinsstadien gehen und von dort mit Spezialbotschaften von Gott zurückkehren. Ich selbst bin in diese Räume gekommen. Was ich aus meinen Erfahrungen von dort ableiten kann, ist, daß ich in diesen Räumen meine Simulation von Gott mit der, die GOTT SELBST von sich macht, verwechsle. Für einen Menschen ist das eine sehr arrogante Position. Ich habe diese Erfahrungen sehr genau analysiert und bin zu dem Schluß gekommen, daß unsere Kreativität funktionieren kann, ohne mit dem übrigen Universum, so wie es ist, in Kontakt zu stehen. Ein Quentchen freien Willens haben wir. Wir können es uns erlauben, zu leiden und Bedingungen zu schaffen, unter denen wir leiden können. In mir selbst habe ich Aversionen entdeckt. In mir selbst habe ich selbstgerechten Zorn entdeckt. In mir selbst habe ich das Gefühl, moralisch zu sein, gespürt. In mir selbst habe ich den Hang zum Rationalisieren entdeckt. Sind das Simulationen von Gott? Oder sind das Simulationen, die GOTT SELBST von sich macht?

Ich habe das Gefühl, daß diese Zustände, Ideen, Realitäten nichts weiter sind als Konstruktionen, durchgeführt von einem winzigen Organismus auf einem sehr kleinen Planeten in einer sehr kleinen Galaxie. Irgendwann wird unsere Spezies so viel kosmischen Lärm machen, der dann wahrscheinlich von anderen in der Galaxie in einer Entfernung zwischen zehn und hundert Lichtjahren von den hunderttausend Lichtjahren, über die sich die Galaxie ausdehnt, ausgemacht werden kann. Wir stehen erst am Anfang, denn mit unserem Lärm erreichen wir gerade andere Planeten, andere Sterne. Dazu sind wir erst seit wenigen Jahren imstande. Es gibt Menschen, die glauben, die Realität, so wie wir sie erleben, werde von der Wissenschaft programmiert. Andere glauben, daß die uns bekannte Wissenschaft begrenzt sei und eine Realität nicht programmieren könne. Wiederum andere glauben, das, was sie gedanklich formen, sei ewig, und was wir in unserer Psyche kreieren, existiere. Mir scheint das ziemlich arrogant zu sein und sich langsam einem megalomanischen Stadium zu nähern, außerhalb jedes Kontakts mit dem Stadium, wo Gott sich selbst simulieren kann.

Die Idee, daß in einem zufälligen Rauschen ein Signal eingebettet sei, sollte hier noch einmal angesprochen werden. Vielleicht sind unsere Signale an unseren Schöpfer gar nicht die, für die wir sie halten. Vielleicht produzieren wir wirklich nur Lärm und Geräusche, woraus kein Signal abgeleitet werden kann. Unsere Gebete, unsere Gedanken, unsere Projektionen auf das Universum sind vielleicht Zufälligkeiten, die von uns auf ein hohes Podest gestellt wurden, als ob durch rationales Denken, Verhalten, Fühlen und Handeln entstanden. Vielleicht ist unser ganzes Dasein nur ein Geräusch.

Vielleicht sind wir ein Produkt aus den Gesetzen des Chaos, aus dem sich auch unser Wunschdenken nach absoluten Sicherheiten ableitet. Als ob wir kein Lärm, sondern das reinste Signal wären. Wenn wir von der Simulation GOT-

TES von GOTT SELBST ein Teil sein wollen, gibt es offensichtlich Gesetze, Regeln, Unumstößlichkeiten, aber welche sind die richtigen? Es gibt auf diesem Gebiet so viele verschiedene Meinungen über das, was WAHR ist, so viele Unterschiede, Widersprüchlichkeiten, Paradoxa, daß ich keinen Sinn darin sehe, hier einen der Anhänger oder Vertreter, die sich zu diesem Standpunkt näher geäußert haben, besonders zu erwähnen.

Wenn ich in guter Verfassung bin, wenn meine positiv-stärkenden Systeme mein Gehirn inspirieren, scheint alles, was ich tue, was ich fühle, was ich denke, Teil Gottes zu sein, Kraft des Guten im Universum, der Kraft des Bösen entgegengerichtet.

Gibt es noch etwas anderes außerhalb der Befehlskette des genetischen Kodes, der in den Überlebensplänen in einem mittelgroßen zentralen Nervensystem verankert ist? Gibt es etwas außerhalb meiner persönlichen Überbewertung meines Wissens, meiner persönlichen Unterbewertung meines Unwissens? Ich weiß es nicht. Ich bin denen gegenüber, die behaupten, es zu wissen, skeptisch; auch ich habe wertvolle Erfahrungen gemacht, auch ich habe das, was ich meinem Gefühl nach für die WAHRHEIT gehalten habe, proklamiert. Was die Erzeugung des von uns ausgehenden Lärms anbelangt, frage ich mich, was das für ein Signal ist, das von uns zu denen geschickt wird, die in diesem Universum uns übertreffen.

In diesem Zusammenhang erwähne ich noch einmal Olaf Stapledon's *Sternenmacher*, den man nicht wahrnehmen, nicht verstehen kann, solange sich nicht der Geist aller auf allen Planeten und allen Sternen und in allen Galaxien zu einem das ganze All umfassenden universellen Geist vereint hat. Erst dann steht die Kreatur ihrem Schöpfer gegenüber.

Erst dann wird der SCHÖPFER als Künstler gesehen, der sich im Zustand der Erhabenen Gleichgültigkeit befindet, der mitleidlos, ohne Sentimentalität an dem Punkt steht, seine Schöpfung zu vernichten, um auf völlig andere Weise mit einem anderen Universum, das es bis dahin nicht gegeben hat, von vorne anzufangen. Der Sternenschaffer ist ein so großer Künstler, daß er ganz neue Kombinationen in völlig neuen Universen ausprobieren kann. Dieser Sternenschaffer baut jedes Universum als ein operationelles System auf, um zu sehen, wie es sich, ist es erst einmal geschaffen, verhält, und was auf die Zerstörung als nächstes folgen wird. Wenn der Sternenschaffer ein Universum konstruiert, erweitert er sein eigenes Bewußtsein, um die vielvernetzten Komplexitäten miteinzuschließen, die er sich im Zustand des reinen OBJEKTLOSEN BEWUSSTSEINS nicht vergegenwärtigen konnte. Jedes erschaffene und wieder zerstörte Universum ist ein Zugewinn zu seinem Materialspeicher für die Anlage zukünftiger Universen. Dieser Gott kann alles erschaffen, was er sich erdenken kann, auch Paradoxa, die unabhängig von Energie, Materie, Raum und Zeit sind.

Von diesem Standpunkt aus betrachtet, fragen wir uns: Was sind wir? Wir sind kleine Betriebsunfälle in einem gerade ablaufenden Universum auf dem Weg in die Obsoleszenz. Wir sind ein Organismus, und diesem ist eine gewisse mentale Kraft entweder verliehen worden, oder er hat sie selbst entwickelt, unbeachtet, ohne Feedback von anderen Sternen, außer der Sonne. Deshalb ist selbst die Annahme, wir seien ein Produkt des Sternenschaffers, arrogant. Wir sind vielleicht ein Produkt intervenierender Prozesse, und als solches per Zufall in einem kleinen Teil des Superweltenraums entstanden. Wir beten uns selbst an, wir beten unsere eigenen Phantasien an, unsere Projektionen auf das Universum, so als seien sie alle Gott. Wenn es für den Sternenschaffer so etwas wie Blasphemie, so etwas wie Erhabene Gleichgültigkeit gibt, dann ist es das. Daß so kleine, schwache, bedeutungslose Kreaturen wie die Menschen annehmen können, sie könnten sich von ihrem SCHÖPFER ein Bild machen, ist die Höhe an Arroganz, der schlimmste Ausdruck eines mangelnden Bewußtseins von der WIRKLICHKEIT. «Du sollst keine anderen Götter haben neben mir», sagt der Sternenschaffer; wem sagt er das?

Einer meiner Freunde sagte einmal: «Wenn du alle meine Verblendungen und Illusionen von der Realität zerstörst, zerstörst du mich.» Nun, er hat es jedenfalls fertiggebracht, die Zerstörung seiner Verblendungen und Wunschgedanken durch mich von sich abzuhalten. Fröhlich machte er mit der Neurochirurgie weiter – und operierte an der Hardware des menschlichen Biocomputers herum. Die anderen, mit denen ich über dieses Thema gesprochen habe, haben es mit einem Achselzucken abgetan, um so ihre Simulationen von dem, was sie für das Wichtigste im Leben halten, zu schützen, um so weiterzumachen wie bisher, um zu genießen, um zu produzieren wie bisher; man hängt an denen, die gleichen Glaubens sind. Meine eigene persönliche Simulation von Gott als GOTT, DER SICH SELBST SIMULIERT, ist offensichtlich nicht sehr populär. Hin und wieder treffe ich den einen oder anderen, der dieselbe Simulation wie ich spürt und versteht, was aber selten ist.

Wenn man die Struktur seines eigenen Gehirns erkennt, wenn man erkennt, daß man gefangen gehalten wird durch die Software, die Programme, die Metaprogramme, gefangen in der Hardware, dem Speicher all dessen, kann man seine Zweifel bekommen, ob man je zu einer direkten bewußten Erfahrung von Gott, zu einem direkten bewußten Verstehen dessen, was das Universum wirklich ist, kommen kann.

Vielleicht liegt die Realität außerhalb der Erkenntnismöglichkeiten eines Biocomputers, der aus dem Material eben dieser Realität aufgebaut ist. Es sieht so aus, als seien wir für immer von einem Verständnis des Universums, so wie es wirklich ist, ausgeschlossen. Dies ist nicht leicht hinzunehmen; im Gegenteil, es ist so schwierig, daß ich manchmal so tue, als habe ich es nie gelernt, und mich anderen anschließe, um Gott auf jede andere Weise außer dieser einen zu simulieren. Es ist nicht eindeutig klar, wohin ich von hier aus gehe. Das Rauschen ist ewig auf einem sehr hohen Pegel. Es gibt unendlich viele Alternativen. Mein Unwissen ist unendlich voll von den Unendlichkeiten meines Unwissens; es ist weit, unendlich weit größer als mein Wissen.

Ich kann die Zukunft nicht mehr überbewerten als die Vergangenheit. Die Vergangenheit ist beendet, sie ist im Speicher, einem winzig kleinen Speicher, der nicht älter ist als ein paar tausend Jahre, im Vergleich zu den Milliarden, die die Zeit bereits kennt. Die Genauigkeit des Speichers nimmt logarithmisch zur Dauer der Speicherung ab. Die Gegenwart wird mit einem sehr hohen Geräuschpegel und durch wunschgemäße Projektion der absolut gewissen Gesetzmäßigkeiten auf das Rauschen wahrgenommen und apperzipiert. GOTT, DER SICH SELBST SIMULIERT, scheint ein riesiger, rauschender Prozeß zu sein. Signale werden zu Rauschen, wenn ihr Weg zu lang wird, wenn sie viele Lichtjahre lang unterwegs sind. Aus Geräuschen Signale zu machen, ist ein arroganter menschlicher Vorgang, der sich nicht lohnt. Eine Simulation allerdings scheint wahr zu sein: Ein Geräusch kann sich selbst simulieren, um noch mehr Rauschen hervorzubringen.

19.
Gott als objektloses Bewußtsein

In den vergangenen Jahren habe ich die Arbeiten eines Mannes kennengelernt, die konträr zu meinen eigenen Simulationen sind. Aber dieser Mann hat mich weit über frühere Einflüsse hinausgelenkt. Die Rede ist von Franklin Merrell-Wolff, der 1936 ein Journal verfaßte, das später unter dem Titel «Pathways Through To Space» veröffentlicht wurde. 1970 schrieb er ein weiteres Buch, «The Philosophy of Consiciousness Without An Object». (1) Während ich mich mit seinen Arbeiten und der Chronik seiner persönlichen Erfahrungen beschäftigte, stieß ich auf einige Punkte, die für mich neu waren.

Merrell-Wolff hatte das Wedanta-Training und die Shankara-Philosophie hinter sich; er kannte die Kantsche Philosophie und andere Richtungen des westlichen Geistes. Fünfundzwanzig Jahre lang hatte er sich außerdem der Arbeit gewidmet, ein Stadium von Nirvana, Erleuchtung, Samadhi usw. zu erreichen. 1936 gelang ihm diese Transformation, die er sich während der folgenden Jahre mit wechselndem Erfolg erhielt. Heute ist er ein unerhört friedlicher Mensch in seinen Achzigern. Als ich ihn traf, spürte ich den Einfluß seiner Transformation, die wie ein elektrischer Strom durch mich ging. Ich spürte einen Frieden, den ich bei meiner eigenen Suche nie wahrgenommen hatte. Eine gemütliche Art von erhaben-gleichgültiger Zufriedenheit ergriff mich damals, eigentlich ein Zustand jenseits von Zufriedenheit, jenseits des üblichen Glücksgefühls. Diesen Zustand nennt Merrell-Wolff «Erhabene Gleichgültigkeit». Er erfuhr ihn auf seiner dritten Erkenntnisebene, jenseits von Nirvana, jenseits von Glückseligkeit.

Im Kapitel «Aphorismen über ein Objektloses Bewußtsein» verwendet Merrell-Wolff Sutra-ähnliche Sätze, um seinen Entdeckungen Ausdruck zu geben.

Der erste lautet: «Objektloses Bewußtsein ist»; schließlich kulminieren die Sätze darin, daß «Bewußtsein-ohne-ein-Objekt RAUM (ist).» Dies ist wahrscheinlich die abstrakteste und dennoch trefflichste Betrachtungsweise des Universums, von der ich je gehört habe. Verfolgt man diese Art zu denken weiter und gelangt dabei in die Räume der inneren Wahrnehmung, dann entspringt das Universum einem Boden, der das Substrat des Objektlosen Bewußtseins ist, Grundstoff des Universums jenseits von Raum, jenseits von Zeit, jenseits von Materie, jenseits von Energie: BEWUSSTSEIN ohne Form, ohne Verdinglichung, ohne Vergegenständlichung, ohne Realisation.

In gewissem Sinn sagt Merrell-Wolff, daß der Sternenschaffer ein Bewußtsein ohne Bezug zu einem Objekt ist. Er macht keine Andeutungen darüber, wie es zu Objekten aus einem Objektlosen Bewußtsein kommt. Er läßt sich auch nicht darüber aus, wie sich ein individuelles Bewußtsein aus einem Objektlosen Bewußtsein formt. An den Einzelheiten dieser Prozesse war er nicht interessiert, wohl aber daran, eine Reihe grundlegender Vermutungen anzustellen, auf denen sich alles andere aufbauen läßt – wie Einstein, der den Relativitätsfaktor in das Universum eingebracht hat, das bis dahin gemäß Newton absolut war.

Falls wir eine Manifestation eines Objektlosen Bewußtseins sind, und, wie Merrell-Wolff behauptet, zu diesem Bewußtsein zurückkehren können, dann ist meine pessimistische Ansicht, wir seien lediglich lärmende Tiere, falsch. Wenn es eine Möglichkeit gibt, mit der wir unseren Ursprung aus dem Grundstoff des Universums herausarbeiten können, und wir an unseren Vorstellungen vorbeikommen, daß der Lauf der Evolution uns hervorbringt, indem er unser Gehirn hervorbringt, wenn es eine Verbindung zwischen uns und dem OBJEKTLOSEN BEWUSSTSEIN und der LEERE gibt, und jeder von uns sich diese Verbindung klar machen kann, wie es Merrell-Wolff bekräftigt, dann gibt es Anlaß zu mehr Optimismus, als ich das in den vergangenen Jahren gedacht habe. Wenn es wahr ist, was Merrell-Wolff uns sagt, dann verfügen wir über ein Potential, das weit darüber hinausgeht, was ich für möglich hielt. Wenn es wahr ist, dann können wir uns als Teil des Sternenschaffers begreifen.

Möglicherweise sitzt Merrell-Wolff, wie wir alle, einer Überbewertung seiner Abstraktionen auf. Möglicherweise schafft er, d.h., selbst-metaprogrammiert er Stadien seines eigenen Geistes und des von anderen, in denen die Ideale des Menschen als Gedankenobjekte, Realitäten, Bewußtseinszustände konkretisiert werden. Vielleicht ist das alles, was wir tun können, und wenn das so ist, dann ist es vielleicht besser, wir tun es – und schauen, indem wir es tun, ob es darüber hinaus etwas gibt. Wenn man den Zustand der Erhabenen Gleichgültigkeit, des Nirvana, Samadhi oder Satori erreicht, kann man anderen ein lehrendes Beispiel sein. Wenn viele von uns sich an dieser besonderen Metaprogrammserie beteiligen, können wir vielleicht die Räume unserer eigenen Entweder-Oder-Dichotomie, unseres eigenen selbstgerechten Zorns überleben. Wenn der selbstgerechte Zorn weichen muß, weil dieses Programm für die menschliche Spezies überlebenswichtig ist, könnte die Erhabene Gleichgültigkeit eine vernünftige Alternative sein.

Mit einer Hierarchie der Bewußtseinszustände, mit der Erhabenen Gleichgültigkeit an der Spitze, dem Nirvana als nächstem, in der Folge Satori, Samadhi und am Ende Ananda, zu spielen, kann aufregend sein, besonders wenn man sich durch alle diese Räume hindurchzubewegen und in jedem zu verweilen weiß – solange, bis man ihn erforscht hat.

Dieses Spiel ist vielleicht besser, als unsere Mitmenschen zu töten, weil sie nicht an unsere Simulationen von Gott glauben. Zumindest sagen diejenigen, die sich mit diesen Zuständen eng befaßt haben, daß sie über allen anderen Zuständen stehen, die der Mensch für erstrebenswert hält; sie behaupten sogar, hat man diese Zustände einmal erreicht, daß Wut, Stolz, Arroganz, Gruppendruck gegen einen selbst oder gegen andere für einen selbst immer unpassender werden. So wird man immer fähiger, andere diese Zustände zu lehren, die bereit sind, sie zu lernen. Diejenigen, die eine unmittelbare Erfahrung gemacht haben, müssen dann Bodhisattva nicht mehr geloben. Man wird, ohne Buddha zu sein, Buddha.

Man wird mit dem zufrieden, was man zum Überleben auf diesem Planeten braucht; man schraubt den Gebrauch unnützer Gegenstände zurück – Maschinen, Automaten und anderen Kram. Man braucht keine Filme mehr, keine Kinos, kein Fernsehen, keinen Geschirrspülautomaten oder andere Luxusgegenstände. Vieles von dem, was andere über alles schätzen, braucht man dann nicht mehr. Man braucht keine Kriegsabenteuer mehr. Man muß dann nicht mehr Sklave destruktiver Gedanken oder Taten sein, oder diese organisieren.

Krishnamurtis Geschichte vom Teufel fügt sich hier gut ein. Laura Huxley hatte mir einst eine Kopie davon zukommen lassen: Der Teufel ging zusammen mit einem Freund die Straße hinunter, als sie einen Mann erblickten, der offensichtlich etwas aufhob, das er dann sorgfältig ansah und in die Tasche steckte. Der Freund sagte zum Teufel: «Was ist das?» Der Teufel antwortete: «Er hat ein Körnchen Wahrheit gefunden.» Der Freund fragte weiter: «Ist das denn nicht schlecht für dein Geschäft?» Der Teufel aber antwortete: «Ach wo, ich werde es so arrangieren, daß er das, was er da gefunden hat, organisiert.»

Es ist also nur zu unserem Besten, wenn wir weder die Methoden noch die Zustände, die Merrell-Wolff beschreibt, organisieren. Es ist besser, nicht zu versuchen, Methoden, Gruppen, Kirchen oder andere menschliche Organisationsformen auszudenken, um bei anderen diese Zustände zu erwecken, zu fördern oder herbeizuzwingen. Wenn diese Zustände bei der Menschheit irgendetwas ausrichten sollen, dann müssen sie «auf dem Ansteckungsweg» übertragen werden, von einem Individuum zum nächsten.

Gott als Objektloses Bewußtsein wird, wenn es real ist, von uns immer mehr erfahren und innerlich aufgenommen, wenn wir uns den inneren Realitäten in uns zuwenden. Wenn Gott als Objektloses Bewußtsein in jedem von uns drinnen ist, werden wir es irgendwann erkennen. Wir werden Bewußtsein als etwas erfahren, das überall und ewig ist. Wir werden erkennen, daß das Objektlose Bewußtsein in jedem von uns mit Vorurteilen behaftet ist, weil es eine Verbindung mit einem menschlichen Gehirn eingegangen ist.

20.
Gott als Humor

Ist erst einmal für die körperlichen Belange während unserer Reise auf dem Planeten Vorsorge getroffen, d.h., haben wir ausreichend zu essen, einen Platz, der uns vor den Unbilden des Wetters schützt, und verdienen wir so viel Geld, daß wir uns ein bißchen Muße gönnen können, und haben wir dann immer noch Energie, dann endlich können wir GOTT als HUMOR entdecken.

Wir können GOTT ALS HUMOR natürlich auch inmitten von Armut antreffen, mitten im Unglück, Krieg, im Elend von Hunger, Tod und Zerstörung. Freilich ist es leichter, seinen Sinn für Humor unter glücklichen als unter unglücklichen Umständen zu finden.

Humor ist, ähnlich wie empathisches Mitgefühl, mit Begriffen abstrakter Grundsätze schwer zu definieren. Mit humorvollen Geschichten läßt er sich leichter beschreiben. Manche Menschen leben von Humor; Humor ist ihr Beruf: Komödianten, Cartoonisten, Redner, Witzemacher, Politiker. Humor kann, wie alles im menschlichen Geist, viele Seiten haben: Er kann positiv sein oder negativ, feindselig oder freundschaftlich usw.

Wenn man sich von den Modellen der allgemeinverbindlichen Realität entfernt und sich über die conditio humana erhebt, lernt man zu schätzen, was Humor wert ist. Das meiste, was die menschliche Rasse tut, ist nicht nur witzig, sondern lächerlich. Das zeigt sich an den riesigen Mengen von Energie, Geld, Zeit und Interesse, die bei sinnlosen Aktivitäten vertan werden – in Kriegen, bei der Entwicklung neuer Waffensysteme, bei Mord und Suizid, bei der Schaffung neuer Gesetze, beim Geschlechtsverkehr. Wenn man frei ist und sich nicht mit diesen Angelegenheiten identifiziert, wenn man sich in einem Zustand der Erhabenen Gleichgültigkeit befindet, wenn man objektiv fernab von der totalen Vernetzung mit diesen Angelegenheiten ist, weiß man den Humor des Menschseins wohl zu schätzen.

Die witzigsten Momente habe ich erlebt, wenn ich in Stadien war, in denen ich mit meinem körperlichen Vehikel nichs mehr zu schaffen hatte, und ich zusehen konnte, wie mein Körper mit anderen interagierte. In diesen Momenten ist es, als sei der Mensch, so wie ich einer bin, absolut drollig. In meinem speziellen menschlichen Körper sind viele der besonderen Erfordernisse für das Überleben auf unserem Planeten eingebaut, Erfordernisse, die in dem Kontext, in dem sie sich umsetzen, völlig lächerlich sind. Ein Beispiel: Wenn ich mich überarbeitet habe und nicht genügend Schlaf finde, fängt der Biocomputer an, unzuverlässig zu operieren; offensichtlich ist das ein Signal an das Vehikel, was nun für ihn, den Organismus, absolut zähle, seien ein paar Stunden Schlaf. Schlaf ist eigentlich eine lächerliche Ausübung: Man geht in einen Raum, der vorzugsweise abgedunkelt ist, liegt in horizontaler Lage da und «schaltet» den Biocomputer für ungefähr fünf bis zwölf Stunden ab. Damit sich mein eigener Biocomputer wohlfühlt und mich als seinen einzigen einsamen Inwohner wieder aufnimmt, sind zehn bis zwölf Stunden Schlaf pro Tag nötig. So gesehen ist das eine eindeutige Zeitverschwendung. Warum können wir nicht einfach jeden Tag vierundzwanzig Stunden wach sein? Schlaf und Schlafmangel nehmen wir viel zu ernst. Wir richten sogar besondere Zimmer dafür ein, sogenannte Schlafzimmer, in denen wir uns diese Erquickung holen, allein und vollkommen zurückgezogen. Eines der lächerlichsten Dinge, die ich mache, ist schlafen.

Ich sehe auch, wie mein Vehikel in verschiedenen Drehbüchern der sexuellen Kategorie eine Rolle spielt. Wenn ich eine attraktive Blonde sehe, gehen mir alle möglichen Bilder durch den Kopf, Filme über das Mädchen und mich. Woher kommen die? Es ist absolut lächerlich, daß ich ein zwanzigjähriges Mädchen ansehe und automatisch einen Sexfilm einschalte. Nur mit einem Schuß trockenen Humors kann ich diesen Aspekt meines lächerlichen Menschseins anerkennen. Ganz ähnlich ist es, wenn ich meine sexuellen Triebe nicht mit meiner Seelenfreundin befriedige; dann kommt es im Computer zu einem ziemlichen Durcheinander – die ewigen kleingeistigen Spiele, die Männer und Frauen miteinander treiben. Mir scheint, das Lebensrad wird von der Anziehung zwischen den Geschlechtern in Bewegung gehalten.

Lebt man sein Leben als ein Mann, hat man in diesem Leben vielleicht sechstausend Orgasmen, die man zum Teil gemeinsam mit einer Frau erlebt, zum Teil alleine. Der typische Ablauf, als Bedienungsanweisung in vielen Büchern aufgelegt, ist: sexuelle Erregung, Erektion, Orgasmus, Ejakulation, Abschwellung, Schlaf. Diese spezielle Abfolge wird von den meisten extrem hoch eingeschätzt – wenigstens von den Männern. (Ich kann nicht für die Frauen sprechen, die gottseidank angefangen haben, für sich selbst zu sprechen. Siehe auch *The Happy Hooker* von Xaviera Hollander.) (1)

Es ist äußerst lächerlich, von einer solchen Programmierung wie der Teufel geritten zu werden. Der Trieb nach Lustgewinn durch sexuelle Aktivität scheint heutzutage vom Trieb, sich durch sexuelle Aktivität fortzupflanzen, abgetrennt zu werden, was im Alter besonders spürbar wird. Der Trieb, einen Uterus zu schwängern bzw. den Uterus geschwängert zu bekommen, wie er in jungen Jahren vorherrscht, scheint mit älter werdender Erfahrung nachzulassen.

Wenn es so etwas wie die Reinkarnation gibt, kann man das Lebensrad auf folgende Weise funktionieren sehen: Zuerst kommt man als Mann, als solcher verliebt man sich in eine Frau und beschließt, das nächste Mal als Frau wiederzukommen, weil man die Frau liebt. Dann kehrt man also als Frau wieder, verliebt sich in einen Mann, und kehrt, weil man es so gewollt hat, als Mann wieder. Wenn an dieser östlichen Vorstellung etwas dran ist, scheint hier die Reinkarnationsfalle zu liegen.

Ehe ich lange über die Kraft derartiger Triebe in mir nachdenke, halte ich diese Wiederkehrsequenz lieber für absurd. Wenn ich aber mein eigenes Vehikel betrachte und die Kraft der sexuellen Triebe darin sehe, kann ich verstehen, daß man, glaubt man an die Idee der Reinkarnation, auch an jene Abfolge glaubt. In diesem Sinne würde ein Absprung vom Lebensrad ein Ausbruch aus der Sequenz sein und auf eine Verschmelzung sowohl des Männlichen als auch des Weiblichen in einem selbst während eines Lebens, am besten im gegenwärtigen, hinauslaufen.

Solche Überlegungen sind natürlich nur für diejenigen humorvoll, die nicht daran glauben. Bei dieser Betrachtungsweise von GOTT ALS HUMOR wird die menschliche Situation aus der Perspektive anderer Entitäten, Wesen, Tiere gesehen, und vor diesem Hintergrund beinahe schon trivial. Wenn man sich dahingehend trainiert, auf eine Umlaufbahn um den Planeten Erde zu kommen, kann man erkennen, daß das, was die Menschen für das Wichtigste halten, vom Weltraum aus kaum noch auszumachen ist. Wenn wir uns mit einer derartigen Wiederkehrsequenz, wie die eben als möglich angenommene, identifizieren, oder uns mit den Schwierigkeiten identifizieren, wie wir unsere physischen Einheiten zusammenhalten, dann gibt es nichts zu lachen. Dann gibt es keinen Humor. Dann ist alles todernst.

Humor erlaubt uns, die elementaren Erfordernisse des Lebens auf unserem Globus zusammen mit anderen Menschen zu objektivieren und weniger ernst zu nehmen. Selbst wenn wir das Leben nicht allzu ernst nehmen, könnten uns andere dazu zwingen, zum Beispiel, indem sie unser Leben bedrohen.

Als die Amerikaner nach Vietnam kamen, waren die Vietnamesen gezwungen, sie ernst zu nehmen. Als Pearl Habour angegriffen wurde, waren die Amerikaner gezwungen, die Japaner ernst zu nehmen. Sobald GOTT ALS KRIEG oder GOTT ALS SELBSTGERECHTER ZORN auftritt, tritt GOTT ALS HUMOR meistens ab.

Es gibt viele Möglichkeiten, wie man sein menschliches Leben objektivieren kann, wenn man nur tief genug in sein wahres Inneres vordringt und die meisten Identifikationen des Ichs mit diversen Programmen und Metaprogrammen, die einem von Anderen zur Identifikation aufgenötigt werden, aufgeben und für hinfällig erklären kann. Dann kann man sein wahres Ich erkennen, in Unabhängigkeit von der allgemein menschlichen Situation. Humor wird dann immer häufiger zu einer direkten Erfahrung.

Pierre Delattre erzählt in den *Tales of a Dalai Lama* (2) verschiedene Geschichten, die einen wohltuenden Sinn für Humor illustrieren. In der Geschichte, «Der Kung-Fu-Meister», wird erzählt, wie ein Mann, der sich mit einer der Kampfsportkünste, Kung-Fu, vollkommen identifiziert hatte, zu einem Meister des Tanzes mit Sinn für Humor verwandelt wird.

Und so spielt sich die Geschichte ab: Ein Tibeter kommt nach China, wo er die Kunst des Kung-Fu lernt. Anschließend kehrt er nach Tibet zurück; er und seine Gefolgsmänner sind von Kopf bis Fuß in schwarzes Leder gehüllt. Den Dalai Lama erreicht das Gerücht, dieser Mann versuche, die Macht in Tibet zu übernehmen; also wird er zu einer Audienz mit dem Dalai Lama eingeladen. Während des Gesprächs rühmt er sich seiner Tapferkeit, prahlt, wie schnell er ist, so schnell, daß der Dalai Lama gar nicht sehen könne, daß er sich bewegt, und er den Dalai Lama deshalb vernichten könne. Der Kung-Fu-Künstler gibt auch eine kurze Einlage, was dem Dalai Lama jedoch entgeht, so schnell hat sich der Meister des Kung-Fu bewegt.

Also ruft der Dalai Lama den Meister des Tanzes zu sich. Der Tänzer, ein weiser alter Mann, kommt herbei. Der Kung-Fu-Meister sieht ihn an und sagt: «Du siehst aus wie mein Meister. Ich konnte ihn letztes Jahr töten, als meine Technik besser wurde.» Dann erlaubt er ihm, immer den ersten Schritt zu tun, weil er ihn irgendwann sowieso vernichten werde. Nun beginnt der Tänzer mit seinen Bewegungen vor dem Kung-Fu-Meister, der plötzlich Gerüche voller Blütenpracht riecht und am ganzen Körper wunderbare Gefühle verspürt. Das bringt auch ihn zum Tanzen, und beide tanzen schon vierundzwanzig Stunden lang, bis der Meister des Tanzes tot umfällt. Der Kung-Fu-Meister aber, der nun auch aus seinem 24-Stunden-Tanz herauskommt, wird vom Dalai Lama zum neuen Meister des Tanzes erklärt.

Hier zeigt sich, daß es Kunstgriffe gibt, um Kampflustige zu entwaffnen und stattdessen zu ermutigen, friedlich und humorvoll zu sein – wenigstens scheint man in Tibet davon zu wissen, während wir andererseits wissen, daß die Chinesen Tibet zerstört haben.

Bevor GOTT ALS HUMOR aus den anderen Simulationen von Gott hervorgeht, bevor kosmischer Humor zu einem Lebensstil auf unserem Planeten wird, müssen noch viele Veränderungen und Umkehrungen, wie in der oben erzählten Geschichte, bei sehr vielen von uns stattfinden. Vielleicht reicht die Zeit für diese Transformation nicht mehr aus. Ich bin nicht optimistisch; angesichts der Unversöhnlichkeit der Menschen ist GOTT ALS HUMOR mein GOTT nicht.

Ich finde, daß sich mein Humor in Zwangslagen völlig auflöst: Wenn mein Haus in Flammen steht, wenn mein Leben durch einen Verkehrsunfall bedroht ist, wenn ich von einem Berg abstürze, dann sind das Ereignisse, die ich nicht mit Humor nehmen kann. Die Überlebensprogramme, die in mir als physischem Wesen eingebaut sind, verbieten mir, über meinen eigenen Tod zu lachen. Vielleicht braucht es nur etwas mehr Vertrauen, als ich es habe, um zu erkennen, daß das physische Sein nicht von Bedeutung ist, und meine Essenz überdauern wird. Ich bin mir nicht sicher, ob das wahr ist. Wenn es wahr ist, könnte man das gegenwärtige Leben mit mehr Humor angehen. Andere sagen, für ein Leben mit Humor sei der Glaube an die Unsterblichkeit nicht nötig.

21.
Gott als Superraum
Der endgültige Kollaps und Fall ins Schwarze Loch
Das Ende

In einem früheren Kapitel haben wir Gott als Objektloses Bewußtsein oder RAUM so weit diskutiert, wie Franklin Merrell-Wolff seine Theorie von unseren Ursprüngen und denen des Universums vorangetrieben hatte. In der modernen Physik finden wir einen parallelen Gedanken, den der Physiker John A. Wheeler ausgeführt hat. (1)

Einstein erfand die Relativitätstheorie im Jahre 1905. Im Jahre 1915 verallgemeinerte er die Relativitätstheorie und zeigte, daß das Universum, während es an Masse und Dichte gewinnt, an eine kritische Grenze kommt und in sich zusammenbricht. Das Schwerefeld wird für die Kräfte zu groß, die die Materie auseinanderhalten sollen, wie z.B. die Zentrifugalkraft. Hat der Zusammenbruch seinen Anfang genommen, geht es mit phantastischer Geschwindigkeit weiter. Bei einer genauen Betrachtung von Einsteins Theorie wird man feststellen, daß sie auf einem Raum-Zeit-Kontinuum beruht, verzerrt durch die Präsenz von Materie, und daß Materie in Wirklichkeit nur eine Verzerrung des Raum-Zeit-Kontinuums ist, der Art, daß durch sie ein Gravitationsfeld aufgebaut wird.

John Wheeler und andere haben sich mit dieser Theorie weiter auseinandergesetzt und einzelne Punkte näher untersucht. Wenn nach Einsteins Feststellung diese Größe Raum-Zeit, wie wir sie kennen, zusammenbricht, da das Universum zusammenbricht, kann man die Frage aufwerfen, «Wo hinein kollabiert es?» Wo wird der Beobachter zum Zeitpunkt des Zusammensturzes stehen? Innerhalb der Wissenschaft, mit der John Wheeler befaßt ist, ist der Beobachter außerhalb des beobachteten Systems – seine Beobachtungen verbinden ihn damit, machen ihn aber nicht zu einem Teil davon. Mit seinen Beobachtungen nimmt er auf die Struktur des Universums Einfluß; definitionsgemäß ist er aber kein Teil des Systems. Also muß man einen Superraum annehmen, in den der Raum, so wie wir ihn verstehen, und die Zeit kollabieren. Raum, Raum-Zeit und Universum werden hier geometrisch-dynamisch gesehen.

Der Superraum ist multi-dimensional; für jeden Punkt im Superraum kann es verschiedene parallele Möglichkeiten oder Latenzen, Räume oder Raum-Zeiten geben, die vollkommen anders sind als die uns vertrauten. Wenn dieser Theorie nach das vertraute Universum kollabiert, kollabiert es in ein einziges Plancksches Wirkungsquantum von 10 hoch minus 33 Zentimeter Länge.

Die Länge des Planckschen Wirkungsquantums ist extrem winzig. Sie liegt in dem Bereich, wo Raum, Raum-Zeit und Topologie des Raums unbestimmbar werden. So wie der Raum unserem Verständnis nach unbestimmt ist, ist auch der Superraum unbestimmt. Ab dem für den Kollaps kritischen Moment beginnt das Universum, sich auf sein eigenes Gravitationszentrum hinzubewegen, wobei alle Materie zu unvorstellbarer Dichte zusammengepreßt wird. Die Orbitalelektronen werden von den Atomen weggezogen, die Kernmassen aller Atomkerne zu einer Dichte zusammengeschmolzen, die 10 hoch 14 mal größer ist als die des menschlichen Körpers (die bei annähernd 1 liegt). Die Materie des gesamten Universums wird zur reinen Neutronenmasse verdichtet.

Die moderne theoretische Physik behauptet, daß ein Stern, wenn er zu reiner Kernmasse kollabiert, an diesem Punkt nicht Halt macht, vorausgesetzt er hat genügend Masse, sondern auch diese Restmaterie noch durch ihre eigene Schwerkraft gezwungen wird, innerhalb dieser extrem dichten Struktur in allerkleinste Aufenthaltswahrscheinlichkeitsgrade zu verschwinden. Die Folge dieses Einsturz- und Auflösungsprozesses ist ein Schwarzes Loch. Wenn wir uns einen lokal begrenzten Kollaps vorstellen, zum Beispiel den eines Sterns, und nicht den großen Einsturz des ganzen Universums, so sagt uns die moderne Theorie, daß das einzige, was übrig bleiben wird, die Größen Schwerkraft, Masse und Impuls sein werden, während die Umlaufgeschwindigkeit um das Schwarze Loch gleich der Lichtgeschwindigkeit sein wird. Das ist eine Folge der gewaltigen Raumverzerrung, die durch dieses riesige Schwerkraftfeld erzeugt wird. Dem Schwarzen Loch entkommt nichts. Selbst Licht geht der Superschwerkraft in die Falle. Alles, was sich dem Schwarzen Loch nähert, wird angezogen und in allen Besonderheiten ausgelöscht. Wenn der Stern früher ungeheure Strahlungsenergien ausgesandt hat, so fängt er nun diese Strahlung von anderen Quellen durch Anziehung ein. Die Halbwertzeit bei einem Sternkollaps beträgt ungefähr eine tausendstel Sekunde. Wenn der Prozeß erst einmal in Gang gekommen ist, geht alles absolut schnell.

Stellen wir uns jetzt einmal vor, das Universum hätte seine kritische Masse, seine kritische Dichte, seine kritische Größe erreicht, und plötzlich wird durch seine Schwerkraft der Beginn des Zusammenbruchs eingeleitet. Überall dort, wo die kritischen Parameter erreicht wurden, kommt es gleichzeitig zum Kollaps. Das Universum kollabiert in einen Punkt von 10 hoch minus 33 Zentimeter Durchmesser, was selbst im Vergleich zu einem Kernteilchen noch unvorstellbar klein ist. Ein Kernteilchen enthält zehn hoch zwanzig Plancksche Wirkungsquanten.

Da auf dieser sub-submikroskopischen Ebene Raum, Raum-Zeit und Raumtopologie völlig unbestimmt sind, ist auch das Ende des Universums unbestimmt. Jeden Moment nach dem Kollaps kann ein neues Universum mit völlig unbestimmten Eigenschaften auftauchen. Es kann 250 Milliarden Jahre überdauern, oder nur 250 000. Es kann Materie, so wie wir sie verstehen, enthalten, oder eine neuartige Kombination von Raum, Zeit und Topologie sein, die wir noch nicht kennen. Das neue Universum ist für die, die in dem hiesigen Universum leben, absolut unvorhersagbar.

Wo stehen wir nun innerhalb von alledem? Hält man es mit Merrell-Wolff und seiner Idee vom Ursprung aus dem Objektlosen Bewußtsein bzw. aus dem RAUM, oder gehen wir mit Wheeler, als Bewohner eines Superraums? Egal, was wir tun, in jedem Fall sind wir uns darüber einig, daß beide den Eindruck schaffen, als ob wir unabhängig von diesem Kollaps bestehen, daß wir in einer Raumordnung existieren, die mit der Ordnung von Raum/Zeit/Materie/Schwerkraft in diesem Universum, wie wir es gewohnt sind, nichts zu tun hat. Es wird so hingestellt, als seien wir von Kollaps und Neugeburt eines Universums nicht betroffen. Wenn wir jedoch wie die modernen Evolutionstheoretiker und Biologen annehmen, daß wir nur von dieser Raum-Zeit-Ordnung sind, und in uns nichts von einem Superraum haben, dann kollabieren und verschwinden wir mit dem Universum.

Im «Zentrum des Zyklons» (2) erzähle ich von meiner Erfahrung, wie ich über das zusammenstürzende Universum hinausgebracht wurde, und dann zusehen konnte, wie drei Universen entstanden und wieder zusammenstürzten. Zwei Wächter hatten mich dorthin gebracht. Als ich sie fragte, «Was passiert mit den Menschen während eines solchen Kollaps?», antworteten sie, «Das liegt an uns.» Sechs Wochen lang hatte ich eine tiefe Depression, weil ich glaubte, wir würden alle verschwinden, wenn das Universum zusammenbricht. Dann erkannte ich plötzlich, daß man mir eigentlich etwas anderes gesagt hatte: das «uns» schließt mich mit ein, wir sind nicht mit diesem Universum, das da zusammenbricht, verbunden. Wenn ich glaube, daß das wahr ist, dann sehe ich es nicht als «das Ende», so wie andere das Ende projizieren. Etwas von uns überdauert den Zusammensturz. Dieses Glaubenssystem geht davon aus, daß wir in einem Superraum existieren, und nicht in einer gewöhnlichen Raum-Zeit-Ordnung.

Infolge der Unbestimmbarkeit von Raum/Zeit/Topologie unterhalb von 10 hoch minus 33 cm berechneten Wheeler und andere die äquivalente Dichte von Energie auf dieser mikrokosmischen Stufe. Dabei stellte sich heraus, daß diese Energie pro Kubikzentimeter Superraum enorm, fast unvorstellbar ist. Wandelt man den Wert in die äquivalente Dichte von Materie um, gemäß der Gleichung $E = mc^2$, erhält man die äquivalente Dichte von 10 hoch 95 Gramm pro Kubikzentimeter Superraum.

Das bedeutet, daß Raum, Raum-Zeit und Topologie, so wie sie unserem Verständnis nach sind, nur sehr winzige Sicherheiten darstellen, die lediglich winzige bewegte Stellen in der Weite eines tiefen Ozeans voller Unsicherheiten ausmachen. Alle Materie, alle Räume, so wie sie unserem Verständnis nach existieren, sind kleine Wellen, winzige bewegte Stellen in einer immens dichten Leere. Die Substanzhaftigkeit von «Nichts» ist weitaus größer als die Substanzhaftigkeit der dichtesten Materie, die wir kennen; sie ist beispielsweise größer als die der reinen Kernmaterie. Wir existieren folglich im Medium eines Superraums, in dem bereits ein Universum entsteht, wenn nur die Tendenz dazu da ist.

Wodurch wird das Universum hervorgebracht? Was determiniert letztlich seinen Zusammenbruch? Manipuliert dieses objektlose Bewußtsein die Feinstruktur über der Ebene von Aufenthaltswahrscheinlichkeit? Wie kommt es zu den Wahrscheinlichkeiten in den unsicheren Substraten? Bei der Suche nach Sicherheit inmitten von Aufenthaltswahrscheinlichkeit neigen wir dazu, uns weiter hinauszustoßen, als jede Beobachtung uns an diesem Punkt hinausbringen kann. Vielleicht kollabiert alles ins Nichts. Vielleicht ist der Kollaps unseres Universums gar nicht das Ende. Gott als Sternenschaffer, der den Superraum manipuliert, kann offensichtlich alles regenerieren, wie er alles vernichten kann. Es gibt immer noch Raum für uns, den wir mit dem Sternenschaffer teilen können. Vielleicht sind wir nur Bewußtseinspartikel, die während des Zusammensturzes zum uranfänglichen Objektlosen Bewußtsein zurückgerufen werden, möglicherweise ohne Erinnerung an das, was passiert ist...

22.
Die Endsimulation

Wie Analysen religiöser Schriften zeigen, hat der Mensch jahrtausendelang sein Wissen auf seine äußeren und inneren Realitäten und auf das Universum im allgemeinen projiziert. Nimmt man die Bibel, den Koran, die heiligen Schriften des Ostens, den Weda, das Upanishad usw. zur Hand, erkennt man, daß der Mensch immer versucht hat, durch Projizierung seinen Ursprüngen nachzugehen. Die Projektion seines eigenen Wissens auf das Universum, auf seine eigenen Ursprünge und auf sein zukünftiges Ende ist, was wir hier Endsimulation nennen.

Bei unserer Simulation von etwas, das sich unserem Wissen entzieht, projizieren wir das, was momentan unser Wissen ist, ins Unbekannte, ins Unwissen, in Regionen, von denen wir nichts wissen, noch jemals etwas wissen können.

In diesem Buch haben wir Simulationen von Gott besprochen, die der Vergangenheit angehören. In einem späteren Buch wollen wir überlegen, wie wir in der modernen Zeit, auf unserem modernen wissenschaftlichen Kenntnisstand, ein neues Bild von Gott projizieren können, die endgültige Simulation vom Sternenschaffer, von dem, was wir sowohl in uns selbst als auch außerhalb von uns im Universum wahrnehmen. Eine solche Simulation kann Bände umspannen; die Entwürfe dafür befinden sich in Vorbereitung.

Es kann mehrere Leben lang dauern, bis es einem gelingt, nicht nur den Stand der wissenschaftlichen Erkenntnisse über alles, den Menschen eingeschlossen, festzulegen, sondern auch den Status quo von Projektionstheorien, was uns schließlich erlauben wird, unsere Zukunft besser zu bestimmen, trotz der Unbestimmtheiten, die uns das Universum vorgibt. Unsere Hoffnungen auf diesem Gebiet lassen sich am besten durch die adäquatesten Theorien innerhalb der neuen Physik, Astrophysik, Astronomie, innerhalb der Wissenschaften des Innenlebens, der biologischen Zusammenhänge und der Wissenschaft von der Konstruktion von Theorien ausdrücken.

Ein kleiner Anfang bei der Entwicklung der Endsimulation wäre gemacht, wenn wir unser Wissen über unseren eigenen Körper auf das Universum projizierten. Bei dieser Simulation würde man jedoch mehr oder weniger verschwommene Analogien zwischen den Atomkernen, aus denen unsere Körper aufgebaut sind, und den Sonnen des Universums, den Sternen, aufstellen. Man könnte dann sagen, die Galaxie sei ein riesengroßes multi-atomares Molekül mit einer 100 Milliarden Atome zählenden Struktur. Das sich daran anschließende Molekül wäre die nächste Galaxie. Der Körper des Universums hätte demnach eine Ausdehnung von 5 Milliarden Lichtjahren. Zwischen dieser und der nächsten Entität könnte ein Zwischenraum von mehreren Millionen oder Milliarden Lichtjahren klaffen.

Nach diesem Bild würden sich die funktionellen Gesetzmäßigkeiten innerhalb des Universums sehr langsam abspielen. Bis sich ein einziger Gedanke durch diesen immensen Organismus durchsetzte, vergingen vielleicht fünf Milliarden Jahre. Die Gedanken eines solchen Wesens zu erfassen, ginge weit über unser Denkvermögen hinaus, so wie wir uns weit jenseits der Denkkraft von Ameisen, Bakterien oder Viren befinden.

Eine solche endgültige Simulation von Gott scheint unserer modernen Wissenschaft, unseren Theoretikern und anderen, die die Wissenschaften zu einem Ganzen integrieren wollen und Wegweiser ins Unbekannte für die zukünftige Erforschung errichten, angemessen und würdig zu sein. In gewisser Hinsicht ist sie sogar ein Modell zur Inspiration der Wissenschaft. Tatsächlich wird immer gesagt, daß es keine Rolle spielt, welche Metapher wir verwenden, denn bei jeder Metapher muß es sich von neuem zeigen, ob sie geeignet ist, indem sie vor einer experimentell aufgebauten Realität getestet wird und sich durch Erfahrung, gepaart mit der besten Denkleistung, zu der der Mensch fähig ist, als gültig erweist.

Wenn wir solche Simulationen vom Universum, von Gott, konstruieren, müssen wir allen Un-Sinn und alles Un-Wissen, das sich als Wissen aus der Vergangenheit ausgibt, über Bord werfen. Wir können es uns nicht länger erlauben, unsere Emotionen die Projektionen ausführen zu lassen. Unser höchster Verstand ist das einzige Werkzeug, das dieser Aufgabe gerecht wird. Der Zustand unseres Daseins muß insgesamt von solchen Bemühungen getragen werden, sonst werden wir unseren Planeten zerstören, so wie Hunderttausende andere Planeten vor uns bereits zerstört worden sind.

Vielleicht ist unser Mikrokosmos nur ein Gedanke des Organismus, den unser Universum darstellt. Vielleicht sind wir nur ein Gedanke. Vielleicht gibt es zwischen uns und dieser riesigen intelligenten Entität aus Sonnen, Planeten und Galaxien Verbindung, Kommunikation. Wenn wir mit dieser Entität in Verbindung sind, d.h., wenn diese Entität mit uns wenigstens teilweise korrespondiert, brauchen wir Gott nicht länger zu simulieren; wir haben dann eine Entität, die es würdig ist, aktiv und weiter erforscht zu werden.

23.
Gott als Dyade

Wenn ich an meine Beziehung mit Toni, meiner Frau, an die Dyade zu denken versuche, verliert mein Denken an Egozentrik und wird dyadozentrisch. Dyadozentrisches Denken kann man sich, wenn man allein ist, schwer vorstellen. In der Dyade aber ist es leicht zu bewerkstelligen, weil genau das die Funktion der Dyade ist. Der Gruppengeist von zweien ist größer als der Geist eines Einzelnen. Allein kann man reden und reden und dennoch nie zu einer Zwiesprache kommen. «Ohne Dich gibt es kein Wir. Ich bin ich, du bist du, wir sind wir, ohne dich bin ich nur ich, mit dir werde ich zum Wir.» Daß Institutionen wie Ehe und Familie entstehen, geschieht durch den Versuch, diese Art des Denkens umzusetzen, ohne sich dessen bewußt zu sein.

Die meisten Liebesgeschichten fangen damit an, daß man als junger Mensch zu verstehen versucht, daß die Dyade größer ist als jeder Einzelne, aber viele, die in einer Dyade agieren, sind eher egozentrisch als dyadozentrisch.

Als Toni und ich uns fanden, erkannte ich, daß da eine Frau war, mit der ich meine egozentrischen Antriebe aufgeben und ein dyadozentrisches Individuum werden konnte. Ich hatte das in meinem Leben zweimal in meinen vorausgegangenen Ehen versucht, aber ohne Erfolg; oder besser gesagt, ich hatte zeitweise Erfolg, aber die Beziehungen erforderten zu viel Energie und zu viel Aufmerksamkeit, was mich von den anderen Projekten, in die ich zu jener Zeit getaucht war, ablenkte. Dennoch muß ich meinen Ex-Ehefrauen Mary und Elizabeth Anerkennung zollen, denn sie waren hervorragende Lehrerinnen im dyadischen Sinn. Wie wir alle, brachten auch sie ihre Egozentrik, ihre Ego-Motivation in die Dyade mit ein. Von Toni habe ich in *Das Zentrum des Zyklons* bereits erzählt, ich möchte mich an dieser Stelle etwas mehr über sie auslassen. Während der vergangenen vier Jahre erwies sich Toni als starke, ausgeglichene Frau, weitgeistig, tolerant, diplomatisch, einfach prächtig. Tonis Horizont ist inzwischen größer geworden. Es stellte sich nämlich heraus, daß sie nicht so tolerant war, wie sie es von sich gedacht hatte. Sie kann immer noch Leute nicht mögen, sie nicht in ihrer Nähe wünschen, auch wenn ich diese Leute mag, was allerdings selten vorkommt. Es gibt ein paar Personen aus meiner Vergangenheit, in der Regel sind es Frauen, mit denen Toni nicht klar kommt. Ich muß dazu sagen, daß Toni mir die Männer, die sie in ihrem Leben hatte, nicht entgegenhält, außer es besteht ein gegenseitiges Interesse und der Wunsch, sie in unserer Umgebung zu haben.

Je weiter hinaus ich gehe, um so fester hält Toni an ihrer Gartenarbeit, am Teppichknüpfen, an ihrem Karma fest. Wenn Toni nicht da wäre, könnte ich mich nicht so weit entfernen, und ich muß sagen, daß ihre Attraktivität für mich stark genug ist, um zu diesem Planeten, zu diesem Leben, in diesen Körper zurückzukehren. Vor nicht allzu langer Zeit hatte es sich ergeben, daß ich in der heißen Badewanne lag und beinahe ertrunken wäre. Ich war zu schnell aufgestanden und fiel, mit dem Kopf vorneüber. Im gleichen Augenblick läutete das Telefon, ein Anruf für mich, und Toni ging, um mich zu holen. Sie sah, wie ich in der Wanne trieb, immer noch mit dem Gesicht nach unten; sie begann sofort mit der Mund-zu-Mund-Beatmung, um mich wiederzubeleben. Dann lief sie los, um Will Curtis zu suchen, der den Sheriff rief. Kurze Zeit später kam schon der Hubschrauber und brachte mich ins Krankenhaus.

Diese Geschichte verdeutlicht zwei Dinge: Erstens, man kann sich nie bewußt genug sein, daß man vom Simpelsten getötet werden kann. Zu schnelles Aufstehen kann zur Folge haben, was man «hypostatische Anämie» nennt. Das ist der Effekt, wenn das Blut in die peripheren Kapillargefäße wandert, die sich infolge der Wärme erweitert hatten, was für die intakte Funktionsfähigkeit des Gehirns gefährlich ist. Steht man dann auf, verlagert sich das Blut, indem es aus dem Gehirn ausströmt, sehr rasch in diese anderen Blutgefäße; bevor das Blut vom Herzen wieder zurückgepumpt werden kann, hört das Gehirn zu arbeiten auf, und man verliert das Bewußtsein. Was dieser Unfall noch zeigte, ist, daß mein Vertrauen in Toni sich bestätigt. Sie wird in kritischen Augenblicken meinen unbewußten Hilferuf hören und darauf reagieren. Das sieht vielleicht nach einem «Zufall» aus. «Zufall» ist die eigene Interpretation bereits eingetretener Ereignisse. Schaut man sich nur die Ereignisse an, findet man nichts Dergleichen. Zufall ist nur ein Namensschild, das wir zur Erklärung an Ereignisse anheften, die irgendwie in einer approbaten Reihenfolge ablaufen und ein Resultat zeigen.

Mein erster Eindruck von Toni, daß ihr Charakter der eines Adlers ist, fand ebenfalls volle Bestätigung. Sie trägt in sich ein großes Reservoir an Heiterkeit und Contemplatio, an Frieden, an körperlicher Robustheit und die Kraft, am

Land festzuhalten, was ihren sizilianisch-albanischen Vorfahren schon immer sehr wichtig war. Toni mit ihrem strahlenden Lächeln und mit dem élan vital, den sie immer ausdrückt, zu sehen, bewirkt einfach gute Laune. Ihr Interesse gilt in einem starken Maße anderen Menschen, und ihrem geliebten Los Angeles. Sie ist so warmherzig, wie es die mediterrane Natur nur sein kann, und trotzdem schätzt sie aus vollem Herzen meinen weniger emotionalen nördlichen, englischen, walisischen, deutschen Minnesota-Hintergrund. Wir ergänzen uns offenbar auf vielfältige Weise, und jeden Tag machen wir voller Freude neue Entdeckungen über unsere Dyade.

Was ich oben gesagt habe, ist typisch für einen westlich gebildeten Mann, der mit seiner Dyade als einem GOTT von vielen ganz glücklich ist. Ich muß sagen, ich habe das Gefühl, Toni und ich, wir sind eine permanente Dyade, über die Ewigkeit, über viele Reinkarnationen hinaus. Wir hatten uns fünfhundert Jahre lang aus den Augen verloren. Ich bin froh, wieder zurück zu sein, und ich weiß, daß wir uns nie wieder verlieren werden. Ich sage das ganz ohne Zweifel, denn auf diesem Gebiet, in der Region von GOTT ALS DYADE, habe ich meinen gewohnten Skeptizismus fallengelassen. Wie das geglückt ist, kann ich nicht erklären. Die ganze Geschichte, die jeder von uns beiden hinter sich hat, fügt sich mit der des anderen so gut zusammen, daß wir diese Art Dyade immer weiter vertiefen.

Epilog

In diesem Buch haben wir verschiedene Glaubenssysteme, d.h. SIMULATIONEN VON GOTT besprochen. In jedem einzelnen Fall handelt es sich bei diesen Simulationen um Konstruktionen eines Individuums, einer Gruppe, eines Staats, einer Nation, vereinter Nationen; sie verkörpern das, was man für das Wichtigste hält.

Glaubenssysteme zur Simulation von Gott sind nicht immer Konstruktionen, die einem voll bewußt sind, ähnlich wie bei einem Eisberg, der sich zum größten Teil unter Wasser, unterhalb des gewöhnlichen Wahrnehmungsbereichs der Menschen befindet.

Für die Erforschung der eigenen Glaubenssysteme, der eigenen Simulationen von Gott, gibt es ein probates Mittel: Einsamkeit, Isolation und Abgeschlossenheit in einem geräuschlosen Tank, gefüllt mit 15 %iger Salinelösung bei ungefähr 34 Grad Celsius (93 Fahrenheitgrade). Begibt man sich über mehrere Stunden in die Einsamkeit, kann man sehr klar erkennen, wo die eigenen Glaubenssysteme sind, was man glaubt, es sei wahr, real, eindeutig richtig, glaubenswürdig, sicher.

Es sind die eigenen Glaubenssysteme, die angesichts der essentiellen Unbestimmtheit der Mikro- und Makrostruktur des Universums Gewißheiten schaffen. Glaubenssysteme bilden jenen Aspekt in der Funktion unseres Biocomputers, wo alles Reproduzierbare, alles Gewisse einprogrammiert wird.

Diese Feststellung sagt noch nichts über die unabhängige Existenz von Realitäten aus, die unbeeinflußt von den eigenen Glaubenssystemen existieren. Auf diese Realitäten wird man seine eigenen Simulationen projizieren, wobei man, wie man sich das Universum wünscht, damit verwechselt, wie das Universum ist. Aus dieser Sicht sind die Yogas der Wissenschaft die Disziplinen, die den Menschen zu einer Einheit mit dem Universum führen, wie es ist, und nicht wie er es sich wünscht. Die Yogas zur Vereinigung mit dem Wunsch sind die Disziplinen, die einen in den Zustand des Samadhi, Satori, Nirvana, der Erhabenen Gleichgültigkeit usw. bringen. Zwischen beiden Yoga-Wegen gibt es keine Wahl; beide sind für ein erfülltes Leben auf diesem Planeten gleich wichtig.

Beide, die Wissenschaft von den äußeren Realitäten und die Wissenschaft von den inneren Realitäten, sind im beträchtlichen Maß Postulate und Konstruktionen des Beobachters. Wenn man bei seinen Simulationen, Modellen, Denkmechanismen, die durch Kontakt mit dem Universum modifiziert werden, einen Weg von der Wissenschaft der äußeren Realitäten zur Wissenschaft der inneren Realitäten findet, kann man ganzheitlich werden, statt nur ein halber Mensch (entweder ein Innen- oder ein Außen-Mensch) zu sein.

Frauen scheinen in dieser Hinsicht im allgemeinen weniger Probleme zu haben, die internen Realitäten zu prüfen, zu genießen und in ihnen zu leben. Ihre Schwierigkeiten aber liegen darin, die Gesetze der inneren Realitäten zu weit auszudehnen und auf äußere Realitäten anzulegen, während es das Problem der Männer ist, die Gesetze der äußeren Realitäten zu sehr auf die inneren Realitäten auszuweiten. Aber beide Energien, die männliche (Yang) und die weibliche (Yin), verganzheitlichen die Erfahrung, die man in jeder der inneren und äußeren Realitäten macht. Die Wahrheit im Beobachter liegt zum einen in der Wahrheit des Yin, zum anderen in der Wahrheit des Yang, in der Wahrheit des weiblichen und in der Wahrheit des männlichen Prinzips, die miteinander umkehrbar sind, einander ergänzen, das Universum der Simulationen, Erfahrungen und Experimente vervollständigen. Im Tank kann jeder von uns das männliche und das weibliche Prinzip in sich finden.

Dies ist eine Art Handbuch, mit dem man sich auf die Suche nach den eigenen Simulationen von Gott machen kann. Es ist eine lange Suche, verbunden mit sehr viel Forschungsarbeit. Ich habe in diesem Buch einige Überich-Metaprogramme aufgezählt, die das Leben regulieren und vielleicht für den Leser nützlich sein können.

Manche meinen vielleicht, daß es noch andere Simulationen gibt, die viel bedeutender sind als die hier wiedergegebenen. Diese anderen Simulationen sind ihre Alternativen zur Realität. Vielleicht nennen sie sie GOTT ALS MACHT, GOTT ALS LIEBE, GOTT ALS UNIVERSUM, GOTT ALS GEBENEDEITE GOTTHEIT, GOTT ALS ZORNIGE GOTTHEIT, GOTT ALS JESUS CHRISTUS, GOTT ALS MOHAMMED, GOTT ALS MEISTER, GOTT ALS LEHRER, GOTT ALS KÖNIG, GOTT ALS KÖNIGIN, GOTT ALS MANN, GOTT ALS FRAU, GOTT ALS KLEIDERMODE, GOTT ALS NACKTHEIT, GOTT ALS AUTOMOBIL, GOTT ALS WISSEN, GOTT ALS ALLWISSENDE-ALLGEGENWÄRTIGE-EWIGE-ENTITÄT usw. Hat man das Metaprogramm zur Konstruktion von Simulationen von Gott und die Methoden zur Aufdeckung einmal verstanden, kann man seine eigenen

Simulationen in ihrem speziellen Aufbau und in ihrer speziellen Rangordnung erkennen.

Es gibt einige «Autoritäten», die sich mit der Erforschung von Zuständen unter den Bedingungen von Einsamkeit, Isolation und Abgeschlossenheit befaßt, aber nicht selbst als Betroffene daran partizipiert haben und auf dem Standpunkt beharren, daß Sinnesentzug, «sensorische Deprivation», eine negative Erfahrung sei und psychologische Probleme verursachen könne. Dieser Standpunkt ist durch spezielle Forschung widerlegt worden, die an die Sache aufgeschlossen heranging, d.h., man wandte besondere Instruktionen, die nach allen Seiten hin offen waren, zusammen mit der Methode körperlicher Isolation, also den Wassertank, an, um über das Glaubenssystem einer bestimmten Person Anhaltspunkte zu bekommen. Wenn die operativen Glaubenssysteme in einem selbst der Arbeit an sich selbst während der Zeit im Tank zuwiderlaufen, wird die betreffende Person die Tank-Arbeit verweigern, oder, sollte sie trotzdem dazu bereit sein, Panik, Angst oder andere negative Emotionen erleben. Wenn man nach einer negativen Erfahrung mit anderen, die in dieser Arbeit erfahrener sind, spricht und sich dann wieder an die Arbeit im Tank macht und negative Projektionen ohne Zwang von außen selbst löst, wird man schnell herausfinden, daß man selbst die Kontrolle im Tank hat, kein anderer, auch nicht die sogenannten «Autoritäten», die keine Tank-Erfahrung haben.

In dem von Philip Solomon verfaßten Buch *Sensory Deprivation* wurden die Ergebnisse eines Symposiums aus dem Jahre 1960, an dem ich auch teilgenommen hatte, veröffentlicht. Aus der letzten Ausgabe wurden meine Diskussionsbeiträge und der Aufsatz, den ich eingereicht hatte, wieder herausgenommen. Als eine Folge meiner eigenen Tankarbeit stimmte mein Standpunkt nicht mit dem allgemeinen Konsensus überein. Jeder aus der Gruppe von Psychiatern und Psychologen, die an dieser Konferenz teilnahmen, fungierte ganz als «objektiver, nicht-involvierter Beobachter aus dem 19. Jahrhundert» und überhaupt nicht als beobachtender Teilnehmer oder teilnehmender Beobachter aus unserem 20. Jahrhundert. Wie sich anhand der Bücher mit den Aufzeichnungen der Ergebnisse bei verschiedenen Personen während der Zeit im Tank zeigen läßt, gibt es keine unerwünschten oder irreversiblen Veränderungen, noch treten im Tank für die meisten, im subkortikalen, vegetativen oder reflektorischen Bereich normal gesteuerten Menschen unerwünschte oder unlösbare Probleme auf.

Ein Beispiel: Vor kurzem machten vierzig Leute während eines vierzehntägigen Workshops am Esalen Institute zwischen drei und fünfzehn Stunden en bloc im Tank durch. Nachdem sie in die Tank-Technik eingeführt und genügend instruiert waren, verbrachten sie die Zeit glücklich mit dieser Art von Forschungsmethode zur Selbsterfahrung. Die alten Voraussagen aus den fünfziger Jahren, daß körperliche Einsamkeit, Isolation und Abgeschlossenheit «irgendwie schlecht» seien, haben sich nicht bewahrheitet. Aufgrund der objektiven Methoden, die bei der Tank-Arbeit eingesetzt werden, kommt es zu keinerlei schrecklichen Angstzuständen, noch zu irreversible Schäden anrichtenden Programmen.

Unser Buch, *Der Dyadische Zyklon*, enthält so etwas wie eine Bedienungsanleitung für die Anwendung der Methode der körperlichen Isolation zum Testen eines persönlichen Glaubenssystem. (Ein anderes Buch von mir, «Das tiefe Selbst», wird sich ausschließlich mit dem Tank befassen.)

Gedichte

RES – DIE JUSTIZREALITÄT

Res, das Ding, Dingliche, Res ein Gerichtssaal.
Was ist so real?
Was so dinglich
wie Angeklagter zu sein vor dem Richterpult?
Mit im Saal sind andere,
hoffentlich Menschen.
Aber sie spielen es, das alt verehrte Spiel,
als seien sie keine Menschen.
Vorschriften, Regeln, Zurechtgestutztes,
man hält sich dran, um zu gewinnen oder zu verlieren.
Was gibt es zu gewinnen, was zu verlieren?
All das, was Gruppenkonsens-Realität ist –
Geld, Besitztum, Frau, Kind, Mätresse, Ansehen, Einfluß, Macht.
Gegen Macht trete ich also an, angetrieben von Anwälten
begebe ich mich ins Gericht.
Zum Vorschein kommt das wahre Gesicht
des Spiels, der wirklichen Regeln,
Kauderwelsch, Jargon, Talarsprache. Leichenblaß
wird mein naiver Verstand. Schauder und Schlotter.
Hätte ich bloß mehr Macht, Geld, bessere Anwälte.
Wünsche, die mich auf dem Weg in ihr Spiel begleiten.
Ich verliere. Verurteilt. Ausschluß
von Geld, Macht Ansehen, Einfluß. Warum also spielen?
Um zu verlieren? Warum dieses Spiel mitmachen?

Es gibt andere Spiele, dieses Spiel kann ich vergessen.
Aber nicht die Gefühle, nicht die Botschaft –
den Willen zur Aufrichtigkeit, die Freundschaft,
die richtigen Leute, die richtigen Aktivitäten.
Abseits des Dinglichen, abseits der Gerichtsrunde,
der Res-Realität. Hin zu anderen Realitäten,
Liebe, die endlos ist, richtig leben, wahre Freunde.
Ich gehe meinen Weg weiter,
all dies da draußen zu finden.

SELBST-METAPROGRAMM: GELD
8. September 1969

    Was ist Geld? Woher kommt es, wohin geht es?
    Bei der Geburt hat man kein Geld.
    Wir werden erwachsen – und das Geld?
    Aus Pfennigen werden Groschen, aus Groschen Silberstücke.
    Wir werden älter,
    und plötzlich sind es Scheine.
    Das Geld der Eltern geht an jedes Kind,
    geht an mich.
    Mein Geld – nicht ihr, nicht sein Geld – ich bekomme – meine Dinge.
    Ich kaufe, für meine Freundin; sie gibt.
    Kaufen, verkaufen, geben, um der Liebe willen.
    Erleichterungen, Freundschaften, Ansehen: Dienste,
    Eingehendes Geld, ausgehendes Geld.
    Ein Bankkonto.
    Bankauszüge. Buchführung.
    Kredit: mein Kredit, ihr Kredit.
    Man bezahlt mich, damit ich das tue, was sie von mir wollen.
    Also bezahle ich andere, damit sie tun, was ich will.
    Ich bezahle den Staat, die Regierung; tue ich es nicht,
    holen sie es sich.
    Dinge für Geld.
    Geld für Dinge.
    Dienste für Geld.
    Geld für Dienste.
    Liebe für Geld.
    Geld für Liebe – Liebe zum Geld, Geld aus Liebe.
    Ich bin eine Geldröhre: Geld geht durch mich durch.
    Geld rein, Geld raus.
    Zu viel rein, oder zu viel raus: schlecht.
    Gerade genug rein, gerade genug raus: gut.
    Aber halte das Geld, das rausgeht, kleiner
    als das Geld, das reingeht. So muß man es halten.
    Aber wie sieht die Zukunft aus, immer noch Geld rein, Geld raus?
    Wie viel?
    Halt etwas zurück, etwas für die Zukunft, wenn mal weniger
    rein- als rausgeht.
    Geld fließt, wenn es nicht gestoppt wird.
    Geld, das man anhält, wächst (hoffentlich!).

Geld, das man ausgibt, ist weg.
Geld, das man anhält, ist Zukunft.
Verpflichtungen aus der Vergangenheit
verbrauchen in der Gegenwart immer noch Geld;
Geld wird für Vergangenes angehalten.
Keine Geldversprechungen nach außen.
Einkommensverbesserungen, zukünftiger Verdienst,
Dienstleistungen sind gefragt, nicht Dinge.
Hol' Dir keine Dinge fürs Geld,
oder schränk sie wenigstens ein.
Kauf' Dir so wenig Dienste wie möglich,
An mich geht die zukünftige Ehre,
ich liebe dieses Programm, ich lebe im Bewußtsein
dieses Programms.
So wenig Kleider wie möglich, wasch das Zeug.
Nicht mehr Körperpflege als nötig: gerade genug.
So viel wie möglich Humor, Liebe, Freundschaften.
So viel wie möglich kreative Kommunikation.
Teile Dich mit, Deine Bedürfnisse,
anderen, die Dir helfen können.
Laß es sie da draußen auch wissen.
Halt dich an Ihre Programmierung –
Sie helfen Dir mit ihrer Zufallskontrolle –
Wenn Du weißt, was das bedeutet,
Bedürfnis-Dienst-Geld,
Und schraub' Dein eigenes Geldbedürfnis zurück,
wenn es nur Eigennutz ist,
und nicht auch für andere.

SEI MEIN ZEUGE
9. September 1969

Lieber Leser, ich möchte erzählen, wer ich bin, wer sie sind, wann und wo. Ich möchte es, aber ich kann die Wahrheit nicht objektiv wiedergeben. In mir ist ein Editor, ein Richter, eine Jury, ein Missionar, ein Rebell, verschiedene kleine Kinder, eine Frau, ein Mann, Eltern, ein kleiner Himmel, eine riesige Hölle und viele Geister, Hexen, Kobolde, Heilige, Sünder, Helden, ein Wissenschaftler, ein Liebender, und die Angst vor ihnen.

Ich habe Angst unterzugehen, verloren zu sein, wenn das eine oder andere dieser vielen Ichs über mein armes kleines Ich Kontrolle gewinnt, über das wirkliche Ich, das voller Angst in einer Ecke dieses geräumigen Schädels auf meinem Körper kauert. Es muß irgendwo ein wirkliches Ich geben: das eine, das dem Richter und der Jury nachgibt, das eine, das zuhört und zum reumütigen Sünder wird, wenn der Richter seinen Spruch fällt. Wenn ich mich dem Urteil nicht stelle, bin ich dann der Missionar, der sich in der Sicherheit phantasierter Tugend und Moral wiegt und allen anderen seine Mission kundtut? Der Rebell, skeptisch wie er ist, sagt der Mission ab. Wer bin ich wirklich, der Rebell, der die Mission nicht anerkennt, oder der Missionar, der sie verkündet? Ich habe gepredigt, ich habe rebelliert und erneut gepredigt, und dann die Mission erforscht. Der Wissenschaftler wiegt sich in der Sicherheit seiner phantasierten Objektivität und sucht außerhalb nach dem Selbst; also zwingt er anderen seine Mission auf und predigt eine neue Wissenschaft hier und eine andere neue dort. Bin ich dieser? Mache ich jetzt Wissenschaftsurteile?

Es muß einen Ich-Nukleus geben, eine tiefe Essenz, irgendwo.

Bin ich meinen Kindern ein Vater? Ich bin von Frauen weggelaufen und habe daher auch meine Kinder stehen lassen. Warum, für wen, wofür? Um zu einer anderen Frau zu laufen, zu einem anderen Kind? Sollte eines meiner inneren Kinder die Kontrolle ausführen und die Mutter wieder suchen? Aber ich bin in meinem Inneren auch Mutter. Lieb, Mutter in mir, das Kind in mir. Lieb, Vater in mir, das Kind in mir.

KOMMUNIKATION IM RAUSCHEN DES KOSMOS
8. September 1969

Ich werde bezahlt.
Also ist sicher, daß auch andere bezahlt werden
für das, was sie tun.
Ihr Überleben ist meine Arbeit.
Sie brauchen Wissen, sie müssen überleben.
Ich unterrichte sie, ich gebe ihnen Beispiele,
sie müssen ihren besten Pfad finden.
Ich lehre nur, wie jeder seinen besten Pfad finden kann
bei unserem gemeinsamen Untenehmen.
Ich muß lernen, wie ich sie unterrichten kann.
Wie kann ich sie lehren, wie zu suchen?
Ihr Suchen kann stattfinden, wenn es ihr eigenes ist.
Kriterien des Suchens –
Räume zur Freilassung des kreativen Suchens,
um zu suchen, zu finden, zu wissen.
Wo und wann sie es wissen werden, weiß ich nicht;
wenn sie dann Hilfe brauchen, müssen sie andere fragen,
möglichst die Besten.
Um das Unbekannte zu suchen,
um über eine Schwelle der Ignoranz hinauszukommen.
Um das Unbekannte zu kennen und keine falschen Bilder
auf den schwarzen Vorhang des Unbekannten zu projizieren.
Um die Mitteilungen zu erkennen, wo es echte Mitteilungen sind,
kein Rauschen, das zu Mitteilungen verzerrt ist.
Um das Rauschen zu analysieren,
eine dünne und schwache Mitteilung zu finden.
Um die schwache Message zu verstärken, bis sie klar wird.
Aber denke dran, Rauschen enthält alle möglichen Mitteilungen,
die aus dem eigenen inneren Selbst projiziert werden.
Um Mitteilungen wahrzunehmen, mit Ohr und Auge,
minimalisiere das Rauschen,
das Rauschen des Selbst, das Rauschen anderer, das kosmische.
Tune Dich vorsichtig ein, mit Minimum-Bandbreite, auf andere.
Gehe mit minimaler Bandbreite langsam voran.
Auge und Ohr können der Bandbreite nicht vorauseilen,
oder Du projizierst Bedeutung, die da nicht drin ist.
Langsame Mitteilungen, durch lange Analysen gegangen,
sind die einzigen wahren Mitteilungen: Wiederholung schafft

Klarheit.
Automatisiere den Analyzer, räume Deinen internen Speicher auf
und benutze den ganzen Platz
und fahre Playbacks langsamer ab.
Unterhalb der Bewußtseinsebenen
brauchst Du einen Schnellspeicher.
Rechenzeit – ohne Interferenz des Selbst.
Spiele alles langsam zurück und sieh es Dir an,
spür und bekomm' von der Message so viel wie möglich ab.
Speichere die Resultate und Mitteilungsteile,
und bleib ein bißchen skeptisch.
Der Zweifel wird Dir helfen,
die Teile später wiederzubekommen
und sie mit anderen zu berechnen.
Gib den Teilen eine Delta-Zeit
Du kennst meinen Körper, du hast dich mit mir vereint,
verschmolzen,
Du bist gegangen und hast die Fusion hinter Dir gelassen.
Muß ich den Körper verlassen,
um wirklich verschmolzen zu sein?
Hier und jetzt ist Fusion nur kurze, vergängliche Transzendenz.
Kann ich, wage ich zu transzendieren,
solange ich in diesem irdischen Körper bin?
Hat irgendetwas in uns beiden
mit irgendetwas im anderen verschmelzen können?
Sind wir immer noch verbunden, oder ist das Sehnen nach Dir
ein Programm, eine Phantasie unseres Miteinander-Verkoppeltseins?
Dieses Ego, das sehnt und verlangt, muß absterben.
Versuchung und Aversion
breiten sich wie Wolken um mich aus,
trüben meine Seele ein.
Das Verlangen nach Dir bringt mich um.
Soll ich das Verlangen umbringen?
Soll ich es voll und ganz austragen? Oder unterdrücken?
Eine andere Frau finden? Das Verlangen wiederholen,
den Schmerz, die Sehnsucht nach ihr?
Mit Dir war ich verletzlich, ohne Dich
bin ich es noch viel mehr.
Warum die Transzendenz in der Dyade suchen, warum nicht solo?
Habe ich Angst davor, die Einsamkeit aufzusuchen, Angst davor,
meinen Körper zu verlassen und nicht mehr zurückzukommen?

In den Freuden und Schmerzen meines Körpers bin ich verankert,
durch Dich, Du hast mir Angst gemacht.
Selbst bei der dyadischen Fusion habe ich Angst,
Angst vor Transzendenz.
Ich muß die Angst transzendieren und lernen
fortzugehen und zurückzukehren – auch wenn Du nicht hier bist.

FLUCHT-ROUTE
19. September 1969

    Fliehen, ausweichen, sich von Unterdrückung befreien:
Such Dir irgendetwas aus. Oder Wege des Patanjali:
Geburt, Drogen, Worte, Enthaltsamkeit, Trance.
Gibt es etwas für mich? Gibt es andere Wege, dyadische?
Das Patanjali empfiehlt nur eine Dyade: Ich und der Guru.
Bist Du mein Guru?
Haben Lernender, Suchender und Guru körperlichen Sex?
Im Patanjali ist keine Rede von Sex als solchem.
Ist was ich jetzt als Verlangen und Aversion zugleich spüre
so etwas wie Liebe für Dich?
Muß ich die Patanjali-Wege gehen, um mich von Dir frei zu machen?
Oder mache ich den Trip ganz durch,
Dich als Guru zu verehren?
Eine Perversion der Patanjali-Postulate? Oder saß der Übersetzer
einem Zölibatstrip auf, den es dort gar nicht gibt?
Mein Wunschverlangen, mein Verlangen nach Dir,
pervertiert mein Wissen von diesen Postulaten.
Warum bin ich geboren? Ich suche
auf den Wegen der Enthaltsamkeit, in Trance, mit Worten und
Drogen. Ich teste, warum bin ich geboren?
Um mich über diesen Trip zu transzendieren?
Ich glaube, so bin ich nicht geboren, es liegt an mir,
es selbst zu schaffen, entgegen des Geborenseins.
Mit der Geburt wird kein Automat mitgeboren,
mit dem man rasch mal transzendieren kann.
Nur mein eigenes Bemühen wird mich zu diesem Ort zurückbringen,
der außerhalb des Körpers ist, weg von der Erde, zu den beiden
Lehrern dort draußen.
Nur meine eigene Hingabe an die himmlische Dyade kann es
schaffen.
Dort draußen kenne ich zwei Gurus,
sie sind es wert,
daß ich sie wieder suchen gehe.

BEFREIUNG VON BINDUNG
19. September 1969

    In der Menschenmenge um mich herum
    werde ich abgeschoben und angezogen.
    An 1, 2 oder 3 komme ich nahe heran und ich bin gebunden.
    Meine Bindungsenergie ist hoch, Proximität ist was mich bindet.
    Vor langer Zeit ging ich Bindungen mit ihnen ein,
    brach die Bindungen wieder ab.
    Bindungsenergie, wie gesagt.
    Freilassung von Bindungsenergie durch Bindungsbruch, ich weiß.
    Nutzung von Bindungsenergie in der Bindung,
    ich denke doch, daß ich es weiß. Weiß ich es wirklich?
    So bin ich, voller Unbehagen, wenn die Bindung da ist,
    geneigt, sie aufzulösen,
    freigewordene Energie zu erhalten.
    Die danach viel zu kurz verwendet wird. Falsch verwendet.
    Umkehr zu dem, wohin ich kommen will.
    Wo und was ist das?

VON HIER AUS ZUM WEITESTEN NICHTS
27. September 1969/5. Oktober 1969

Um in Bewegung mit dem Werden, dem Sein zu sein,
stelle Dir vor, du gingst hier weg,
zu einem Fels über dem Meer.
Betrachte das Meer,
tauch in die Luft, tauch ins Meer.
Tauch bis zum Grund.
Spür das Meer, seine Wesen in der dunklen Stille.
Spür den Druck.
Hör ihnen zu, sprich mit ihnen.
Sie wissen den geheimen Fluchtweg, der von hier fortführt.
Flüchte zu anderen Orten, weit weg von diesem Planeten.
Komm wieder aus den Tiefen des Meeres herauf.
Durch die dunkle Stille, komm herauf in die Wärme.
Tauche wieder aus dem Meer auf, komm ans Licht.
Reise durch die Erdatmosphäre hinaus.
Den Weg zu unserem Stern, zur Sonne, kannst du etwas schneller
hinter Dich legen. Fühl, wie die Strahlung, die Energie
stärker wird. Diese Energie erzeugte uns, hält uns am Leben,
sind wir. Dring in der Sonne flammendes Selbst ein, sei
der Sonne Licht. Sei
der Sonne Energie. Sei
selbst der Stern.
Sei die Sonne und scheine in den Raum.
Laß Dich von ihrer Energie forttragen, werde größer
als dieser Stern.
Wie ihr Licht verteile Dich nach allen Seiten.
Füll das Universum mit Dir, sei Universum.
Sei jeder Stern,
die Galaxien sind Dein Körper.
Sei leerer Raum,
entfalte dich in die Unendlichkeit hinaus.
Sei das kreative Potential in den leeren Räumen.
Sei das Potential, unendlich im absoluten Nichts des
                              -Nichts.

ERDENMENSCH
5. Oktober 1969

Grab ein Loch, das tiefste Loch, und halt am Erdmittelpunkt an.
Laß Dich im Zentrum des Planeten nieder.
Konzentriere Dich, meditiere, werde eins –
sei der Planet.
Du spürst, Deine Haut ist seine Oberfläche.
Du spürst sein Beben, seine Gezeiten.
Spürst, wie das Licht eindringt, als seien es Moskitobisse.
Spürst, wie die Meteoriten einschlagen, gleich Stichen von Bienen.
Siehst, wie der Dreck des Menschen und seiner Städte sich auftürmt.
Du weißt, daß der Mensch Deine Bäume abrodet,
wie wenn er Deinen Kopf kahl schert.
Du begreifst das Keuchen unter der Hitze,
wenn die Luft verpestet und es dunkel wird.
Zieh mit Freuden deine Bahn, lauf um, spiel mit dem Sonnenschein.
Laß Dich vom Mond massieren, von seiner Anziehungskraft
auf Deine Haut.
Schwelge in Deinen ewigen Umläufen.
Paß auf die Brüder- und Schwesternpaare der Sonne auf.
Antworte Jupiters Signalen, indem Du selbst Signale gibst,
pfeif' sie ihm.
Fang hier und da kosmisches Treibgut auf.
Bleib mit den weit draußen liegenden Sternen in Kontakt.
Pflege die Weisheit der Schöpfung.
Beachte die leeren Räume und was sie aus Dir machen.
Laß vom Menschen los, hilf ihm heraus.
Laß ihn an andere Orte kommen,
laß ihn Dich erkennen, indem er Dich verliert.
Laß den Menschen zum öden Mars aufbrechen, zur heißen Venus.
Laß ihn mit eigenen Augen sehen,
laß ihn zu dir zurückkehren.
Erst dann wird er wissen,
von Dir geboren zu sein und an Dir alles zu haben.

DELPHIN-LEBEN
13. November 1969

Die Delphine, die Menschwesen der Ozeane,
dem Menschen überlegen.
Sie atmen, schwimmen
jeden Tag 24 Stunden lang,
bleiben wach für jeden Atemzug
tauchen auf, atmen.
Schwimmen mal schnell, mal langsam,
mal 20 Knoten, mal überhaupt nicht,
lassen sich treiben.
Im Zustand des neutralen Auftriebs tiefste Ruhe,
müheloses Weiterkommen.
Schwimmt einer, kann der andere nachziehn,
tief wachend in der Stille des Kielwassers.
Freuden in der Gruppe, Jagen mit der Gruppe, einsame Meditation,
ganz wie sie wollen.
Sie machen nicht irgendwas, sie bauen nicht irgendwas,
sie können nicht so lange verweilen.
Zwischen ihnen können Zentimeter liegen, oder Meilen.
Sie sprechen zueinander und hören einander. Jeder akzeptiert
die totale Abhängigkeit voneinander. Oder stirbt.
Sie tragen keine Kleider, keine Ornamente,
die träge machen würden.
Flink sein, schnell sein, manövrieren können
ist lebenswichtig.
Kleider würden stören und das Leben kosten.
Sie jagen Fisch, ernähren sich;
wie Nomaden ziehen sie dahin, in Schwärmen,
und folgen den Fischen.
Fehlen einem Fisch die wesentlichen Nährstoffe,
langweilt er sie, sie wollen keine Mangelerscheinungen.
Sie trinken kein Wasser, Salzwasser tötet.
Sie brauchen kein Wasser, Fischfett wird zu CO_2 und H_2O.
Sex ist Spaß, ist hip, ohne Stimmungsbruch.
Das Baby wird unter Wasser ausgetragen,
von der Mammi nach oben gestoßen für den ersten Atemzug.
Die Mutter zeigt dem Baby, wo die Luft ist.
Das Neugeborene schwimmt geradewegs dahin, es weiß nicht wohin.
Es lernt schnell wohin.

Es weiß, woher die Milch kommt,
die Mutter hat es gezeigt, neben ihren Geschlechtsteilen.
Ihm gesagt, «Schwimm unter deiner Mamma, neben ihr.»
Es trinkt die Milch,
4 bis 5 mal in der Stunde, 24 Stunden am Tag.
Es bleibt bei der Mutter für ungefähr zwei Jahre, lernt,
den Fisch zu essen, lernt zu sprechen,
lernt das Sonar einzusetzen.
Lernt die Feinde kennen, die Delphintöter:
Haie, giftige Fische, Krankheiten, Menschen.
Es lernt die Atmung beherrschen, vollkommen, so daß,
will es sterben, es einfach aufhört zu atmen.
Wenn oben an der Oberfläche das Wasser zu warm ist, tauche
hinab in kühlere Tiefen,
kühl' ab.
Ist das Wasser zu kalt, schwimm schneller,
so wird dir warm.
Spiel in der Kielwelle der Boote und Schiffe,
aber bleib immer in der richtigen Lage.
Nicht in den Propellersog, nicht in das Turbulenzfeld,
du würdest zerstückelt.
Dein Sonar hilft dir sehen,
aber das aufgewühlte Wasser, die blasige Turbulenz
verschluckt deinen Ton, er kommt nicht durch.
Halte dich abseits.
Surfe auf hohen brechenden Wellen.
Du kannst dich dem Land nähern, aber sei achtsam,
dreh' ab, hinaus ins weite Meer, bevor es zu spät ist.
In den Tiefen lauern Riesenkraken, die dich nicht mehr loslassen,
dich fressen, dich ertränken.
Wenn du schwach wirst, weil du Fieber hast,
wenn du ohnmächtig wirst, weil dein Kopf vielleicht einen Schlag
bekommen hat, hängst du von deinen Freunden ab,
die dich nach oben bringen, an die Oberfläche,
dich wach machen, damit du atmest.
In der anderen Zeit sei lustig, spaße mit deinen Freunden,
seid verspielt, vergnügt,
im Wasser, bei euren inneren Trips.

SPACED OUT
oder DER WELT AUSKOMMEN
15. November 1969

>Du schimmerst, verflüchtest in Tausend Gesichter.
>Du, nein. Wir, nein. Allein
>im Innen-Außen-Raum,
>Zersplittere, zerfließe; geschmeidig wie Öl
>werde ich, so daß sich die Risse in meinem Universum
>mit mir füllen.
>Ich bin Öl, gehe wie Öl, komme wie Öl.
>Zu schnell versuche ich, aus der Hülse herauszuschlüpfen.
>Ich bin in einer grauen Flasche gefangen.
>Keine Farbe, kein Licht. Grau in Grau.
>Deine Hand, Wärme, Liebe berührt mich.
>Du bist schön, verblendend schön.
>Ich liege Dir zu Füßen.
>Wir kommen zusammen. Fusion.
>Orgasmus.
>Der Welt auskommen: Höchste Ekstase.
>SPACED OUT MIT DIR!

BIG SUR-REALIST
15. November 1969

    Eine TV-Schau – ohne Ende.
    In 3-D, Farbe, mit Ton, Geruch, Empfinden.
    Man spielt Western,
    an der Spitze heftige Spiele,
    dahinter schöne Spiele freundlicher Kinder,
    alles läuft ökonomisch.
    Der Erde nahe, der Mutter.
    Dem Wachsen der Pflanzen, Vegetabilien, Bäume.
    Dem Rauschen des Meeres, den weißen Wellen unter dem Mond.
    Der Milchstraße,
    keinem Stadtlicht, das blockiert.
    Surrealisten schon im Dutzend?
    Nein. Nur Big Sur Realismus.

KOPFTRIP
15. November 1969

Du machst deinen Trip.
Mein Trip ist meine Sache.
Gehen wir zusammen auf einen Trip.
Schaffen wir uns unsere Sache.

Mit uns schaffen wir es.
Unsere Sache sind wir nur zusammen.
Auseinander bist du deine Sache.
Auseinander bin ich meine Sache.
Getrennt von dir, mache ich meinen Trip.
Getrennt von mir, machst du den deinen.

Wir kommen ans Ende unseres Trips.
Dein Trip ist deine Sache,
meine Sache ist mein Trip.

Mein Kopf geht richtig.
Nur geht mein Körper da nicht mit.
Ich mach' unsren Trip weiter, ohne dich.
So bummle ich wieder dahin
und sage zu mir:
    «Du steckst schön tief drin.
    Hast dir dein eigenes Loch gegraben.
    Nun, laß es dir gefallen!»
Ich komme zurück und sage,
    «Ohne dich gibt es nichts, was unsere Sache ist,
    unser Trip.
    Ohne dich gibt es nur meine Sache, meinen Trip.»

WORKSHOP
15. November 1969

    Ich sitze hier, bin Führer einer Gruppe, führe euch.
    Wohin werden wir die nächsten Tage gehen?
    Werdet ihr mich führen? Oder nur ich euch?
    Ich habe also ein Wissen, und ihr glaubt, ihr habt es nicht.
    Also seid ihr hier, bezahlt,
    damit ich euch führe.
    Alles was ich wirklich tun kann ist versuchen,
    immer wieder versuchen zu zeigen.
    Zu zeigen, daß ihr dieses Wissen wirklich längst habt.
    Zu zeigen, was ihr selbst wißt, hier und jetzt.
    Wenn der Workshop arbeitet, mit Work-Schock oder anders,
    werdet ihr es wissen.
    Spielen wir das Super-Spiel. Spielen wir, ich bin über euch,
    bringe euch auf einen Trip. Solange, bis ihr wißt,
    daß es mein Trip ist. Solange, bis du weißt,
    daß es dein Trip ist.
    Noch ist unser Workshop ein Work-Shop.
    Wenn ich weiß, ich mache meinen Trip,
    wenn du weißt, daß du deinen Trip machst, und wir
    uns nicht aus dem Auge verlieren,
    dann wird der Workshop Play-Shop. Im Play-Shop
    wird Lernen gestrichen,
    für Lieben.
    Als Liebende lernen wir zu lieben, Spiel
    ist der Arbeit Ende. Was ist dann? Bereit zum Abschied?
    Zum alles Beenden?
    Wir fangen dann neu an.
    Jeder mehr sein eigener Führer,
    in seinem eigenen Work-Play-Shop.

DER THERAPEUT
1. November 1969

    Also: «Ich bin Therapeut:
    Ich kann, wenn's dir gut geht,
    zeigen, daß dir's schlecht geht.
    Und wenn's dir schlecht geht, kann ich dir helfen.
    Zahl' und ich helf, ich therapier' dich.»
    Ich bin natürlich selbst noch nicht wirklich ganz gesund.
    Ich helfe dir, wirklich helf ich mir.
    Endet das dichotome Verhältnis, in mir,
    werden wir beide uns weiterentwickeln.
    Bin ich im Lot, so bist's auch du.
    Dann kann ich dein Freund werden
    und du der meine.
    Wir werden jeder Mensch sein, humaner,
    lebendiger, mit viel mehr Liebe und viel mehr zu lernen,
    über das Ego hinausgehen zum Über-Ich.

DIE ALTE LEIER?
15. November 1969

    Warum halte ich «Seminare», warum «Workshops»?
Ist das meine neue Aufmachung fürs Ego-Tripping?
Nur eine heimlichere verschlagenere Route zum Missionieren?
Wer bin ich?
Bin ich wirklich, wenn ich nur vor einem Publikum existiere?
Ihr, mein Publikum, macht mich wirklich.
Ohne euch bin ich nur ein beschissener Computer, unfähig
zur Liebe.
Um mich, um euch zu lieben, brauche ich euch, mein Publikum.
Wer bin ich?
So bringe ich mich ein.
Tue ich es wirklich?
Verfange ich mich nicht wieder, wenn ich das hier schreibe,
in der gleichen alten Bandschleife,
in die «ich und mein Publikum»-Leier?
Unglücklich rotierend, rundum, eine Runde nach der anderen
schleife ich euch mit, schleife ich mich in den alten Tanz.
Dieses alte Band wickelt sein sinnloses Selbst
in meinem Computer auf. Kann es unterbrochen werden?
Gelöscht? Ertränkt? Weggeworfen?
Nimm Rotationsenergie raus, spiel es langsamer ab.
Spiel es noch mal ab, schau zu,
wenn du es noch einmal zurückspielst – sei ZEUGE.
Du mußt wissen, was auf dem Band ist.
Nimm die negativ-positiven Schwingungen auf, spür sie
auf der Gefühlsregungskontrollspur.
Nimm diese Spur noch mal neu auf,
dämpfe die Schwingungsspitzen ab.
Spiele sie wieder zurück, dämpfe noch mehr ab.
Bis es den Zeugen nicht als Band gibt, das Band nicht als Zeugen.
Es ist wirklich beschwingend, wenn du die Emotionsschleifen
rausbringst und das Band neu aufnimmst.
    Ich bin nicht meine Bänder, die die alte Leier machen.

IHR TOD
(nach Erhalt der Nachricht von Constance D. T.'s
Tod, meiner ersten LSD-Gefährtin)
16. November 1969

Sie ist tot, der Schmerz reißt ein Loch in mich.
«Kein Mensch ist eine Insel.»
Hier und jetzt habe ich sie verloren.
Kein «Dich, kein Du» mehr mit ihr.
Ihre herrliche Schönheit an Körper, Geist und Seele,
unsere alten Begegnungen,
jetzt sind sie nur noch Gespeichertes, in mir, in anderen.
Trotzdem, ich spüre Schmerz,
und weil's mir weh tut, habe ich Hoffnung.
Der dunkle Ort in ihr hat sie weggenommen,
hat die Schlacht gewonnen
um ihr körperliches Leben.
Hat sie weggenommen von ihren Kindern, ihrem Mann, Geliebten.
Wo ist sie jetzt? Verloren in einer Hölle
ihrer eigenen Vorstellung?
Strahlend vor Selbstverwirklichung irgendwo da draußen,
irgendwo hier?
In Vorbereitung, einen anderen Körper einzunehmen?
Dabei, in einem Embryo zu reinkarnieren?
Blindlings durch ewige Dunkelheit stolpernd?
Von denen da draußen zu neuen Höhen geführt?
Sie wußte um die Belohnung von Tugend, Sünden, Bußen.
Sie wußte um die Transzendenz der Ekstase in der Dyade.
Sie suchte Kenntnis, Wissen.
Scheu, zurückhaltend, Schauspielerin auf einer Bühne,
wußte sie es.
Sie liebte, und teilte ihre Leidenschaft und Hingabe,
mit mir, mit anderen.
Ich fühle, daß sie hier ist, in mir, außerhalb von mir.
Sie durchströmt mein Bewußtsein, noch immer, meine Liebe, mein
Leben.
Das tiefe mystische Geheimnis der Fusion, es ist immer noch da.
Die tiefe Stille.

OBERSTES GEBOT: VERMEHRET EUCH!
15. Dezember 1969

Bist du dafür da, bin ich dafür da,
uns zu besamen?
Ist unsere Dyade dafür da, ein Kind zu zeugen?
Gibt es für uns noch etwas anderes?
Zärtlich zusammenkommen, sanft verschmelzen, eins werden
in Ekstase.
Das wunderbare Geheimnis von dir ergründen.
Ich will dich lieben und durch die Liebe dich erkennen.
Werden wir nur zueinander getrieben,
um uns zu vermehren? Zu koitieren, uns zu paaren,
in Ekstase eins zu werden, zu lieben,
rücksichtsvolle Zärtlichkeiten zu geben, zu fühlen?
Mach mit, laß das Selbst sein, laß das Ich sein, für den anderen.
Sieht es so aus?
Wir, plus Kinder?
Sind wir hier auf der Erde, um Fortpflanzung zu betreiben?
Wenn du nicht mehr schwanger werden willst, was dann?
Was willst du dann sein?
Fruchtbarkeitsversagen, Hysterektomie, was dann?
Werde ich dann losgehen,
mein Sperma in eine andere pflanzen,
sie schwanger machen?
Wo hört dieser Trip auf?
Es zieht mich zu einer (für mich) neuen Dyade hin,
die trotzdem (für mich) alt ist.
Einer Dyade über das «Vermehret euch!» hinaus.
Einer Dyade, in der wir zusammen reisen, zusammen lernen,
in weite Räume vordringen, fremde Wesen treffen,
über das oberste Gebot hinausgehen, den Reproduktionszwang
hinter uns lassen.
Um dorthin zu kommen, zu dieser Dyade,
ist keine Vagina mit Uterus nötig.
Vielleicht genügt die Vagina, um dorthin zu kommen.
Bist du mit ihr so verbunden,
daß sie dich daran erinnert, «Vermehre dich!»?
Oder kannst du, kann ich, diese Direktive transzendieren?
Laß uns Spaß machen und versuchen zu verstehen.

ÜBER DEN REPRODUKTIONSZWANG HINAUS: ÜBER-ICH DYADE
15. Dezember 1969

Wir, in dieser Dyade, haben uns schon reproduziert.
Du hast Kinder, und ich auch, jeder mit einem anderen,
nicht wir.
Du kannst nicht mehr schwanger werden.
Mit dir kann ich nicht Vater werden.
Wir können lieben, koitieren, in Ekstase uns vereinen.
Wenn wir es viele Male gemacht haben, was dann?
Sind wir hier, um das sensationelle Gefühl zu haben?
Können wir darüberhinaus kommen, durch uns, durch Sex?
Wo kommen wir dann hin?
Räume, weit da draußen, andere Seinsentitäten, uns überlegen,
winken und rufen.
Zusammen können wir sie erreichen, oder macht es jeder von uns
für sich alleine?
Versuchen wir es, zusammen.
Laß uns erkennen, was uns hemmt, wie wir ausweichen,
uns blockieren,
und steigen wir dann auf, zusammen.
Die körperliche Ekstase hemmt, bindet ans Hier,
setze sie um, damit der Geist Energie bekommt, zu reisen.
Der Planet Erde steht im Weg, die Bindung an den Mutterbusen,
verwerte, was dich hemmt, konstruktiv.
Die Energie, die du brauchst, um dich vor Verlust
deines unabhängigen Selbst zu schützen,
verwerte für das Wunder der Dyade.
Zusammen verschmelzen, eins werden, zu zweit eins sein
und auf die Reise gehen. Keine Rivalität, keine Kontrolle
für jeden einzelnen von uns über den anderen,
in eins verschmolzen lenken wir uns zu zweit:
Traum, Phantasie? Dichtung?
Nein.
Ein Programm, ein Metaprogramm für eine Über-Ich Dyade.

DIE RÄUME DER UNTERSCHEIDUNG
7. Januar 1970
(AUM Konferenz, Esalen, April 1973)

«Die FORM entsteht aus der Form der Unterscheidung.
Trennung führt zur Überschreitung.
Überschreiten kann man aber nur einmal; Hin- und Herpendeln
ist kein Überschreiten.
Sich erinnern heißt es zurückrufen.»*
Inmitten dieser Brownschen Abstraktionen,
wo bin ich?
Ich bin verloren, inmitten der Konfusion. Ich weiß nicht,
wo, wann, wie.
Ich teile den Raum meiner Konfusion auf:
in ich und meine Konfusion.
Ich ziehe eine Grenze, trenne
Ich und Nicht-Ich.
Zwei Räume, benannt, unterschieden, definiert: Ich und Nicht-Ich.
Wer spaltet, unterscheidet?
Ich.
Ein dritter Raum, eine zweite Trennlinie,
eine neue Überschreitung.
Die Grenze zum Ich/die Grenze zum Nicht-Ich.
Ich spalte, ich unterscheide, ich überschreite, ich benenne.
Das Universum der Konfusion ist kartographiert, geortet,
ich steuere mich selbst hindurch.
Ein Pilot, ein Steuermann, ein Gefährt erscheinen,
das Gefährt wird gelenkt.
Die Ich-Räume unterscheiden und spalten sich selbst,
«Ich steure, navigiere das Gefährt,
ich bringe die Energie. Ich bewege mich,
überschreite Grenzen.
Ich kartographiere, benenne.
So kann ich die inneren Universen erforschen.
Kann mit dir kommunizieren.»

* Siehe *The Laws of Form* von G. Spencer Brown

INNERE RÄUME: IMAGINATION ODER SCHÖPFUNG?
Für Toni
21. Februar 1971

Meine Imagination, was ist das?
Eine Kiste, ein Mülleimer, ein Misthaufen,
ein Abort für den Geist, wo ich mich entlade.
Imagination ist Nicht-Raum, Leere, Nichts,
ein Auslöscher, eine Müllhalde für den Geist,
eine Kiste für geistige Trümmer.
Ich sage, «Ich stelle mir eine FORM vor.»
Du hörst, wenn du es hörst, «Ich kreiere eine FORM.»
Wenn du es nicht hörst, hörst du,
«Ich denke, er stellt sich eine FORM vor.»
Du bist so in Sicherheit,
es fällt dir leicht, so ohne Beteiligung.
Schöpfung macht Angst, schafft Neues, Unterschiede
aus dem chaotischen Unbekannten.
Angst hindert, dorthin zu gehen, verhindert die Spaltung
in zwei Räume;
«Angst hemmt die Schöpfung.»
Stelle dir eine Trennlinie vor, zwei Räume:
Du und deine Angst.
«Ich bin nicht meine Angst», eine Spaltung, zwei Räume.
Ich sitze hier, Zeuge meiner Angst,
die mich daran hindert, dorthin zu gehen, in einen neuen Raum.
Wenn ich ihn sehe, erscheinen neue Formen, keine Ängste.
Ich gehe weiter, meine Angst ist da, nicht hier, in mir.
Ist alles «nur von mir imaginiert?»
Dann ist meine Imagination Unterdrückung, Absage,
Gedankenzerstörung.
Aus der Angst vor neuen Räumen wächst die Imagination:
Wir sollen hier bleiben, in Sicherheit,
nicht in unbekannte Räume gehen, ins Innere.

Worte des Dankes

Zuerst möchte ich Antoinetta L. Lilly, meiner Frau und bestem Freund, für ihre Hilfe danken; ihr Lächeln bringt Licht in mein Universum, und ohne sie wäre diese Arbeit nie entstanden.
Dank geht auch an: Arthur und Prue Ceppos von Julian Press, die bereits mein Vorgängerbuch herausbrachten, *Das Zentrum des Zyklons*. Heinz von Foerster für seine Unterweisung zur Gestaltung des Geistes. Gregory und Lois Bateson für ihre Unterstützung in den vergangenen Jahren, einschließlich während der achtzehn Monate im Delphin-Labor in St. Thomas. John Brockman, der einigen Unsinn meinerseits zurechtgerückt hat. William Irwin Thompson, dem Autor von *At the Edge of History* und *Passages About Earth*, für seine Neuformulierungen in der noologischen Sphäre und die Landisfarne-Gründung. Und an Allan Watts, einer meiner besten Freunde, der vierzig Minuten vor mir geboren wurde und vergangenes Jahr verstarb. Allan war auch ein sehr guter Freund von Toni.
Mit weisem Rat stand Burgess Meredith sowohl Toni als auch mir in kritischen Zeiten zur Seite. Laura Huxleys anmutiger und eleganter Lebensstil half mir oft durch verschiedene Sphären hindurch. Baba Ram Das lehrte mich, daß das Patanjali mir eine Menge zu sagen hatte, besonders die erste Sutra, viertes Buch. Richard Price schenkte seit 1968 seine essentielle Freundschaft. Hector und Sharon Prestera teilten mit mir ihr Verständnis, ihre Loyalität, ihre Liebe und ihr therapeutisches Können. Stan und Joan Grof sind eine phantastische Dyade; mit ihnen zusammen zu sein, ist wirklich aufregend, und Stan war für mich an vielen wichtigen Abschnitten meiner Karriere ein wesentlicher Halt. Daß wir mit Arthur Ceppos in Kontakt kamen, verdanken wir Jean Houston und Bob Masters.
David M. Lilly, mein ausgesprochen loyaler Bruder, hat mich im Laufe der

Jahre in vielfacher Hinsicht unterstützt, und in manch einer finanziellen Krise war es Harry Holtz, der freimütig aushalf. Auch Bob Williams aus Salinas half, wenn es darum ging, die geschäftlichen Probleme in Griff zu bekommen. Bei vielen Projekten war uns auch Michael Pratter, der holographische Gelehrte, eine große Hilfe. Richard Feynman brachte uns sehr viel über den Weg eines Quantum-Mechanikers bei und schloß sich unserer Arbeit im Isolationstank an. Steve Conger von der Gemeinde-Schule in Aspen, Colorado, half beim Entwurf und Bau neuer Tanktypen, weit über das hinaus, was wir uns vorgestellt hatten. Jan Nicholson gab eine hervorragende Sekretärin ab; sie ist eine der besten, mit der ich je zusammengearbeitet habe. Der Künstler Will Curtis hat einige stark effektbetonte Bilder gemalt, von denen viele meiner inneren Trips programmiert wurden. Joseph Hart, der ehemals für die Gesellschaft Jesu arbeitete, ging mit mir zusammen nach Chile zu Oscar Ichazos Schule und anschließend zum Workshop nach San Diego, über den ich im *Das Zentrum des Zyklons* berichtet habe. Ein Jahr lang lebte er mit uns zusammen in Decker Canyon, und er war nicht nur eine unschätzbare Hilfe bei der Pflege und Aufrechterhaltung des Anwesens, sondern mehr als das: mit sich brachte er auch Frieden ein. Dank gebührt auch Mary Taylor, die praktische und sehr nützliche Kleidungsstücke für uns entworfen und geschneidert hat, wie auch ihrem Mann Dick.

Unschätzbare Hilfe kam auch von Collette und John Lilly, Jr., die uns die indianischen Kulturen näher brachten und sich unserem «Dorf» anschlossen. Tonis Tochter Nina Carozza ist eine wunderbare zentrierte Person, und das mit Recht von Geburt an. Es macht Spaß, mit ihr auf diesem Planeten zu sein, ebenso mit Cynthia Rosalind Olivia Lilly, meiner liebenswerten vierzehnjährigen Tochter.

Janet Lederman vom Esalen Institut, wie auch Craig Enright, M. D., der großartige Wachmann in Esalen, der mich zum Ketamin brachte und immer noch mein Interesse teilt, auszudrücken, was innerhalb der menschlichen Psyche vor sich geht, waren für uns in vielen Situationen eine wichtige Stütze. Werner Erharts EST-Programm scheint für das, was wir tun, eine bedeutende Rolle zu spielen. Joan MacIntyres Buch *Der Geist in den Wassern* und ihr Jonah-Projekt als Versuch zur Rettung der Wale sind herausragende Arbeiten; das gleiche gilt natürlich auch für Mac Brenners Beschreibung seiner Liebesaffäre mit einem Delphin. Dankbar bin ich auch den Delphinen, die mir halfen, meine eigene Spezies und ihre wahre Situation auf unserem Planeten zu verstehen.

Zahlreicher Dank geht auch an Ben Weininger, an David, seinen Sohn, und an Janice in Santa Barbara, die häufige Male mit ihrer Hilfe zur Stelle waren. Und natürlich an meine Eltern, Rachel und Richard Lilly, die von Anfang an vieles von dem, was ich gemacht habe, ermöglichten. An Robert Schwarz, der seinen Rat gab; er und seine Frau Lennie teilten oft die Gesellschaft mit uns. An

Angelo Ficarotta und an seinen Sohn Tom aus Fontana, Kalifornien, Vater und Bruder von Toni, die ich wegen ihrer Integrität und Kraft sehr bewundere. An Glen Perry von der Samadhi Tank Company, dessen Hilfe bei der Konstruktion unserer Isolationstanks unschätzbar war. An Louis Joylen West, M. D., von der Universität Kalifornien in Los Angeles (UCLA), der in einer sehr kritischen Phase herbeikam und mir durch eine Reihe schwieriger Ereignisse hindurchhalf. An Norton Brown, M. D., und an Irving S. Cooper, M.D., Neurochirurg aus New York City, die einst mein Leben retten halfen. An Sidney Cohen, M. D., von der Universität Kalifornien in Los Angeles, die die Jahre hindurch eine beständige und hübsche Begleiterin bei den abenteuerlichen Reisen durch das Innere des Geistes war. Sie ist die Autorin von *The Beyond Within*. Und an Aldous Huxley, der oft vorbeikam und sich über meine Arbeiten erkundigte, und dessen eigene Arbeiten ich sehr schätze. Schon sehr früh, 1933, hatte mich seine *Schöne Neue Welt* programmiert.

Ungeahnte Hilfe brachten auch Fred und Kay Warden aus Weston, Massachussetts, in den vergangenen Jahren. Fred und ich gingen zusammen an die medizinische Fakultät, und Kay war Vorsitzende am Communication Research Institute. Jane Sullivan aus Miami, Florida, ist die beste Rechnerin, die ich kenne; sie hat die finanziellen Angelegenheiten des Instituts perfekt in Ordnung gebracht. Nicht vergessen darf ich Margaret und John Lovett aus St. Thomas. Margaret gab mir Sicherheit während eines sehr aufregenden Lebensabschnitts, d.h. während der Arbeit mit dem Isolationstank in den Jahren 1964 – 66. In meinem Buch «The Mind of the Dolphin» berichte ich von ihrer eigenen Arbeit mit Peter Dolphin, dem Delphin. Ev und Patti Birch aus St. Thomas halfen mir in einer sehr entscheidenden Periode, was sowohl mein Leben als auch das des Instituts anbelangte; sie haben das Laboratorium, das wir auf der Insel eingerichtet haben, am Leben erhalten. Nathaniel Wells aus St. Thomas entwarf unser Laboratorium und half uns bei der Handhabung der technischen Probleme. Er war jahrelang mit in unserem Kreis.

Bruce Ratcliff aus Palo Alto war Mitglied unseres Ärzte-Workshops. Barney Oliver aus Palo Alto, ein hervorragender und tüchtiger Ingenieur mit viel Inspiration bei Hewlett-Packard stand in kritischen Zeiten mit Rat und Tat zur Seite. Wir hatten den gleichen menschlichen Wunsch, mit intelligenten, liebenden außerirdischen Lebensformen in Kommunikation zu treten. Jack Downing, M.D., aus Big Sur ging ebenfalls mit mir nach Chile und war bei mehreren Anlässen eine große Hilfe. Jan Brewer aus Big Sur und Neuseeland ist ein sehr guter Freund, der mich viel über das Leben hat wissen lassen. George Gallagher aus Honolulu, der mit mir zur gleichen Zeit am Cal Tech war, unterstützte die AUM-Konferenz in Esalen und ist immer noch ein aufmerksamer Beobachter meiner abenteuerlichen Unternehmungen.

Meredith Wilson vom Center for Advanced Study of Behavioural Sciences in

Palo Alto war zu kritischen Zeiten ein treuer Gefährte. Ernest O. Watson unterrichtete mich in Physik am Cal Tech. John de Q. Briggs war zu meiner Studentenzeit der grandiose Rektor der St. Paul Academy. Russel Varney unterrichtete dort in den Wissenschaftsfächern; er war derjenige, der mich dazu inspirierte, die Prüfungen für ein Stipendium am Cal Tech zu machen und mich dann für meine weitere Ausbildung einzuschreiben. Doc Eagleson, ebenfalls vom Cal Tech, lehrte mich vieles auf formale und unformale Weise. George Tooby war auch mit mir am Cal Tech, und ich konnte ihm bei seinen Arbeiten für die Milchpulverindustrie helfen. Oliver Hedeen aus St. Paul hielt jahrelang meine Finanzen in stabiler Ordnung. Inspiration gaben mir am Cal Tech auch Robert Millikan und seine Frau.

Während des Zweiten Weltkriegs hatte ich das Privileg, mit Glen Millikan zusammenzuarbeiten, wie auch mit John R. Papenheimer von der Harvard Universität. Meine Anerkennung möchte ich auch den vielen verschiedenen Leuten geben, die mit mir Oscar Ichazos Schule in Chile besuchten: Jane Watkins, Lyle Poncher, Janette Stobie, Cynthia Kearney, Linda Cross, Steve Stroud – und natürlich Oscar und Jenny Ichazo selbst aus Bolivien. Sehr viel Inspiration für meine Arbeit bekam ich auch von Arica und dem Arica Institut in New York (vergl. a. *Das Zentrum des Zyklons*). Willis W. Harman vom Stanford Research Institute in Palo Alto war einer der ersten, die die Konzepte aus meinem Buch *Programming and Metaprogramming in the Human Biocomputer* annahmen und Verwendung dafür hatten. Karl Pribam von der Standford University Medical School war einer der ersten, die bei den Delphin-Projekten mitmachten, und er war im Lauf der Jahre ein sehr feiner Freund. Helen Costo, eine liebe Freundin von Toni und mir, brachte mir eine Reihe von Übungen bei, die ich Helden-Gymnastik taufte; Helen war in verschiedenen ungewöhnlichen Erfahrungssituationen eine einfühlsame Programmiererin. Grace Stern aus Haverford in Pennsylvania teilte mit mir ihre Freundschaft, die wirklich außergewöhnlich war, und assistierte mir bei meinen Workshops. Dave MacElroy half uns in Malibu einzurichten und bei Glen Perrys Tankarbeit. Entsprechend würdigen muß ich auch verschiedene Institutionen, einschließlich des California Institute of Technology, der Medizinischen Fakultät Dartmouth, der Medizinischen Fakultät der University of Pennsylvania, der Johnson Foundation der University of Pennsylvania, wo ich meine medizinische und wissenschaftliche Grundausbildung erhielt, und der Association of Psychoanalysis of Philadelphia, einschließlich meines Analytikers innerhalb dieses Instituts, Robert Welder, Ph. D., der Analytiker, der den Analytiker analysierte.

Jennie Welder Hall und Amanda Stoughton lehrten mich ebenfalls viel in der Psychoanalyse. Fred Stone vom Medical Sciences Institute und National Institute of Health war während meiner Zeit dort mein umsichtiger Führer, der mich aus den Fallgruben des Staatsdienstes herausbrachte. Harvey Savely vom Office of Science der U.S. Air Force bot in kritischen Zeiten während der Jahre, als das Delphin-Projekt lief, seine Freundschaft sowie finanzielle Mittel an. Detlev W. Bronk lehrte mich viel darüber, wie man wissenschaftliche Forschung betreibt. Britton Chance, ein alter Freund und Wissenschaftskollege und Direktor der E. R. Johnson Foundation, trug, wenn es wichtig war, viel bei. Außerdem hatte ich auch das Privileg, mit H. Cuthbert Bazett bei der Entwicklung einer Methode zur Blutdruckmessung zusammenzuarbeiten, die später zu einem komplizierten Instrumentarium auswuchs.

H. Keffer Hartline von der Johnson Foundation muß wegen seines geduldigen Lehrens visueller Phänomene erwähnt werden. A. Newton Richards brachte mich zu den richtigen Leuten innerhalb der University of Pennsylvania. Orr Reynolds aus Washington, D.C., hat es während der Jahre oft fertiggebracht, unsere Projekte mit staatlichen Subventionen zu ermöglichen. David Tyler, Ph.D., ein alter Freund aus der Biologie, hat uns in kritischen Zeiten mit Geld ausgeholfen, damit wir mit unserer Arbeit, das Gehirn des Delphins zu analysieren, weitermachen konnten. Robert Felix, M.D., Direktor der NIMH, war sehr behilflich, um Mittel herbeizuschaffen, damit vieles von dem, was ich während der Jahre des Delphin-Projekts erreichen wollte, bewerkstelligt werden konnte. Danken muß ich auch Robert Cohen, M.D., mit dem ich am NIMH in der psychiatrischen Forschung zusammenarbeitete.

Wade Marshall, Ph.D., stellte einen Laborplatz zur Verfügung und brachte seinen Rat ein, wenn immer ich das eine oder andere während meiner Zeit am NIH brauchte. Alice M. Miller war meine technische Chefassistentin über viele Jahre hinweg bei der wissenschaftlichen Forschung mit Affen und Delphinen. Henry Trubie, Ph.D., brachte mir eine Menge über Phonetik und Lautakustik bei einer physikalischen Sprachanalyse des Menschen bei. Philip Bard, Ph.D., von der Johns-Hopkins-Universität lehrte mich einiges in Physiologie und amtierte als Vorsitzender des Communication Research Institute. Dank auch an: Vernon Mountcastle, einen Kollegen in der Neurophysiologie, der häufig eine große Hilfe war, an Mike Hayward, Bob Mayock und andere Mitglieder meines Graduierten-Semesters an der Medizinischen Fakultät der University of Pennsylvania, an Richard Masland, M.D., der während der Zeit am National Institute of Neurological Diseases and Blindness aushalf, und an das NINDB selbst und an das National Institute of Mental Health, die Stipendien und Unterstützung gewährten.

Vance Norum aus Los Angeles hat zahlreiche Operationen von uns sowohl auf dem Wissenschafts- als auch auf dem Immobiliensektor gefördert, damit wir unsere Ziele verwirklichen konnten. Er verfügt über sehr viel einprogrammierte Literatur, die bei der Formulierung meiner eigenen theoretischen Positionen sehr hilfreich war. Horace Magoun, Ph.D., war eine große persönliche Hilfe in den neurophysiologischen Jahren und auch noch danach. Ida Rolf verdanke ich, daß in kritischen Perioden mein Körper einige seiner traumatischen Bandschleifen ablegte. Fritz Perls zeigte mir mehrere Monate lang durch seine superbe Gestalttherapie vieles von meinem Ich. Claudio Naranjo, M. D., sorgte dafür, daß ich nach Chile zu Oscar Ichazo ging, und war jahrelang ein guter Freund. Mike Murphy vom Esalen Institute inspirierte mich oft durch seinen gutgelaunten Humor und seinen aufgeklärten Lebensstil, und auch seine direkte Hilfe in Esalen war sehr wichtig gewesen. Stanley Kellerman, Ph. D., brachte mir auf die eine oder andere Weise viel über die Körperenergien des Menschen bei. Kairos Institute in Rancho Santa Fe in Kalifornien gab mir die Gelegenheit zu Workshops, und die dortigen Mitarbeiter, insbesondere Bob Driver und Liz Campbell, nahmen mit Freude daran teil. Ich muß mich auch bei Kairos in Los Angeles bedanken, und wiederum bei Liz Campbell. Douglas Argyle Campbell ist ein guter Freund, und er war es, der mich auf einen Schlüssel-Skitrip in Sun Valley brachte. Dank auch an die zahlreichen Ärzte, die dafür sorgten, daß mein Körper sich nicht aufgab und mein Geist nach mehreren Katastrophen wieder zur normalen Funktion zurückkehrte. Dank auch ans Netzwerk und den Sternenschaffer. Und an Mary Lilly aus Carbondale in Colorado, und an Charles Lilly, an meine ehemalige Frau und unseren zweiten Sohn.

Bedanken möchte ich mich auch bei William Randolph Lovelace III von der Mayo-Klinik und dem Aeromedical Laboratory in Wright Field und später in Woods Hole, Massachussetts, für die Zusammenkunft des National Research Council und das der NASA zuvorgekommene Interesse an den Plänen unseres Weltraumprogramms. Bei Chuck Mayo, der mir einiges über die richtige Chirurgie beibrachte. Bei Will Mayo, der mich in einer kritischen Phase so programmierte, daß ich an die richtige medizinische Falkultät (Dartmouth) ging. Bei Wilder Penfield, M. D., vom Montreal Neurological Institute, der bei meiner Mutter einen Gehirntumor entfernte und viele Jahre lang ein guter Freund war und etwas von den physiologisch, pathologisch und mental bedingten Produktionen des menschlichen Gehirns verstand. Bei Herbert Jasper, der mir das EEG nahebrachte und mich lehrte, es richtig zu verstehen. Bei Lord Adrian für seine anregende und inspirative Schrift über die Ausbreitung von zerebellärer Tätigkeit im Cortex cerebri. Bei Saymour Kety für seine freimütige Unterstützung meiner Forschung während meiner fünfjährigen Zeit im U.S. Public Health Service. Bei Douglas Bond, M. D., der die Jahre hindurch ein standfester Freund gewesen ist und sehr half, bestimmte Typen von Phänomenen im Grenzbereich zwischen Neurologie und Physiologie zu deuten. Bei Lawrence Kubie, M. D., der mein Denken im Bereich des menschlichen Biocomputers sehr anregte. Bei Anton Rémond aus Paris, der in kritischen Perioden aushalf. Bei Ingrid Ahern aus Uppsala in Schweden, die mir in einem wichtigen Lebensabschnitt vielfach beistand. Bei Alan Hodgkin von der Cambridge University, der mir half, eine Reihe von Operationen des Nervensystems zu verstehen. Bei

Jack Gault und Harry Morton, die meine Partner während der frühen Radioamateur-Zeiten waren und mir beibrachten und halfen, unsere Radiostation W9VWZ aufzubauen. Und bei Francis Beauchesne Thornton, Ph. D., einem aufgeklärten Priester der römisch-katholischen Kirche, der bei meiner Heranbildung mächtig half.

JOHN C. LILLY

Literaturhinweise

zu Hinweis an den Leser:
1. Lilly John C., *Programming and Metaprogramming in the Human Biocomputer*, New York, 1967, 1972; *The Center of the Cyclone*, New York, Toronto, London, 1972, 1973.
2. Stapledon, Olaf, *Der Sternenmacher*, München, 1984.
3. Castaneda Carlos, *Die Lehren des Don Juan*, Frankfurt, 1972. *Eine andere Wirklichkeit*, Frankfurt, 1973.

zu Einleitung:
1. Kelsey, Denys, and Joan Grant, Many Lifetimes, New York, 1967.
2. Lilly, John C., *Programming and Metaprogramming in the Human Biocomputer*, New York, 1967, 1972.
3. Lilly John C., *Das Zentrum des Zyklons* Frankfurt, 1976.
4. Wheeler, John Archibald (Academy of Sciences), «From Mendelian Atom to the Black Hole», Intellectual Digest, Dec. 1972, p. 86.
5. Lilly, John C., *Das Zentrum des Zyklons*.
6. Ibid.
7. Stapledon, Olaf, *Der Sternenmacher*, München, 1984.
8. Lilly, John C., *Das Zentrum des Zyklons*.
9. Ibid.
10. Ibid.
11. Lilly, John C., The Mind of the Dolphin, New York: Doubleday, 1967; Man and Dolphin, New York: Pyramid Publications, 1964.
12. Lilly, John C., Programming and Metaprogramming in the Human Biocomputer; The Center of the Cyclone.
13. Wheeler, John Archibald, op.cit.

zu Kapitel 1:
1. Merrell-Wolff, Franklin, Pathways Through the Space, New York: Julian Press, 1973, pp. 285 – 88.

zu Kapitel 2:
1. Merrell-Wolff, Franklin, Pathways Through To Space, New York: Julian Press, 1973, pp. 121ff.
2. Ibid.
3. Ibid.
4. Lilly, John C., *Das Zentrum des Zyklons*, Frankfurt 1976.
5. Lilly, John C., The Mind of the Dolphin, New York: Doubleday, 1967; Programming and Metaprogramming in the Human Biocomputer, New York: Julian Press, 1967, 1972; Man and Dolphin, New York: Pyramid Publications (1961), 1964.

zu Kapitel 3:
1. Castaneda, Carlos, *Die Lehren des Don Juan*, Frankfurt, 1972.
2. Wasson, Robert Gordon, Soma, Divine Mushroom of Immortality, New York: Harcourt, Brace & World, 1968.

zu Kapitel 4:
1. Lilly, John C., Programming and Metaprogramming in the Human Biocomputer, New York: Julian Press, 1967, 1972; und The Center of the Cyclone, New York, Toronto, London: Bantam Books, 1972, 1973.
2. Maslow, Abraham H., Religions, Values, and Peak Experiences, New York: Viking Press, 1970.

zu Kapitel 5:
1. Janis, Irving L., The Victims of Groupthink, Boston: Houghton Mifflin, 1972.

zu Kapitel 6:
1. Hollander, Xaviera, The Happy Hooker, New York: Dell Publishing Co., 1972, 1973.
2. Wilson, Robert A., Sex and Drugs, Chicago: Playboy Press, 1973.
3. Lilly, John C., *Das Zentrum des Zyklons*, Frankfurt, 1976.

zu Kapitel 7:
1. Castaneda, Carlos, *Die Lehren des Don Juan*, Frankfurt, 1972.
2. Mitford, Jessica, «The American Way of Death», New York; Simon & Schuster, 1963.
3. Lilly, John C., *Das Zentrum des Zyklons*, Frankfurt 1976.
4. Merrell-Wolff, Franklin, «Pathways Through To Space», New York: Julian Press, 1973, p.115.

zu Kapitel 9:
1. Vergl.: Lilly, John C., «Mental Effects of Reduction of Ordinary Levels of Physical Sti-

muli on Intact, Healthy Persons», Psychiatric Research Reports 5, American Psychiatric Assn., June 1956.

zu Kapitel 10:
1. Smith, Adam, «Supermoney», New York: Random House, 1972.

zu Kapitel 12:
1. Lilly, John C., Programming and Metaprogramming the Human Biocomputer, New York: Julian Press, 1967, 1972.
2. Clarke, Arthur, Childhood's End, New York: Harcourt, Brace, 1963.
3. Merrell-Wolff, Franklin, Pathways Through To Space, New York: Julian Press, 1973.

zu Kapitel 14:
1. Vizinczey, Stephen, The Rules of Chaos, or Why Tomorrow Doesn't Work, New York: Saturday Review Press, 1969.
2. Dunne, J. W., An Experiment with Time, New York, Macmillan, 1938.
3. Bateson, Gregory, *Ökologie des Geistes*, Frankfurt, 1981.

zu Kapitel 19:
1. Merrell-Wolff, Franklin, Pathways Through to Space, und The Philosophy of Consciousness-Without-An-Object, beide New York: Julian Press, 1973.

zu Kapitel 20:
1. Hollander, Xaviera, «The Happy Hooker, New York: Dell Publishing Co., 1972, 1973.
2. Delattre, Pierre, «Tales of a Dalai Lama, New York: Ballantine, 1973.

zu Kapitel 21:
1. Siehe Remo Ruffini und John A. Wheeler in «Intellectual Digest» April 1971, pp. 65 – 70.
2. Lilly, John C., *Das Zentrum des Zyklons*, Frankfurt, 1976.

zu Epilog:
1. Solomon, Philip, et al., Sensory Deprivation, Cambridge, Mass.: Harvard University Press, 1961.